HOMINESCÊNCIAS

Do autor:

Os cinco sentidos

Notícias do mundo

MICHEL SERRES

HOMINESCÊNCIAS

O COMEÇO DE UMA OUTRA HUMANIDADE?

Tradução
EDGARD DE ASSIS CARVALHO
MARIZA PERASSI BOSCO

Ácio Amaral Jr.
J. Pessoa, março de 2006

BERTRAND BRASIL

Título original: *Hominescence*

Capa: Simone Villas Boas

Editoração: DFL

2003
Impresso no Brasil
Printed in Brazil

Cip-Brasil. Catalogação-na-fonte
Sindicato Nacional dos Editores de Livros, RJ

S51h Serres, Michel, 1930-
Hominescências: o começo de uma outra humanidade? / Michel Serres; tradução Edgard de Assis Carvalho, Mariza Perassi Bosco. — Rio de Janeiro; Bertrand Brasil, 2003
294p.

Tradução de: Hominescence
ISBN 85-286-1012-8

1. Humanidade. 2. Evolução. 3. Civilização moderna — século XX. I. Título.

CDD - 144
03-0604 CDU - 165.742

EDITORA BERTRAND BRASIL LTDA.
Rua Argentina, 171 — 1º andar — São Cristóvão
20921-380 — Rio de Janeiro — RJ
Tel.: (0XX21) 2585-2070 — Fax: (0XX21) 2585-2087

Atendemos pelo Reembolso Postal.

Para Lise e Pauline,
Marie, Magali e Victoire,
Jean-Baptiste, Claire e Thérèse,
Josué, Raphaël e Irène, outrora chamada Le Capitaine

SUMÁRIO

MORTES

Elogio

Tornamo-nos os homens que somos porque, indubitavelmente, aprendemos que iríamos morrer, mesmo que jamais soubéssemos como. Encontramos os únicos restos fiéis da pré-história e da alta Antigüidade nos túmulos, em ossos acompanhados de objetos. Animais não têm objeto, não concebem a morte. Esse temido fim nos pertence com exclusividade portanto duplamente: enquanto homens e enquanto indivíduos singulares; ele nos espera e nos atinge em nossa definição genérica e em nossa solidão singular.

Terminando por destruí-la, a morte constrói nossa vida; sem o rígido cadáver que ela deixa, sem o sexo que durante muito tempo nela se acreditou estar implicado, sem o tempo irreversível que ela induz, teríamos algum dia pintado as cavernas, descoberto o fogo, modulado os ornamentos da linguagem, dançado para os deuses, observado as estrelas, demonstrado os teoremas da geometria, amado nossos companheiros, educado as crianças, enfim, vivido em sociedade? No livro *A cidade antiga*, Foustel de Coulanges demonstra que antes da era clássica o culto aos ancestrais mortos dominava; as casas tinham túmulos como alicerces, e as metrópoles começaram como necrópoles. Em meu livro *Statues*,[1] tentei generalizar sua análise, limitada à área greco-latina, conferindo-lhe valor antropológico. A morte e as fraquezas decorrentes da dor que ela provoca produziram nossas civilizações humanas. As questões que constroem o sentido são: encaminho-me para a morte ou dela me livro?

O que arriscamos, doravante, ao excluí-la de nossos pensamentos,

[1] Michel Serres, *Statues*, Paris, Flammarion, 1989. (N.T.)

costumes, condutas pessoais e ritos coletivos? O não-sentido, o não-humano? Pior do que isso, o que arriscamos ao tentar viver com risco quase nulo, dado que aquele ou aquela por quem darei minha vida detem o seu sentido? Vida e valor não se equivalem: a vida mede o valor e o faz apenas pelo fato de que a morte os guarda em sua finitude.

Originalidade do Ocidente: suas antigüidades

Do mesmo modo que os indivíduos, as civilizações também morrem de maneira incerta e imprevisível. Nós que assistimos ao fim das culturas agrárias que apareceram no neolítico, ao desaparecimento das línguas antigas, ao assassinato do gosto europeu, ao súbito desvanecimento dos sistemas políticos, cuja perenidade havia sido prevista por muitos militantes, sabemos, há muito tempo, que as civilizações são mortais como nós. A originalidade de nossa morte reside em que uma Antigüidade a precede e funda.

Com efeito, a era que agora festeja seu segundo milênio iniciou-se sobre as ruínas de Roma, cidade terrestre que seus contemporâneos acreditavam ser imortal. A peculiaridade da sociedade dita ocidental decorre do fato de que ela se constrói, simultaneamente, sobre o desaparecimento e a preservação da antiga civilização que ela mesma nega. Nessa perspectiva, o acontecimento da Ressurreição, que São Paulo considera fundador do cristianismo, significa que, contrariamente ao corpo e à cidade antigos, os nossos viram as costas para a morte; os aromas das mulheres santas e os lençóis dobrados no túmulo não servem mais à mumificação do Cristo. Santo Agostinho, em *A cidade de Deus*, texto que iniciou a nova era, generalizou esta idéia: o tempo da nova Cidade começou a partir do fim da Roma terrestre, uma morte que integrou as mortes das várias antigüidades grega, egípcia, latina... todas drogadas de politeísmo.

Amanhã, nos próximos três minutos ou daqui a vários anos, ignoramos quando, iremos morrer de doença, de acidente ou fadiga. Não sabemos igualmente quando, talvez sem grande alarde, extinguir-se-á a maior potência do mundo atual, obesa de dinheiro: no ano que vem, nos próximos seis meses, daqui a 100 anos? Impossível não ter aprendido que essas duas rupturas e essas duas ignorâncias fundam nossos saberes e práticas. Se essas duas condições de nossas artes exemplares e de nossas excelentes condutas forem esquecidas, em dias futuros estaremos dançando diante das catedrais como os macacos que tagarelam diante dos templos de Yucatán e Angkor já invadidos pela floresta. O sentido surge da função dinâmica, vital e coletiva da morte.

Terceira e nova morte: global

Até data recente, duas mortes nos atingiam: a única que parece interessante e original: a nossa e a daqueles a quem amamos; nada mais banal e comumente compartilhado do que isso. Sabíamos também que culturas inteiras desapareceram: assim como a primeira, essa morte, tão freqüente, comum, banal e cega quanto aquela, atinge-nos e nos atingirá de modo igualmente imprevisível.

Uma terceira morte, desconhecida do gênero humano até a segunda metade do século passado, exatamente em 6 de agosto de 1945, anunciou uma das duas ou três grandes novidades da época que agora termina, na qual nos arriscamos a experimentá-la de modo verdadeiramente grandioso: a morte global da humanidade. Em duas manhãs de ódio, duas bombas atômicas concebidas e construídas nos Estados Unidos da América explodiram no Japão, em Hiroshima e Nagasaki, e minha geração, a primeira na História, aprendeu que a espécie humana sofria o risco de se extinguir. O que pensar de cientistas que, em anos posteriores, não hesitaram em fornecer aos militares e políticos dos países mais poderosos e também a outras nações, armas termonucleares cada vez mais destruidoras? Que a ética, a deontologia, o direito e as humanidades que tinham aprendido pareciam não mais se adaptar aos meios que colocavam o poder de decisão nas mãos daqueles que hoje o possuem. A partir de 1945, esta constatação não mais deixou de acontecer: presa em seu passado, a filosofia não compreende mais os novos dados, assim como não consegue projetar a habitação das futuras gerações. Enquanto técnicos e cientistas criam um mundo novo, a filosofia pensa nele como se fosse o antigo. Desde Nagasaki e Hiroshima, uma mudança de filosofia passou a ser necessária.

Duas modalidades

Essa morte global e inédita, e desta vez autenticamente comum, nos atinge sob duas modalidades. A primeira pode ocorrer em conseqüência de qualquer acontecimento natural e ao acaso: revisando a formação de nossa Terra, descobrimos traços de acidentes desse gênero provocados pelo vulcanismo ou por meteoros. Quase todas as espécies vivas desapareceram há 550, depois 440, 370, 250, 210 e 65 milhões de anos. Mortes globais e quase periódicas, cuja chegada reorientou, a cada vez, a evolução. Inquietude: a distância que nos separa do último acidente dura mais tempo do que qualquer um dos intervalos predecessores. Mais uma vez, nascemos dessas mortes que não dependiam de nós.

De certo modo desejada, a segunda modalidade poderia ser seguida de ações que, ao contrário da primeira, dependem de nós. A morte coletiva que nos persegue se articula pelo menos três vezes: inicialmente, por nosso poder nuclear, se fazemos a guerra. Em seguida, por nossas poluições industriais que ocorrem em tempos de plena paz; tememos e aceleramos as transformações globais e, particularmente, o desaparecimento de certas espécies, sem saber até onde essas mudanças ou erradicações poderão se estender. Finalmente, por nossa crueldade para com nosso próprio gênero, uma vez que por dinheiro o Ocidente submete friamente à morte o terceiro e quarto mundos. Como reorientar nossas ações e, talvez, nosso tempo diante dessas três responsabilidades?

A *nova e quarta morte*: *local*

Depois de Hiroshima, o terror atômico coletivo e global que passou a ameaçar o gênero humano foi superior às mortes pessoal e cultural, essas tragédias humanas pranteadas pelas Humanidades tradicionais. Entrevimos, depois disso, a possibilidade da erradicação das espécies e o assassinato de nossos próprios irmãos como prenúncio de nossa possível solidão.

Nesta mesma manhã, acrescentou-se uma quarta e estranha morte, igualmente cifrada: de início, um sinal ínfimo decide o suicídio elementar da célula; depois, de uma de suas funções; e, finalmente, do próprio organismo. Os cientistas denominam esse acontecimento apoptose, nome que os gregos davam às folhas que caíam no outono. Se decifrarmos esse sinal, seremos capazes de controlar a morte? Quem o pode prever? Descobrimos, simultaneamente, um equilíbrio instável entre a morte direta, induzida por esse sinal, e a morte indireta, em que células cancerosas proliferam de modo incontido, e isso porque, não atendendo aos apelos da apoptose, se recusam à autodestruição; por meio desse tumor, o organismo morre de vida. De novo, encontramos aqui o duplo sentido da morte. Pela primeira vez, anuncia-se o duplo valor da comunicação comum a todos os sistemas de mensagens. Como acontece com a linguagem do fabulista Esopo, veremos, abundantemente, que qualquer canal pode tornar-se o melhor e o pior. Ao esculpir o embrião e dele eliminar as células supérfluas, a apoptose tanto destrói como constrói o corpo. Como as precedentes, essa morte contém dois valores: negativo e positivo, deletério e construtor. Essa quarta morte anuncia a unidade profunda de um livro que pretende avaliar o alcance das mutações atuais pelas quais o corpo e as comunicações se bifurcam. A apoptose atinge todos eles e os reúne, pois destrói e constrói o organismo por meio de sinais. Mesmo que espantosa e inteiramente contemporânea, essa morte celular e mensageira possui o mesmo sentido das demais. Com certeza, ela provoca nosso desaparecimento, embora modele nossa formação, nossos músculos e nervos, e, além disso, determina nossas performances sensoriais e motoras. Em resumo, mata-nos, mas também inventa nossa vida, de modo muito mais concreto do que as outras.

Cantadas pelas artes, meditadas pelos religiosos e filósofos, as duas mortes tradicionais atingem corpos individuais e grupos locais. Por simetria, as duas novas enquadram as duas primeiras: uma de modo global, gênero humano, espécies vivas, a totalidade do planeta; a outra no mais íntimo da célula elementar e do menu de sinais que a constituem. Não vivemos mais as mesmas mortes que experimentamos desde nossa origem, e isso porque talvez sejamos capazes de dominá-las. Existe algum acontecimento mais decisivo do que esse no processo que fez de nós os homens que somos? Sem dúvida preocupada com a cultura, a filosofia calou-se diante dos momentos recentes em que esses dois acontecimentos apareceram, colocando em desordem o que resta da natureza, de seu nascimento microscópico a sua integralidade. Outras mortes, tempo imprevisto, nova humanidade.

Essas quatro mortes, sejam elas individuais ou coletivas, elementares ou globais, voluntárias ou involuntárias, mostram em seu conjunto um equilíbrio sutil incessantemente forçado até o limite de estabilidade entre um poder de emergência vital e um outro que modela e suprime. Mais uma vez, não podemos pensar a vida e, em particular, o homem sem a morte nem o absurdo da morte sem conferir sentido à vida. A energia que governa a formação de uma liga-se, em parte, com a da outra. Essa dupla trabalha para induzir o tempo. Graças ao oxigênio, eu respiro, e a ferrugem produzida por ele me destrói. O que me mata me conforta.

Duas exceções aparentes, apenas uma real

Global e sem retorno, a erradicação das espécies vivas, pelas quais somos responsáveis, constitui uma primeira exceção a essa tensão otimista? O que ganharíamos ficando sós no mundo? Na verdade, não sabemos definir esse desaparecimento, pois estamos sempre descobrindo espécies, sobretudo insetos, artrópodes e monocelulares, e avaliamos mal as que ainda faltam ser recenseadas. Além disso, no momento em que essa erradicação é evocada, começamos a decifrar a biblioteca dos genes destruídos e a sonhar com a reconstituição ou, mesmo, com a invenção de espécies. A mistura da excelência de nosso saber e de nossa violência extrema jaz, decididamente, em profundeza insondável.

A segunda exceção atravessa há muito tempo nossas gargantas com angústia inexprimível. Não conheço vertente otimista para uma abominação como essa, e isso porque os afortunados do Ocidente, por contingência meus irmãos, deixam morrer mais de três quartos da humanidade que, por esse fato, se tornaram meus irmãos essenciais. Quem nomeio como meu próximo? Aquele que se arrisca a uma morte precoce, que acontece, sobretudo, sob nossa responsabilidade. Com certeza, um novo homem nasce nos dias atuais, embora em meio a cadáveres resultantes de crimes globais e conscientes contra a humanidade. Da superação desse negativo, e somente dela, é que esse nascimento ocorrerá. Falsos deuses, só nos tornaremos homens se abolirmos a pena de morte pronunciada contra os mortais, os únicos a permanecer como homens no sentido essencial do termo.

Vida e espírito: duas imortalidades antigas

Nossos antepassados já haviam inventado duas respostas para as duas primeiras mortes. Aqueles que não limitaram esforços para treinar, amansar ou domar certos animais, mas que tiveram sucesso em domesticar outros, controlaram sua linhagem mais do que seus corpos. Desde o início da criação de animais, ninguém viu ovelha, vaca ou touro que retornasse para a vida selvagem dos campos, como se houvesse esquecido nossas lições. Morreram por causa delas. O primeiro a inventar a criação de animais e a agricultura foi aquele que cercou um terreno e afirmou: isto é meu. Mais do que os filósofos, os especialistas sabem que as espécies florais e as espécies animais domésticas se tornam muito frágeis, sendo necessário defendê-las e preservá-las contra as agressões de espécies selvagens, mais poderosas do que elas. Essa condição — e somente ela — define a rusticidade na qual plantas e animais se desenvolvem e se reproduzem indefinidamente. Meu livro *Le Détachement*[2] elogia esses antepassados geniais cujos nomes foram esquecidos, chegando a dizer que eles haviam inventado a imortalidade. Com efeito, ainda que não saibamos inteiramente de onde veio o trigo, jamais o perdemos. Desde que, sem qualquer dificuldade, essa descoberta foi retomada por cada geração, o trigo, os bois e os carneiros passaram a nos fornecer alimento ininterruptamente.

Conhecemos pouco a história. Mesmo nossos filhos se enganam enormemente sobre as guerras que sofremos em nossa juventude; perdemos as lembranças dos deuses, reis, batalhas, costumes, trabalhos, dias. Conservamos como certas e estáveis apenas algumas linhagens assujeitadas à domesticação e as matemáticas submetidas à demonstração. A história verídica assombra o campesinato e as ciências rigorosas, lugares preciosos onde gênios sublimes inventaram esse tipo de imortalidade; como vento, carne e mato, o resto se cobre com os farrapos do esquecimento e da mentira. Em companhia dos ditos de Pitágoras, galinhas-d'angola e trigo acompanham nosso tempo com sua fiel invariância feita de variações ou seleções.

Uma nova imortalidade?

De 1970 a 1980, entre *La Thanatocratie*, livro cujas características patéticas anunciavam a chegada de uma nova morte global do gênero humano sob o clarão das bombas nucleares, e *Le Détachement*, livro que celebrava a descendência estável que herdamos das espécies domésticas, os bioquímicos manipularam o genoma e mudaram a forma da criação de gado e da agricultura. Dirigimo-nos para um segundo tipo de "imortalidade"?

A evolução resulta de seleções e mutações. Darwin descobriu as primeiras a partir das práticas agrárias e, desse modo, deu-se conta das seleções sobreviventes, por vezes cruzadas, sempre mais aptas; mutações criam novidades. O novo aparece e subsiste pela mutação, o mais adaptado subsiste pela seleção. Sabemos hoje que corpos, espécies, linhagens aparecem quando seu genoma se transforma: acaso e tempo são necessários. Sem dúvida, a história humana não teria começado se condições contingentes

[2] Michel Serres, *Le Détachement*, Paris, Flammarion, 1983. (N.T.)

não tivessem feito bifurcar, ligeiramente, a nossa e se não tivéssemos, depois, influenciado a evolução dos seres vivos que se encontravam em nosso redor.

Quando esses antepassados geniais "inventaram" o carneiro e o milho, a partir do teosinto, eles imitaram a natureza, selecionando espécies por cruzamento e eliminação. Fabricaram os OFM, organismos fenotipicamente modificados, nome possível das espécies domésticas. Não tinham, entretanto, controle algum sobre as eventuais mutações, escondidas nas ínfimas profundezas de suas células germinais. Acessando-as e multiplicando seus genes, interviemos na mutação, minimizamos o acaso, aceleramos o tempo e inventamos os OGM e, talvez, outras espécies. A "imortalidade" retorna, pois esse genoma transmitir-se-á infalivelmente. Ao dominar a seleção, esses ancestrais contribuíram para a originalidade histórica do tempo humano; ao controlar a mutação abriremos uma duração conectada à duração da evolução? Novo tempo para outras vidas?

A *evolução reconectada à história*

Por seleções variadas, a duração fez com que o trigo ou o cão permanecessem relativamente invariantes: mesma espécie sob numerosos aspectos. Em certa medida, escandimos o tempo mediante suas variações. Como nossos exercícios de memória tornar-se-iam deliciosos se ensinássemos às crianças a época do trigo ou da ovelha, dividida em eras nomeadas por suas diversas variedades! Diríamos que nesses tempos surgiram as cerejas vermelhas, a pêra amanteigada "Hardy" ou a pêra "Doyenné" extremamente açucarada e que derrete na boca. O prairial e o floreal, o messidor e o frutidor do calendário revolucionário francês se aproximaram bastante desses delicados nomes e se distanciaram dos crimes de Júlio e da tirania de Augusto, que os esfaimados por cadáveres nos obrigavam a celebrar nos meses de agosto e julho. Sem a era da batata, a fome teria desertificado ainda mais a Irlanda e a Alemanha. As seleções agrícolas concernem mais às mulheres e aos homens do que as guerras e os reinos. As primeiras os fazem viver, os segundos os matam. Nossos anais mostram que nos deleitamos menos à mesa do que quando vemos o sangue derramado.

O tempo dura e muda com as seleções. Em alguns decênios, as biotecnologias tornaram esse tempo marginal e lento; no gesto arcaico e sublime dos inventores da "imortalidade" elas substituíram as mutações pelas seleções. Certamente não interrompemos as seleções, mas as mutações começam a comandá-las. Produzimos o novo ser vivo por um fulminante golpe de mestre, em vez de esperar um lance de dados durante um tempo imprevisivelmente longo e de selecioná-lo pacientemente. Um novo tempo aparece e, concomitantemente, novos seres vivos. Outras mortes, outras vidas: nova humanidade, outra história. Seria necessário mudar esta antiga palavra para descrever nosso novo tempo?

Nada ultrapassa a importância dessa bifurcação, na qual a evolução se restaura, para depois lançar-se de novo na história. Nossa história, até hoje, dela nos desviava. Desde nosso começo, as técnicas defenderam nosso corpo, protegendo-o cada vez mais poderosamente, por esse novo meio, contra a seleção natural, acabando por dela nos afastar. A explosão demográfica fornece hoje uma nova prova disso. Na hominização, a história dissocia-se cada vez mais da seleção evolutiva. Se, entretanto, tivéssemos sucesso em dominar não apenas a seleção, mas também as mutações, e chegássemos mesmo a escolhê-las, acessaríamos diretamente a própria fonte dessa evolução, estabelecendo com ela uma nova confluência. A aventura humana desenvolver-se-ia fora do tempo comum da vida; ao controlá-lo, de algum modo retornaria a ele. Surge aqui uma ruptura temporal sem equivalente.

A evolução esculpe os corpos dos vivos por meio da morte. O que muda com a morte? Os homens e seus corpos não se transformariam sem ela? A mutação faz emergirem novos seres vivos. Nosso tempo não se bifurcaria se eles não aparecessem? Sob o impacto dessa evolução, a própria humanidade não mudaria se a morte, o corpo e a vida assumissem outro aspecto?

Essas mortes inesperadas e novas reproduções trazem consigo uma certa atmosfera de "imortalidade". Uma nova utopia nos seduz. Será ela realmente nova? Ela já inspirava as errâncias de Gilgamesh, nosso ancestral mais longínquo, assim como aqueles e aquelas que domesticaram o boi e plantaram o trigo. As utopias precisam ser condenadas? Teríamos construído algum futuro sem elas? Pelo menos, elas não fazem mal a ninguém, uma vez que desafiam a morte. Persisto nisso e assino embaixo: antigos e novos sonhos de "imortalidade" associam-se sim às novas mortes. Meus netos se queixarão por viverem sadios até mais de 120 anos? Com altos e baixos, feridas e curas, nossa aventura caótica e contingente constitui uma mistura que, de tão imprevisível e racional, se torna impossível de analisar. Será que não nos liberta da Necessidade, mesmo admitindo que isso tenha sido algo difícil?

Hominescência

Iniciada há milhares de anos, na América do Sul e no Oriente Médio, pela domesticação de vegetais e animais raros, a era da agricultura e da criação de gado bifurca-se hoje com a invenção do gênio genético. Intervimos nos fenótipos: desde então manipulamos seu genoma. Mesma intenção, gestos diversos e em outra escala, para uma direção diferente: vivemos o fim de uma época e entramos em outra.

O que pode ser chamado de novo? Acabei de dar alguns exemplos significativos disso: duas mortes, literalmente extraordinárias, de seres vivos inconcebíveis há algumas décadas. Trata-se da emergência de um novo tempo. Novos acontecimentos que finalizam uma época, que remetem às circunstâncias que lhes deram origem e que, nitidamente, representam bifurcações suas. As biotecnologias mudam nossas relações com a duração dos seres vivos. A bomba atômica e o sinal da apoptose mudam nossas relações multimilenares com a morte. Se as épocas anteriores se alongam, por vezes até origens bastante esquecidas, essas novidades, muito mais decisivas, que se multiplicam há meio século, que atingem número, diversidade e extensão bastante críticos, repercutem em homens e mulheres, e, ao final das contas, produzem uma espécie de hominização. Esses acontecimentos e suas conseqüências, a emergência de relações sem equivalentes conhecidas no corpo, no mundo e nos outros são o objeto deste livro.

Nos dias atuais, a humanidade parece ter vencido uma etapa na longa duração de seu destino contingente. No fim de minha vida, homens, mulheres e crianças, com os quais vivo, trabalho e penso, não têm com o mundo, com eles mesmos, com seus corpos e com os outros a mesma relação que seus predecessores tiveram antes da última guerra mundial. Tive sorte: minha existência viu a condição humana transformar-se. Posso dizer como e por quê. Não sei ainda em direção a quê.

Iniciado em silêncio há milhares de anos, recentemente submetido a uma bifurcação súbita e rápida, nosso futuro vibra ou se debate entre várias eventualidades cujos limites hesitam entre o sucesso e a catástrofe, como sempre ocorreu no processo de hominização. Constantemente misturamos a violência extrema com uma sabedoria rara. Até agora, beneficiamo-nos de mil chances, e isso porque, mediante golpes de gênio, nossa espécie, contingente como todas, sobreviveu a suas depredações, pilhagens, desperdícios, ódio e guerras intra-específicas.

Sem dúvida, jamais tivemos meios tão eficazes e universais para mudar o mundo e a nós mesmos, assim como o ar, poluído ou puro, a terra, cultivada ou desertificada, a água, potável ou envenenada, o fogo, enérgico ou destruidor, o clima global, nosso meio ambiente inerte e vivo, nossos corpos individuais, as espécies vivas em seu conjunto, a função da descendência, a ocupação da terra e do espaço, nossas relações e nossas coletividades, a vida ou a morte das línguas e culturas, o estatuto e a continuação das ciências, a cognição em geral, a luta contra a ignorância e a pedagogia. De agora em diante, cada uma dessas coisas e todas elas em conjunto dependem de nós, como comumente se fala. Comparados com nossos antigos poderes, os que adquirimos agora mudaram rapidamente de escala; passamos recentemente do local ao global, sem que dele tivéssemos nenhum domínio conceitual e nem prático.

Quase secretamente, essas globalidades acabam de assumir um aspecto prático e concreto, quase sob controle. Tudo depende de nós. Por circuitos novos e inesperados, acabamos nós mesmos por depender de coisas que, por sua vez, dependem globalmente de nós. Os riscos e chances crescem tão rápido quanto nossa onipotência. Em suma, essa é a nossa novidade: ela constitui uma totalidade, encontramo-la por toda parte. Como isso nunca aconteceu conosco, não sabemos o que fazer com todos esses poderes; a filosofia que eles exigem acaba de nascer, hesita, vibra, treme, titubeia.

Assim como a luminescência ou a incandescência aumentam ou diminuem, por clarões e ocultações, uma luz cuja intensidade se esconde e se mostra, que estremece em seu começo, ainda que esteja sempre pronta a se extinguir; assim como a adolescência ou a senescência avançam na idade madura ou na velhice real francamente confessada, ambas acabam por regredir às involuções de uma infância ou de uma vida que elas próprias lamentam, mas que deixarão em breve; assim como a eflorescência ou a efervescência designam igualmente processos marcados por essa desinência denominada "incoativa", adjetivo que designa um início de floração, de efervescência ou emoção; assim como uma planta arborescente assume pouco a pouco a forma ramificada, o porte ou a aparência de uma árvore... o processo de hominescência acaba de assumir igualmente seu lugar, embora não saibamos ainda que homem ele irá produzir, enaltecer ou assassinar. Será que alguma vez o soubemos?

Denomino hominescência a esse estágio da hominização para enfatizar sua importância e, igualmente, para suavizá-lo em relação a outros grandes momentos mais decisivos; essa palavra soa como uma espécie de diferencial da hominização. Para pensá-la, tento fazer uma escavação sob o tempo da história, na direção dos tempos abertos pela biologia e pelas ciências exatas. Nossos saberes humanos acabaram por separar-se delas. Com efeito, não nos comunicamos apenas nas cidades, não temos apenas preocupações de ordem econômica, política ou cultural. Nossos corpos vivem também no mundo em companhia de outras espécies e coisas. Já imersos em vários tipos de espaço por nossas redes de comunicação, mergulhamos igualmente em vários tempos. Alguns deles são contados em milênios, outros, como o tempo da evolução, em milhões de anos. Para compreender alguns acontecimentos atuais, temos que recolocá-los em longos períodos mal avaliados por nossos pais. Ao propor o termo hominescência, tento apreender as novidades que atualmente nos acometem sob essa imemorial luminosidade.

Nosso mundo e nós mesmos passamos por uma crise de amplitude multimilenar. Sofremos as dores de um parto sem equivalente no que, há pouco tempo, passamos a denominar história. Parimos, talvez, uma outra humanidade. Nada pode exigir mais nossa preocupação do que essa origem. Pouco a pouco o menor de nossos pensamentos, o mais humilde de nossos atos esboça hoje a silhueta dessa humanidade e decide, em tempo real, como sobreviverão as gerações futuras. Por exemplo, quando a bioética se pergunta o que é humano ou o que é humano fazer, sem fornecer nenhuma resposta, será que ela considera que a humanidade se constrói, de maneira incessante e cotidianamente, do mesmo modo que a biologia e tantas outras ciências, de modo arriscado e igualmente heróico, entusiástico e trágico? O humano não constrói referências para si mesmo. Somos nós que o construímos no tempo por nossos atos e pensamentos, quer sejam eles coletivos ou individuais; deixando de lado seu velho estatuto de metáfora, a auto-hominização entra em prática. Assim, o caminho que se encontra diante de nós não se assemelha a nenhum outro seguido pela História, de modo que ela não pode nos servir muito como ponto de apoio. Este livro mergulha sob o tempo da história, para depois retornar a ele. O termo hominescência diz respeito a essas esperanças misturadas com inquietudes, essas emergências, medos e abalos.

Outra angústia sem solução simples: esse mesmo acontecimento aprofunda o afastamento entre os ricos de dinheiro, de corpo, de alimento, de esperança, de vida, de habitat, de democracia livre e de ciência, que há pouco entraram na "imortalidade", e o restante dos mortais que, privados de todos esses bens, atingem o sofrimento permanente, por uma espécie de simetria sem compensação e, em parte, pela falta de novos e falsos deuses. É bom frisar que a palavra mortais deve aqui ser lida com toda sua densidade de esperança, porque apenas a morte lhe fornece o sentido. O momento de hominescência implica a resolução desse problema global, que se apresenta sob o risco de guerra total, caracterizado por uma morte plenamente universal.

A intuição que esse buquê de bifurcações produziu recentemente exige uma reconstrução urgente de nossas culturas e filosofias. É ela que acompanha minha vida e ilumina este livro.

Agen, julho de 1957,
na estrada Chabarovsk-Archangelsk, 29 de outubro de 2000.

O CORPO

Argumento
Como nosso corpo mudou
Primeiro circuito da hominescência
Três habitações globais
A maior descoberta contemporânea
Ego: quem assina estas páginas?

COMO NOSSO CORPO MUDOU

Vitórias inesperadas

Na época que antecedeu à Segunda Guerra Mundial, ao partir pela manhã para suas consultas, o médico de família levava em sua pequena valise não mais do que oito ou 10 medicamentos considerados então eficazes e que se encontravam a sua disposição. A partir dos anos 50, um automóvel não seria mais suficiente para transportá-los. Descobertos entre 1936 e 1945, sulfamidas e antibióticos em uso crescente transformaram doenças infecciosas, até então freqüentemente mortais, em breves acessos de febre. Logo recuaram os fluxos de sifilíticos e tuberculosos que enchiam os consultórios médicos. Até então bastante rara, a preocupação com a higiene espalhou-se nas cidades e no campo em meio às populações que, acostumadas com as estrebarias de cavalos e a dormir não muito longe do alojamento das vacas, importavam-se muito pouco com a limpeza. As prescrições da saúde pública tornaram obrigatórias as vacinas e a prevenção. Mais tarde, apareceram os psicotrópicos, a química soube regular a procriação e, como se diz, liberou a sexualidade, particularmente a das mulheres; a cirurgia seguiu uma imageria médica precisa; tornamo-nos atentos à alimentação das crianças. Como eu, alguns devem estar lembrados do tempo em que ninguém contabilizava os milhares de intoxicações alimentares semanais, enquanto hoje uma dezena delas por mês provoca o escândalo da mídia nos países ricos.

Em resumo, por volta da Segunda Guerra Mundial, a medicina começou a curar, o que ela verdadeiramente não havia feito de Hipócrates a

Galeno, Laennec, Jenner e Semmelweis. Subitamente eficaz, ela alterou nossa relação com a saúde, com o sofrimento, a vida, a morte, com nosso corpo e com nós mesmos, uma vez que a farmácia passou a fornecer leque cada vez mais amplo e variado de remédios apropriados, particularmente analgésicos, antálgicos e anestésicos que aliviam a dor e, por vezes, até a fazem desaparecer.

Antes da metade do século XX, a descrição detalhada das doenças e o diagnóstico lúcido prevaleciam sobre o tratamento: o profissional da saúde compreendia bem as patologias e, graças aos raios X, enxergava cada vez melhor as lesões que elas provocavam, embora raramente as curasse. Ele pode fazê-lo hoje, e isso porque o paciente exige o retorno à saúde, por vezes sob a ameaça de um processo. O bem-estar do corpo, anteriormente raro, tornou-se freqüente. O restabelecimento tornou-se um direito e a doença, antes cotidiana, tornou-se insuportável. No universo do incurável e da dor, desde que começou a salvar, o médico à antiga assemelhava-se a um feiticeiro, um semideus; por um paradoxo, a sociedade o transforma em responsável penal.

Em seu conjunto, essa revolução sem precedentes advém de uma tríplice aliança entre o profissional de saúde, ajudante milenar dos indivíduos, o cientista secular que descobre no laboratório substâncias e leis, e os serviços mais recentes de saúde pública encarregados da prevenção estatística, isso sem falar nas instituições internacionais como a Cruz Vermelha, a Organização Mundial de Saúde e, mais tarde, os Médicos sem Fronteiras. A primeira aplica à família próxima prescrições e remédios homologados pela segunda nos congressos internacionais, sendo que a terceira os torna obrigatórios pela edição de regras coletivas.

A medicina passa do corpo individual ao coletivo e retorna do coletivo ao individual pelos caminhos da pesquisa e da administração. Resultado: a esperança de vida vem crescendo, regularmente, chegando à recente e inacreditável cifra de um trimestre por ano. A população envelhece: o verbo envelhecer não possui mais seu sentido. Não só o corpo dos indivíduos muda, mas também a aparência da sociedade.

Mesmo que, diante da miséria sanitária do Terceiro Mundo, do retorno provável das doenças infecciosas, do rendimento decrescente da administração pública, do poder das indústrias farmacêuticas, a melancolia e a crítica freqüentemente prevaleçam, nada impediu que esse relatório da vitória tenha encantado os anos de que falo e marcado o final de uma época, cujo começo é o dos homens e mesmo dos seres vivos, durante a qual ninguém sabia vencer a maior parte das doenças. Mesmo diante de novas mortes, cresce a esperança de vida de outro corpo completamente diferente.

Higiene e trabalho

A bênção da água corrente e quente sobre a pia de pedra, aliada aos clarões da eletricidade que o início do século louvava como uma fada, transformou nosso habitat de duas maneiras: tornou-o menos gelado e equipou-o com banheiras e toaletes. Com um duplo frisson de gelo e desgosto, meu corpo se lembra ainda de interiores enregelados nos quais permanecíamos vestidos como se estivéssemos do lado de fora. Nesses lugares, o frio era tanto, que alguns moradores se lavavam para as grandes festas, mas outros esperavam seu casamento para fazer isso.

O rito cerimonial da lavagem de roupa retornava com a primavera, pois era necessário todo o inverno para acumular as cinzas necessárias à fabricação do sabão; entre as paredes geladas, aquecíamos nossos leitos deslizando sobre eles braseiros feitos de madeira oblonga e íamos dormir debaixo de belos lençóis. A história da medicina data da Segunda Guerra Mundial, momento decisivo no qual os médicos perderam o hábito de enviar, sistematicamente, seus pacientes para o hospital, onde o conforto e a limpeza prevaleciam sobre as condições da vida em casa. A melhoria dessas condições acabou, por sua vez, predominando sobre as dos hospitais públicos, em que já surgiam doenças iatrogênicas e nosocomiais. Essa reviravolta deixou uma memória durável.

Os companheiros que saíam menos cedo de casas acolhedoras alcançaram lugares de trabalho transformados pelas máquinas; o número de degredados empregados em trabalhos penosos diminuiu, a potência dos motores aliviou o agricultor e o artesão da dureza da semeadura, da forragem e do transporte. O termo operário deixou de ter o mesmo sentido quando os braços deixaram os cabos das enxadas para que os dedos apertassem os botões; o camponês abandonou os bois, a charrua e o jugo para conduzir o trator.

Com câimbras na cintura escapular, meu corpo se lembra ainda dos pequenos despertares antes do amanhecer e dos pesados caminhões que precisavam ser carregados de pedregulhos com a ajuda de pás ou com forcados de nove hastes. Além disso, o corpo transpira menos quando dirige. O que nossos amigos anglófonos denominavam colarinhos azuis, quando passaram para o terciário, se transformaram em colarinhos-brancos. Desde o final do século XIX, os romances de Júlio Verne já não antecipavam mais mudanças nas forjas ou nas minas, mas imaginavam máquinas destinadas às relações: balões, aviões, telégrafo, submarino, televisão. Em resumo, durante os anos 60, a humanidade passou bruscamente dos meios e forças de produção às redes de comunicação; o início do novo século consagrou a vitória mundial da internet e dos telefones celulares. Hermes, deus dos intermediários e dos tradutores, assim como um número incalculável de anjos portadores de mensagens, passou a assumir o lugar de Prometeu, o velho e solitário herói do fogo. Desse modo, nosso corpo aliviou sua dor.

O *antigo corpo: tamanho e duração*

De acordo com os costumes dos primeiros anos do século XIX, jamais uma menina que hoje tivesse 11 anos entraria na Academia Francesa; adivinha-se a boa figura e a força física dos soldados do grande exército de Napoleão, que a ênfase de Vitor Hugo evocava como gigantes. Graças aos dados do serviço militar obrigatório, sabemos que o tamanho médio dos jovens recrutas evoluiu da variação de 1,55 a 1,60m nos anos 1880-1890 para 1,67m em 1940 e, agora, para cerca de 1,78m; no fim do século XVIII, deportados para um dos gulags mais atrozes da história, os primeiros degredados da Austrália não ultrapassavam 1,50m de altura. De modo semelhante, as primeiras menstruações femininas, que apareciam por volta dos 14 anos, começam hoje aos 12. Será que somos capazes de imaginar como as relações amorosas mudavam de posição no tempo e no espaço nas épocas em que o velho pretensamente desfrutável e abusivo de *Escola de mulheres*[3] confessava ter 40 anos e em que Balzac descrevia *A mulher de trinta anos* como acabada? Em 1833, o Octávio de *Caprichos de Marianne*[4] dizia a essa bela jovem de 19 primaveras: "Você tem ainda cinco ou seis anos para ser amada, de oito a 10 para amar a você mesma e o restante para rezar a Deus." Musset pensava mais ou menos como Balzac.

Com a esperança de vida crescendo regularmente, será que nos damos conta de que, ao falar, por exemplo, a respeito de família e casamentos, não evocamos mais a mesma instituição que nossos predecessores, cujos casais duravam em média de 10 a 12 anos, enquanto os nossos

[3] Molière (1622-1673). (N.T.)

[4] Alfred de Musset (1810-1857). (N.T.)

podem perpetuar-se por mais de meio século? Posso até mesmo apostar que a explosão recente do número de divórcios não impede que os casados atuais permaneçam unidos por tempo muito maior do que o foram os anteriores. Mesmo as esperanças de obtenção de uma herança, que a literatura clássica descreve tão freqüentemente, não possuem mais a mesma realidade nem o mesmo peso quando o sucessor a espera durante menos de 10 ou mais de 50 anos; depois de certo tempo de espera, o dinheiro perde o interesse.

O que dizer, então, do herói que oferece a vida a sua pátria por volta dos 25 anos de idade, quando não lhe restam mais do que cinco ou sete anos para viver? Encontraremos, na mesma idade, esse mesmo heroísmo, quando o sujeito tem ainda diante de si vários decênios de vida? As crianças do Terceiro Mundo que carregam a tiracolo armas leves vendidas por industriais ocidentais nos parecem monstruosamente heróicas ou sacrificadas? O que nos causa espanto é o fato de esses mesmos industriais não serem condenados por tribunais internacionais por crime contra a humanidade. Quando não se trata mais do mesmo corpo nem do mesmo tempo vital, quando a rua, as reuniões e os asilos se enchem de velhos, o que outrora era raro, os fatos sentimentais, patrióticos, jurídicos, em resumo, fatos sociais e culturais são ainda pensados, organizados e experimentados da mesma forma?

Antropologia da dor

Ainda se sofre do mesmo modo? Luís XIV, o maior de todos os monarcas de seu tempo, urrava de dor todos os dias, mesmo rodeado pelos melhores médicos de seu reino. Como seria o sofrimento dos miseráveis sem auxílio? Inversamente, nos dias atuais os médicos encontram, por vezes, pacientes idosos que jamais sofreram. Em parte, tornados responsáveis por nossa saúde corporal, temos mais poder sobre nossos corpos do que jamais teve o homem mais poderoso do mundo, desfigurado pelos rituais da dor. Em seu tempo, perdiam-se todos os dentes antes dos 40 anos; no campo, minha infância viu e ouviu, freqüentemente, algumas daquelas bocas desdentadas que cantavam em língua ocitânica. No fim do século XIX, um terço dos londrinos sofria de sífilis.

Misturo datas e fatos de propósito para resolver a questão: De que corpo se trata? Escolhi o corpo do rei de antigamente, em seu posto privilegiado, para mostrá-lo miserável e para que a glória do corpo comum de hoje possa ser avaliada: essa dupla maximização em número e qualidade faz aparecerem invariantes sob as diferenças sociais. Daí decorre essa estabilidade, pelos menos estatística: a esperança de vida de uma mulher do século XVIII não havia mudado, significativamente, há séculos. É necessário retornar aos neandertalenses para encontrar dados mais rigorosos; 50% de natimortos, desaparecendo a metade dos sobreviventes antes dos 9 anos, e o restante raramente atingindo duas décadas. Aqui está, sem dúvida, uma perenidade que os filósofos subentendiam quando falavam sobre a natureza humana: será que, inconscientemente, eles tinham razão? Desse modo, se localiza e se colore a paisagem corporal cotidiana que todos nós encontramos antes da revolução do último século, uma multidão pintada e desenhada por testemunhas geniais. Pintores de outrora, como Velasquez e Goya, e mais recentes, como Daumier, Degas e Tolouse Lautrec, não podem hoje ser considerados caricaturistas; não, suas telas mostram o que eles viam, rostos e corpos esculpidos, até a morte, pelo sofrimento, pelo trabalho pesado, fome, frio, privações, doenças incuráveis e feridas aparentes, cuja lembrança perdemos totalmente pelas novidades que descrevi. Dito em grandes linhas, essa foi a época dos corpos em tempos de dor.

Morais anteriores

No final dos anos 60, testemunhei a vivência do fosso que separa as gerações formadas em sofrimento permanente daquela que subitamente se escandaliza por causa de uma irritação ínfima. Como, a partir de então, levar a sério as recentes críticas concernentes às morais chamadas "doridas" de nossos antepassados? Por haver esquecido essas constrições milenares, no próprio momento de sua interrupção, cometemos graves injustiças e testemunhamos uma tola incompreensão, quando discorremos sobre os usos, as morais e mesmo as religiões de nossos pais, compelidos a impor a si mesmos um treinamento sustentado pelo sofrimento, sob pena de não poder enfrentar sua crueldade inevitável e cotidiana. Além disso, quem pode compreender as austeras prescrições das sabedorias estóica ou cristã, as nobres técnicas do corpo dos místicos medievais ou mesmo dos budistas, todos eles confrontados com a dor e a fome de cada dia? A pesquisa da ataraxia ou da compunção dependia de fantásticas condições, cuja pregnância o novo corpo esqueceu. Nossa saúde contemporânea há pouco liberou-se desse duro destino, e o fez de maneira tal, que rompemos com o que ela havia sido desde suas origens: ruptura tão decisiva, que encerrou uma era cujo começo não conhecemos, a não ser por meio dos mitos e lendas que dizem respeito aos primeiros deuses. Contemporâneo dessa mudança brusca, lembro-me perfeitamente dos costumes de outras épocas, a ponto de algumas vezes ainda os seguir, sobretudo no que concerne à dor e à cultura que essa mudança determinava quase necessariamente. Hoje, divirto-me só de ouvi-la ser condenada por meus contemporâneos.

Emergência do novo corpo desnudado

As novas condições de trabalho redirecionaram os dorsos e a higiene da vida doméstica. Uma alimentação melhor e mais controlada tornou as peles mais lisas. O aquecimento nos despiu, e ousamos exibir um corpo menos enfeado pelas marcas dos sofrimentos e doenças. Destinada, no passado, a esconder algumas imperfeições visíveis, como a gargantilha que na Renascença dissimulava o colar de Vênus, uma das seqüelas da grande sífilis, a moda do vestuário, subitamente, desvelou aqueles que não tinham mais vergonha de se mostrar.

Pela primeira vez em sua história, a humanidade ocidental desnudou-se nas praias. Antigamente, dizia-se que Vênus teria nascido das ondas. Botticelli representou-a, renascendo das vagas, coberta por uma pesada trança que apenas revelava sua nudez. Na própria crista dessas ondas, num agosto desses anos, surgiu o novo corpo dos homens e das mulheres. O panteão explodiu consideravelmente em número, e o mito encarnou-se. Certamente, a célere sociedade de consumo também produziu obesos, mas, em contrapartida, mais tolerante, ela não esconde mais o corpo dos desfavorecidos que a vergonha de antigamente dissimulava.

De Fídias a Houdon, os pintores nos mostravam Diana, a caçadora, ou o musculoso Hércules em sua glória; hoje, nós simplesmente os vemos, homens e mulheres, nos estádios. Deixando de lado o ideal, uma certa beleza encarnou-se. Pela primeira vez na história, corpos quase divinos correm, saltam, lutam e brincam diante de nós, e, segundo cálculos de Alphonse Juilland, atingem recordes em tempos quase previsíveis. Em grande parte o nascimento e o sucesso dos esportes populares decorrem de ritos coletivos e mundiais determinados pela emergência progressiva desse corpo, cujas performances se ampliam porque ele acabou de nascer e porque as lutas corporais talvez venham a substituir as guerras.

Certamente essas mudanças, mesmo que importantes, permanecem discretas quando comparadas aos fortes estágios da humanização; perda do pêlo, postura ereta, descoberta do fogo, invenção dos primeiros instrumentos. Por isso, escolhi o termo diferencial de hominescência. Em contrapartida, o aumento da expectativa de vida ou o alívio estatístico da dor, mesmo que invisíveis, contribuíram para outra apreensão do tempo, dos projetos, da vida e do mundo. Como pode o envelhecimento da população ser entendido, sob os olhares de formação exclusivamente econômica, como o enfraquecimento de um grupo, se é ele que favorece a educação, a cultura e o despontar de uma sabedoria que a perspectiva exclusivamente econômica esqueceu a ponto de só reter da vida humana aquilo que não vale a pena ser vivido?

Restrição

Não afirmo que neste momento de hominescência afastamo-nos de qualquer constrição. Ao contrário, o Terceiro Mundo e o quarto talvez sofram ainda mais por coisas que nós nunca sofremos. Com certeza, a farmácia, ainda insuficiente, não fornece a todos os mesmos benefícios; a violência injusta do dinheiro ainda se espalha a nossa volta, como se quisesse nos devorar; o século vive abominações diante das quais toda a nossa história estremece; a medicina criticada, por vezes mesmo vilipendiada em muitos momentos de sua existência, paga tributo a suas próprias vitórias, aos micróbios que se tornaram resistentes a suas ignorâncias residuais, ao poder financeiro das indústrias farmacêuticas e às máfias da droga, à administração dos hospitais, aliás, tão pesada e imbecil quanto em qualquer outro lugar. Talvez invariante em todo coletivo o crime abominável ocorre sempre e escapa a nosso controle, sobretudo nos dias de hoje em que habitualmente são celebrados como espetáculo; em resumo, nem de longe ganhamos a partida. Somente uma ingenuidade extraordinária contestaria a pesada constância do problema do Mal.

A revolução a que me refiro ocorreu, abalou nossos corpos e a relação que mantínhamos com ele, um habitat tão novo, que perdemos qualquer lembrança do corpo de nossos antepassados imediatos e, mais ainda, dos distantes, assim como dos hábitos coercitivos que os adaptavam. Grande parte de nossas novas derrotas explica-se mesmo por vitórias recentes: a inquietante explosão demográfica, que também constitui um dos grandes acontecimentos de hominescência, não é ela parcialmente decorrente da feliz diminuição da mortalidade infantil? As críticas da medicina, hoje tão freqüentes e cujo número e repetição obscureceram a opinião, mantendo-a sob o véu da melancolia, decorrem também disso. Repetirei: os ricos queixam-se muito facilmente.

Daí decorre a mudança da ética. As antigas morais exercitavam a vontade de viver diante das constrições inevitáveis do sofrimento e da morte precoce; a nova moral emana da liberdade contra elas adquirida. Tornamo-nos em parte responsáveis pela duração e qualidade de nossa vida. Maurice Tubian interpreta o súbito crescimento do número de viciados em drogas (1965, 3.000; 1975, 150.000 só na França) pela suspensão dessas constrições que, com efeito, tiveram lugar nessas datas.

Certos cânceres dependem do cigarro e do álcool, as doenças cardiovasculares dependem da alimentação e de exercícios, as doenças sexualmente transmissíveis, de condutas freqüentemente deliberadas. Durante séculos, a filosofia definiu inadequadamente a liberdade: quando um grande número de patologias varia de acordo com nossas decisões, a liberdade acaba por se encarnar no corpo como um todo. Transformado em médico de si mesmo, o corpo luta menos para se libertar do que escolhe ou recusa a morte precoce e a saúde. Estamos diante da era tanatotécnica.

Morais da imortalidade?

Esse corpo novo aparece nos ícones da moda ou do esporte, em nossas exigências de saúde ou aparência. Quando nossos antepassados ficavam estupefatos diante da musculatura de Hércules ou invocavam a extrema beleza de Afrodite, comparavam simultaneamente o intransponível abismo que separava seu estado, fustigado pelo sofrimento e pela fome, com a situação dos deuses, que bebiam a ambrosia durante seu banquete de imortalidade; sua dor cotidiana os reduzia ao mero status de mortais; distanciados de seus sonhos, deram-se a si próprios esse nome. Se essa situação pudesse inverter-se, nos apossaríamos da bebida da imortalidade?

Ao admirar o corpo dos deuses, nossos antepassados aceitaram que seus próprios corpos não eram mais provenientes deles. Responsáveis que somos pela saúde e pela aparência de nosso corpo, podemos parcialmente transformá-lo por meio de regimes, exercícios, drogas ou excessos, e isso porque descobrimos a medida de sua plasticidade. Os sucessos da medicina e do fisioculturismo nos transformaram em autores parciais de nossa corpulência. Conhecimento e prática eficazes mudam o fundamento constante das morais que sempre souberam distinguir o que depende e o que não depende inteiramente de nós. Certamente, conhecer esse fundamento e encará-lo em todos os seus aspectos acentuam a liberdade e a responsabilidade diante desses males e diante da morte. Ao deixar de lado as prescrições formais, a moral encarna, mas, sobretudo, o tempo muda.

Mais uma vez, uma certa "imortalidade" torna-se não mais um sonho, mas o projeto mais ensurdecedor, carnal e racional da humanidade. A característica mais recente reencontra aqui a característica mais arcaica, representada pela era dos deuses. Embora tenha constatado isso muitas vezes, não sei por que a história das religiões, dos mitos e das culturas acompanha freqüentemente a das ciências e das técnicas. Mesmo em voz baixa, as páginas precedentes sobre a morte procuram falar a respeito da novidade representada pelo eventual controle dos sinais da apoptose, um suicídio celular cujos sinais modelam nosso corpo e voltam a repercutir sobre ele se esse controle vier acentuar o crescimento da expectativa de vida. Esse crescimento remete igualmente à primeira epopéia do Crescente fértil, na qual o herói Gilgamesh, já sabendo que vida e morte não se separavam, farejava em suas viagens uma certa ressurreição: morte, nós sempre ultrapassamos a data executória de sua lei. Morte, nós encurralamos sua vitória; seu ferrão nós o cobrimos de lama.

Datas decisivas

Continuamos a construir esse corpo novo, a conhecê-lo pela força e a explorá-lo pelas imagens médicas que a ecografia, a cintilografia, o scanner, a ressonância magnética de órgãos, tecidos, células e moléculas fornecem mediante representações em escalas cada vez menores. Até recentemente, havíamos visto tão pouco o interior e a individualidade do corpo quanto nosso mundo em sua integralidade. Essa inovação surgiu simultânea à novidade do planeta azul fotografado a partir de satélites habitados. Quando o próprio corpo e o mundo inteiro aparecem de outra maneira, como o habitante desses dois locais não mudaria?

Acabamos de transformar nossas duas habitações humanas: o nicho universal e o habitat singular. Essa novidade remete aos primeiros momentos, difíceis de imaginar, em que o corpo do *sapiens*, saído do *habitus* animal, tornou-se um ser no mundo. Saberemos algum dia como e por quê? Conhecemos apenas algumas repetições desses instantes iniciais ou legendários: inicialmente, quando dois físicos pré-socráticos esboçaram os primeiros modelos geométricos do cosmo e quando a escola de Hipócrates ensinou a anatomia; em seguida, quando, em Louvain, Vésale tornou-a mais precisa por meio da dissecação de alguns cadáveres, em 1543, mesmo ano em que Mercator construiu os mapas da Terra com projeção cilíndrica e Copérnico instalou o céu heliocêntrico, uma novidade tomada de empréstimo aos gregos. Causa admiração a fidelidade luminosa com que nosso tempo retomou essa seqüência: exploramos o corpo até seus constituintes moleculares, contemplamos a forma arredondada azulada e finita de nosso veículo terrestre comum. Atingimos o fundo do Universo, esse grande Atrator situado entre seis e 10 bilhões de anos-luz e determinamos, com exatidão, o clarão residual dos dois segundos que precederam o big bang.

O mesmo gesto caracteriza os quatro acontecimentos: o primeiro, arcaico, não se distancia de nossas origens, o segundo, antigo, é contemporâneo dos poemas homéricos, o terceiro, também antigo, é definido pelo Renascimento, e o último é representado pela atualidade. Esses gestos mudaram o habitat do corpo e a visão do mundo, a visão do corpo e o habitat do mundo. Mais ainda do que o avanço dos saberes especializados, eles escandem o próprio processo de hominização, a evolução mais do que a história, porque se trata de nossas duas habitações, local e global, individual e universal. Não vivemos mais do mesmo modo. Mudamos quatro vezes. A vasta extensão fluida do tempo encarnou em nosso corpo e no corpo do Universo. Nós a vemos circundar desde que suas bifurcações marcam nosso duplo habitat íntimo e externo, carnal e mundial. Não escrevi até aqui outra história da medicina, dos medicamentos ou da saúde, mas esbocei a antropologia de uma mudança corporal que concerne mais a nossa evolução.

Os *corpos coletivos*

Não conhecemos o corpo individual apenas por imagens sábias ou ingênuas, mas também por números e de maneira coletiva. As estatísticas nivelam as variações próprias à singularidade do ser vivo. A eliminação matemática do acaso permite conhecer os corpos pessoais pelo contorno do corpo global; nada mais eficaz do que esses cálculos para prescrever os remédios e administrar o estado sanitário de uma coletividade numerosa. Assim, as decisões que dizem respeito à saúde pública agem, freqüentemente, com maior eficácia sobre sua melhoria do que as façanhas individuais, os remédios, os cirurgiões ou biólogos celebrados pela publicidade.

Além disso, política e moral reencontram-se nessas decisões. Esses cômputos gerais não deixam de ignorar que a injustiça social priva os mais pobres dos benefícios concernentes à dor e à morte a ponto de um abismo sempre separar os mortais dolorosos dos raros eleitos que se lançam na busca da imortalidade. Novamente, a história dos mitos, culturas e religiões explica melhor o estado das coisas do que a história das ciências ou mesmo a história propriamente dita. A distância entre deuses e homens, tal como a mensuravam os antigos gregos, por exemplo, substituiu seu arcaísmo pela moderna diferença de classes; o escândalo amplia-se a partir daí. Sob as baixas latitudes encontram-se os mortais aos quais a tradição reserva o nobre nome de homens; nas altas, encontram-se os imortais, que não cessam de sorver o néctar da ambrosia. Essa evidência não pode deixar de lado as chamadas democracias; escudando-se numa publicidade mentirosa, na qual ninguém mais crê, elas ainda podem glorificar a mais feroz e desigual das aristocracias corporais, mais implacável do que todas as outras? Os discursos hipócritas nos fazem tremer de indignação desde que seu contrário visível é posto à mostra: os esqueletos do Terceiro Mundo gritam até a morte, diante dos obesos de plenitude. Amanhã, uma guerra inexpiável, à moda de Darwin, oporá esses milhares de corpos macilentos aos milhões de dólares cujas vantagens se acrescentam aos milhões que já guarnecem as pessoas adiposas, orgulhosas de seu saber exclusivo adquirido por essa quantidade enorme de dinheiro, mais do que pelo seu próprio talento? A política encarna-se quando deixa de lado a ideologia.

Narrativa de um exemplo

Por volta dos anos 70, a Organização Mundial de Saúde — OMS — pretendeu e conseguiu erradicar a varíola no mundo. Trinta anos depois, não vemos mais em nenhum lugar pessoas que morrem com a pele devorada por pústulas supuradas. Poucos relatos literários, históricos, filosóficos, ou mesmo míticos conseguiram captar toda a intensidade dessa aventura exemplar que foi iniciada por Edward Jenner, médico rural inglês que inventou a vacina contra a varíola no final do século XVIII e ocasionou o desaparecimento integral da doença mortal da face da Terra. Alguns homens e mulheres de boa vontade, cujos nomes ocupam nossa lembrança, espalharam-se pelas nações e vacinaram todos os habitantes situados em lugares epidêmicos. Em alguns anos, os esforços destruíram a espécie inteira do vírus correspondente. Esse acontecimento assemelhou-se à extinção dos dinossauros e simetrizou a fabricação das bombas termonucleares. Uma vez que a ética prescreve ser melhor esquecer os erros e lembrar os acertos, de onde vem nossa paixão por inverter esse preceito? Celebramos os vencedores das guerras e as ações detalhadas dos assassinos, mas nos calamos sobre os acontecimentos dos anos 70.

Na verdade, não ignoro que essa vitória temporária possa ensejar uma derrota mais grandiosa ainda; um relatório recente da mesma OMS, sobre doenças infecciosas, inquietou-se diante da recrudescência das infecções causadas por monocelulares, esses minúsculos inimigos que renovam mais suas armas defensivas do que nós renovamos nossos medicamentos. Eles crescem, nossa resistência se enfraquece, conhecemos talvez apenas um episódio dessa luta contínua. Não erradicamos facilmente vírus ou bactérias que, como tantos outros, já existem há três bilhões de anos nesse velho planeta!

Começos do Homo universalis

Mesmo temporária, essa vitória testemunha a chegada do *Homo universalis* e de seu poder sobre o mundo. Com martelo, foice e tambor, o *Homo faber* exercitava, até recentemente, sua eficácia; batendo prego, abrindo sulcos na terra, fazendo barulho sobre a praça do burgo, a ação de seus equipamentos limitava-se apenas a um lugar e estendia-se até o final das vibrações, das estações do ano ou da usura. Por decisão coletiva e por um programa racional, seu sucessor estendeu um gesto médico de prevenção às extremidades do planeta e também do espaço, vacinou a totalidade dos homens em nome do gênero, em suma, fez desaparecer uma espécie em nome da vida, do tempo e da evolução. Preenchendo as condições globais do inerte, do ser vivo e da existência humana, sua ação tornou-se universal. A narrativa desliga-se da história e, subitamente, passa a falar sobre antropologia e evolução.

Por relatar uma das origens contemporâneas dessas ações totais, considero a narrativa da erradicação da varíola igualmente mítica. Não podemos mais ignorar que há ou que houve emergências, dado que sempre as vivemos. Será que esquecemos as grandes narrativas da tradição por sermos contemporâneos dos verdadeiros começos e por viver novos mitos sem deles duvidar, não no sentido recente da mistificação, mas no sentido mais profundo das origens autênticas? A narrativa aventurosa dos médicos da OMS fusiona, com efeito, o imaginário social com a ciência objetiva, porque nos encontramos diante de emergências radicais. Em linguagem arcaica ou teórica, ela associa o *mythos* ao *logos*. A novidade consiste na união da ciência e da narrativa, do saber e da piedade. Essa mistura de conhecimento objetivo e epopéia coletiva mostra que o humanismo pode tornar-se universal. Daí decorre uma segunda estranha maravilha, o *Homo terminator*, que aplica sua capacidade destruidora na cura do próximo e dos distantes. De novo, encontramos aqui uma origem que simetriza aquela que designa a bomba atômica. Como já disse, o *Homo universalis* vê crescer sua responsabilidade para com a morte e a saúde e responde cada vez mais por si e pelo mundo.

Ainda existem vírus de varíola

O aspecto coletivo dessa mesma narrativa heróica havia prometido destruir, de uma vez por todas, os últimos vírus coletados junto às doenças mais graves. Chegou mesmo a fixar a data do expurgo definitivo. Momentos antes que se cerrassem os ferrolhos das estufas nas quais a extinção deveria ocorrer, alguns bioquímicos, identificando a seqüência do ADN dessa variedade viral, constataram que alguns de seus genes detinham as chaves do sistema imunológico humano, como se, no transcorrer da evolução, eles nos houvessem furtado os segredos que os tornavam tão perigosos. Em conseqüência disso, ao substituir os mecanismos de defesa do doente por seus próprios elementos e ao fazer o organismo hospedeiro acreditar, por meio desse mimetismo, que pertenciam a ele, conduziam-se como perfeitos parasitas. Os que comem nossa carne obtêm uma vantagem decisiva se conseguem nos persuadir de que estão nos ajudando. As máfias extorquem e matam aqueles que aterrorizam, fingindo defendê-los. Por isso, os Estados reduzem-se a máfias legalizadas. Disse e direi ainda de maneira mais completa até que ponto promovi essa operação parasitária pela dignidade de um dos segredos da vida em todas as escalas, pública ou microscópica. Em resumo, um animal tão precioso não poderia morrer sem prejuízo para todos nós. A título de benefício, os biólogos conservaram vários deles em dois ou três cofres-fortes que se encontram dispersos pelo planeta.

Parasita, simbiose e contrato natural

Observem que, a partir de um dos parasitas virais de sua história, o *Homo universalis* realizou, com sucesso, uma primeira simbiose original, exterior e técnica, mesmo que inicialmente ela não tivesse sido ainda observada como tal, entre seu sistema imunológico e o do antigo inimigo, transformado agora, por meio das ciências, em sócio produtivo. Até então, sobrevivíamos como herdeiros de ancestrais que resistiram às epidemias passadas, por haverem desenvolvido em seu organismo algumas defesas eficazes contra o agente infeccioso e por haverem substituído seu parasitismo por uma simbiose intra-orgânica; os outros morreram. Adotamos ainda essa prática, embora ela agora tenha lugar fora de nossos corpos, e nós tenhamos substituído, sem o saber, a vida pelo conhecimento e pela experimentação objetivos, e as múltiplas mortes da seleção natural pela cura definitiva do gênero humano. O novo simbionte povoa os balcões dos laboratórios.

Pode essa nova simbiose ser denominada exodarwiniana? A interrupção da erradicação total do vírus assemelha-se a um tratado de paz, pelo menos a um armistício, em suma, a um *contrato natural*. Com efeito, nós o assinamos a partir do momento em que o deixamos viver e quando passamos a considerar seu ADN fonte de dádivas e até mesmo de dados muito mais preciosos do que perigosos. Mais do que isso, atribuímos-lhe valor muito alto, proporcional à dependência do risco que ele comporta. Mediante nossos estudos, garantimos sua sobrevivência, para que ele assegure uma parte da nossa.

Para finalizar, sonhemos um pouco: no passado e até recentemente, ele permitia que alguns humanos, como nossos pais e mães, sobrevivessem para dele guardar um estoque de nutrição e informações? Compartilho com Lynn Margulis uma secreta admiração por esses animais sem cérebro. Formidável simetria: e se, deixando que esses indivíduos sobrevivam em cofres-fortes, estivermos imitando sua antiga conduta? Repenso em meu livro *O Contrato Natural*:[5] não detesto todos os reinos dos seres vivos que escrevem seus genes em código, palavra que significa, simultaneamente, cifras, letras ou regras de um direito. Quando soubermos decifrar o nome real dos seres vivos e das coisas, poderemos todos realmente assinar este contrato.

[5] Michel Serres, *O Contrato Natural*, Nova Fronteira, 1991. (N.T.)

Liberação de um escravo

Retornemos ao corpo antropológico ou evolutivo. Desde sua origem e em qualquer cultura de que participasse, ele deveria suportar, constantemente, as necessidades que nunca conseguiam ser saciadas, sofrimentos raramente acalmados, doenças jamais curadas, tensões e pesos dificilmente aplacados e aliviados, inumeráveis constrições sobre as quais ninguém possuía qualquer saída e que se acabavam quando a morte inevitável interrompia, precocemente, sua juventude. De modo semelhante, os filhotes dos animais desaparecem em grande número porque são devorados. Torna-se necessário compreender o respeito universal pelos mais velhos, cujos êxitos raríssimos representam milagres de corpos que resistiram a mil emboscadas, vitórias temporárias de um destino contrário, memórias de um savoir-faire natural e de uma tradição cultural. Trespassado por esses pesos e faltas, por toda a excentricidade da dor e do desejo, nosso corpo não cessa de experimentar uma alienação essencial. Abandonado à seca e à peste, delas ele jamais se livra. Além disso, os mais fortes roubam o corpo dos que foram atingidos pela fome e pelas doenças, como se a ferocidade coroasse os outros males. Em conseqüência disso, ele se entregou aos reis e aos grupos. Escravo encarnado da natureza e de sua cultura, o corpo viveu como um servo ou um colonizado, primeiro servidor, escravo imediato e primitivo tiranizado pelo espírito, pela alma, pela vontade, pela tradição, pelo poder e por tantas outras coisas importantes. As filosofias recentes e as religiões mais antigas esboçam dele esse perfil, cujo aspecto patético decorre menos, como se crê, daqueles que falaram a seu respeito do que de algumas de suas condições reais de vida. Sempre e por toda parte, o corpo reencontra o impossível. Os mais sábios pré-historiadores consideram mesmo que seu desaparecimento teria sido menos relevante do que sua sobrevivência. Como então, diante dessas condições, não colocar sua esperança numa instância diferente? O corpo sofreu tanto, que bem merecia uma alma.

As transformações recentes e rápidas tendem a liberar esse servo multimilenar, cuja escravidão parecia o estado quase natural e que, em alguns decênios, teve que assimilar imprevisível reapropriação. Seria de admirar se não restassem nele múltiplos traços dessa antiga servidão. A suspensão dos grilhões dessas impossibilidades quebra o ovo que o originou, e ele se alonga e expira fortemente, como um pássaro que acaba de nascer, como Afrodite, de pé em sua concha marinha. Ele se metamorfoseia e testa suas capacidades sem limites no esporte e na estética, nos desejos e viagens, na alimentação e na reprodução, na medicina, nas ciências biológicas e nas técnicas do genoma. Liberado da fome, ele come e também se torna obeso. A ginasta esbelta e o corpo inchado do bêbado são conseqüências desse mesmo processo.

Entrecortado por múltiplas constrições necessárias, ele passa do impossível ao leque aberto de todos os possíveis. Habita esse potencial e essa nova contingência. Surge aqui, virtual, segundo uma definição sem fim nem fronteira, por isso mesmo contraditória, mas inteiramente entregue ao poder e às capacidades. Tudo começa. Quando a medicina, a farmácia, as políticas de saúde, os coadjuvantes técnicos do trabalho avançam no desmantelamento de suas impossibilidades, podemos enfim colocar a questão: o que é o corpo? Ele não existe; existia, mas não existe mais, pois vive inteiramente na modalidade do possível. Apenas uma lógica modal permite apreendê-lo; ele sai da necessidade para entrar no possível. Eis a melhor definição que se pode dar: o corpo é um virtual encarnado. A teologia pretendia anunciar essa novidade, quando descobriu a imagem de Deus?

Circuito do conhecimento

Quando Descartes escreveu que se podia conhecer a alma mais facilmente do que o corpo, não podíamos ainda compreender, ao lê-lo, que sua filosofia se inscrevia, involuntariamente, numa época do processo de hominização. Nela ele descrevia o estado de um recipiente ainda encoberto por conchas, moluscos e parasitas que continuava opaco à claridade; cegas, sua medicina e sua fisiologia falavam de uma máquina extraordinária e mal conhecida, justamente porque mil constrições, cujas características patéticas a aprisionavam, cercavam-na de obscuridades. Nós só nos aproximamos do corpo ao desfazer as múltiplas couraças de sofrimentos e os compartimentos de privações experimentados por ele em seu longo processo evolutivo, escandido por fomes e mortes. Para tais aproximações, seria até mesmo necessário descer aos Infernos, como justamente ocorre nos diálogos de Platão — por essas mesmas razões —, como se penetrássemos um túmulo atravessando o mármore de suas placas funerárias. Determinadas pela dificuldade de viver, essas defesas obscuras fazem do corpo antigo uma múmia encerrada por suas bandagens e pelas 10 muralhas de seus mausoléus. Eis por que vivemos os anos recentes como um processo quase miraculoso de ressurreição. Não há mais necessidade de roupas brancas nem de aromatizantes.

Oriundos, principalmente, das ciências, múltiplos conhecimentos de todas as ordens contribuíram para eliminar um grande número de constrições que pesavam sobre o corpo, tais como dores, privações, doenças e trabalhos penosos que impediam que ele fosse conhecido em funcionamento mais livre. A partir daí surgiram, lateralmente, novas mentalidades, uma economia adaptada, condutas sociais, em resumo, novos nichos para esses novos corpos que passaram a repercutir uns sobre os outros. O conhecimento do corpo ficou condicionado ao conhecimento das doenças e ao cuidado delas, embora esse fato não o esgote, porque o corpo, tanto quanto o meio em que se insere, muda rapidamente. A novidade que descrevi consiste em produzi-lo de modo relativamente sadio e translúcido. Tudo muda a partir daí.

Graças a essa transparência relativa recentemente adquirida podemos reconhecê-lo, mesmo que parcialmente, como o maior instrumento de aquisição de conhecimentos. Luminoso, ele filtra a claridade. Mais modelável, ele armazena infinitos programas de informação que envolvem posições, movimentos, intenções, gestos e adaptações, cifras e decisões. Ele já fazia isso, mas de modo travado; por isso o enxergávamos mal. Agora, faz melhor. Transparente, ele recebe e compreende: maleável, ele esquece e retém; aberto, ele transmite; sólido, ele sabe; ativo, ele separa. Torna-se o novo sócio no velho problema da origem dos conhecimentos. Melhor ainda; inesperado, ele inventa. Tudo não se passa no cérebro, longe disso. As ciências cognitivas encarnam-se.

Exercício e treinamento

Por receio de que eu estivesse comparando educação física e esporte, alguns professores dessas disciplinas inquietaram-se quando escrevi em meu último livro, *Variations sur le corps*,[6] no qual atribuo ao corpo, pelo menos tanto quanto ao espírito, essas performances cognitivas, que "Nada resiste ao treinamento". A língua francesa não reserva esse último termo a nenhum desses exercícios corporais mas, ao contrário, o estende a qualquer atividade humana. Minha citação entende o termo dessa maneira. Um certo pianista chegou a confessar: "Se falto um dia ao exercício de

6 Michel Serres, *Variations sur le corps*, Paris, Le Pomier, 1999. (N.T.)

minhas escalas musicais, minha execução se enfraquece, e eu percebo isso; se as interrompo por três dias, algumas notas imperfeitas começam a incomodar os ouvidos treinados dos especialistas; além de uma semana, o público passa a fugir de meus concertos." Ao dizer isso, ele constata a necessidade do treinamento cotidiano. Como vive um algebrista? Ele estuda os conjuntos 10 horas por dia; se não fizer isso, perde rapidamente qualquer direito ao título de matemático. Se um escritor não escreve todos os dias, sua mão se entorpece. Acontece o mesmo com qualquer habilidade especializada, seja ela manual, intelectual, corporal ou lingüística. Pare de falar por dois anos o italiano, o espanhol ou o alemão e você esquecerá sua sintaxe. Não só os músculos se enrijecem, mas também as maneiras, o vocabulário, o estilo e a habilidade manual.

Essa verdade do corpo global penetra os mais ínfimos e secretos lugares: se, desde o nascimento, você esconde a luz de um dos olhos, em três meses, pela apoptose, as células visuais e os nervos ópticos desaparecem. Elas se suicidam por falta de treinamento. Pare de pensar, e seus neurônios perecem: a leitura de uma página de jornal, embora possa ser mais difícil, rejuvenesce muito mais do que a ginástica matinal. Ao interromper o trabalho, o aposentado corre o risco de precipitar a senilidade: nada mais perigoso do que o repouso. Sem piedade, os sinais do organismo matam os elementos de sensação e motricidade quando os privamos de exercício. O próprio metabolismo só se perpetua pelo treinamento.

Criado no sudoeste da França, onde o trabalho não é de modo algum tirânico — é o mínimo que se pode dizer —, devo confessar, mesmo como um lamento, que a morte se enraíza na preguiça e na inatividade. Certamente não apenas o segredo da obra, mas também o da juventude, da saúde e da própria vida, reside no contínuo emprego do tempo. Repouse, durma bem, mas não demais, porque você se tornará senil e gagá.

Paradoxo: a repetição, produto da novidade

Eis a condição necessária: de um lado ela diz respeito ao uso da língua e, de outro, ao funcionamento da fisiologia. Minha afirmação ultrapassa amplamente essa generalidade do uso e função. Escrevi que "nada resiste" ao treinamento. Com efeito, estas são as seqüências do mistério do corpo: eu não posso; exercito-me e posso fazê-lo; não sei; exercito-me e passo a saber; não compreendo; exercito-me e passo a compreender. Até agora, nada de novo. Essas diversas seqüências completam-se por meio de outra, mais estranha: não conheço solução para esse problema; exercito-me; por vezes, então, a invenção chega até mim. Numa palavra inesperada, o corpo inventa. Algo como uma criação ocorre. Perguntaram a Newton como ele havia descoberto a lei da atração universal. Pensando sempre nela, respondeu ele naturalmente. Nenhum descobridor disse algo diferente. Eu não paro de colocar meu corpo diante do desconhecido; subitamente ele se apresenta e se faz conhecer. O treinamento inventa.

O treinamento vence os obstáculos e salta sobre os carneiros, os recordes, as montanhas e as perguntas sem respostas. Parece-me que o mistério que suscita a alegria e o entusiasmo reside não apenas na conservação perpétua, na flexibilidade e nas funções da vida, mas no aparecimento de um imprevisto, numa bifurcação brusca, aqui local, mas global em todo esse meu livro.

Como se pode supor que um ato confinado à repetição possa, subitamente, transformar uma bela manhã, o meio ambiente, o próprio corpo e o cérebro, o estado geral das coisas? Dediquei meu livro sobre o corpo aos professores de educação física, aos treinadores e aos guias de montanhas elevadas, e afirmo enfaticamente que o fiz porque eles me ensinaram a pensar. Apesar de esse fato ter escandalizado alguns intelectuais, não escrevi aquela dedicatória sem, previamente, refletir sobre ela. O pensamento sem a invenção não conta, pois apenas copia e repete. Ele só se efetivará por esse treinamento que se impõe ao pesquisador como modelo universal das condições da descoberta. A inspiração não ocorre jamais sem a transpiração. O treinamento conduz novamente a um paradoxo. O fato de acordar toda manhã e repetir o mesmo gesto, a mesma busca, a mesma preocupação faz mudar de corpo ou de mundo e promove o novo. Sem dúvida, o que os profissionais denominam "estar em forma" marca o acesso a essa originalidade. Acredito que os grandes místicos já conheciam os segredos dos outros limites, estratégias e especialidades do corpo; suas orações regulares e suas macerações faziam com que subissem em direção ao Monte Carmelo. Como resolver esse paradoxo?

Afastamentos do equilíbrio: a segunda expiração

Talvez observando a representação de dois ritmos diferentes, um regular do eletrocardiograma, o outro, que parece estocástico, no eletroencefalograma. Em nosso corpo, os estados estáveis se aproximam de séries imprevisíveis de rupturas e hesitações: assim como o mundo e o compartimento de meu escritório, será que o corpo carrega consigo um relógio fiel ao tempo que passa e um barômetro caprichoso como o tempo que ele mede? O corpo vive dois tempos, dos quais um não cessa de se bifurcar? O tempo da repetição, o da invenção; e o tempo circular da contingência, dos planetas?

Ainda que Claude Bernard tenha tido razão em enfatizar a regularidade do meio interior, hoje insistimos mais sobre as diferenças que o inclinam. Se o equilíbrio termodinâmico identifica-se com a morte, a vida se projeta para além dele. A vida dele se desvia como as flechas que dilaceram, ao acaso, as ondas cerebrais. Por outro lado, uma das críticas mais refinadas que se pode fazer ao darwinismo clássico consiste em afirmar que unicamente a inadaptação permite a evolução de espécies, sem dúvida perfeitamente adaptadas, que não haviam mudado desde o período cambriano.

Como o metabolismo, a própria evolução combina dois estados contraditórios: desvios e estabilidades debatem-se entre esses dois tempos, como o coração e a cabeça, o relógio e o barômetro. Sob pena de morte, é certo que nossos corpos se adaptam ao meio, embora empenhem-se em criar o novo a partir dele. À medida que a vida avança nas espécies, elas se tornam independentes de seu meio. A curto e longo prazos, nossos corpos e as próprias espécies entrelaçam incessantemente balanços horizontais e tendências. Isso porque o tempo do ser vivo segue, simultaneamente, o relógio regular do ritmo elíptico dos planetas, o curso irreversível e negativo da entropia crescente, mas igualmente um estranho progresso em complexidade.

Favorecendo a pesquisa do equilíbrio, a repetição dos gestos, dos exercícios ou mesmo dos pensamentos, eu projetaria, por uma espécie de compensação, alguns desvios que "exercitassem" um movimento inesperado de uma adaptação nova a gestos inadaptados, instalando neles, em seguida, pela própria repetição, um novo equilíbrio até então imprevisível. Ainda que ele envolva uma repetição quase neurótica, o exercício estende ou produz outra coisa que não seja apenas essa redundância. Por meio de dois termos equivalentes, um popular e outro erudito, o exercício repete a atração. A palavra designaria, então, outra coisa. Pensando nela todos os dias, Newton sentiu uma atração pela lei segundo a qual os planetas se exercitam entre si por meio de alguma magnificente tautologia!

O treinamento permite experimentar o segredo da vida...

Sobre isso, penso que só exercitamos gestos ou pensamentos externos aos automatismos habituais. Para abrandar nossa rigidez, os movimentos da ginástica se contrapõem, com freqüência, a nossos hábitos, chegando mesmo a rompê-los; nós os repetimos para quebrar e nos livrar dessa couraça às vezes patogênica. Atirar a bola de golfe provoca a mesma torção no corpo que o jogo de tênis. A intuição que essas atividades e espaços requerem afasta-se de qualquer idéia preconcebida; correr rápido e longas distâncias coloca a respiração, os músculos e a circulação num equilíbrio novo, distante das estabilidades comuns. De modo geral, o treinamento busca atingir esse tipo de equilíbrio, diferente da estabilidade habitual: o paradoxo acaba por desaparecer para deixar surgir, nessa experiência e por seu intermédio, a definição da vida, cujo tempo se inclina para fora do estado termodinâmico. É nesse desvio que ele vai encontrar seu destino. A vida sobrevive da mesma maneira que uma segunda expiração substitui a primeira. Essa segunda vida repete a primeira, que sucumbirá rapidamente à morte, se não for buscar uma sobrevivência, se não estabelecer, mesmo que com novos custos, uma ligação entre o ritmo regular do coração e os saltos arrítmicos do cérebro: um atira o outro para fora de seu círculo, e o outro conduz o primeiro a se reinstalar. Partamos logo, ela diz, mas, ao chegar lá, construamos logo uma nova morada.

O treinamento revela o segredo da vida, mas também o segredo deste livro.

... e o segredo da hominização e da cultura

Sem dúvida, a vida nasceu desse afastamento, situado acima do inerte, aprisionado sob os ferrolhos do equilíbrio termodinâmico. A ginástica, o esporte, o trabalho de pesquisa, o treinamento em resumo, recuperaram, literalmente, esse ato fundamental. São eles que nos fazem sobreviver ou reviver, na medida em que se alimentam nas mesmas fontes dos processos físico-químicos que um dia permitiram o surgimento da vida, o que representou um primeiro desvio do equilíbrio. A existência designa exatamente esse desvio e esse ato.

Assim como nós, as bactérias, fungos, algas, plantas e animais também se beneficiaram dessa aurora vital que os fez sair das estabilidades do inerte. Devemos argüir por que eles não desvendaram como nós o segredo fundamental para reiterar o mesmo ato e, de novo, sair da primeira concha, depois da segunda e assim por diante? Eles se acham sujeitos, indefinidamente, a um equilíbrio programado, do qual não se podem livrar, por golpes catastróficos e nem graduais, a não ser pelas mutações e seleções previstas pela teoria da evolução. Nós nos livramos dessa segunda prisão, por haver compreendido, primeiramente pelo corpo, como imitar esse primeiro gesto e por haver aprendido a refazê-lo a fim de habitar uma nova casa, construída sobre um novo equilíbrio distante do primeiro: um segundo desvio que se efetivou graças ao treinamento. Ele nos fez saltar sobre milhões de anos.

A hominização consiste nessa série contingente de novos desvios, de outros equilíbrios e novos habitats. Uma vez começada, essa série nunca mais se interromperá. Recentemente acabamos de nos mudar de habitações antigas, assim como nos mudamos do corpo e do mundo. Projetamos lugares instáveis e, se não desabarem, construiremos neles habitações cada vez mais altas. Trata-se sempre do mesmo gesto, mesmo que, a cada retomada, ele se torne cada vez mais desfigurado. O ser vivo se havia atrelado ao relé do inerte, a sobrevivência germina no relé da vida, e assim por diante. Não reconhecemos na vida a superação do inerte nem no treinamento a redenção da vida; nem na invenção a retomada do treinamento. Nunca reconhecemos o novo, embora ele se revele sob velhas fundações. Deixamos a evolução para entrar na história. Mesmo que por vezes desfigurada, a evolução volta hoje a conduzir a história naquilo que denomino hominescência.

Daí decorre a solução para um velho problema, o do acordo ou da síntese entre natureza e cultura. Nada mais "natural" do que o gesto de instalar um equilíbrio distante de uma antiga estabilidade, e isso porque a palavra natureza significa, justamente, um nascimento, e o processo em questão descreve o nascimento da própria vida a partir do inerte preso na armadilha do segundo princípio da termodinâmica; mas a repetição do processo projeta a história, essa mesma história que nos separa da evolução vital, bacteriana, vegetal ou animal. A cultura começa pela natureza; ela é a própria natureza, cuja continuidade se dá por outros meios. Por isso, a cada etapa, ela se torna irreconhecível. Não teríamos jamais nos transformados nos homens que somos sem o treinamento. É ele que revela o segredo da cultura e propicia a decifração deste livro.

Se você decididamente não gostar da palavra treinamento, posso substituí-la por exercício, cujo sentido, próximo do primeiro, beneficia-se também de uma etimologia mais perfeita para meu objetivo, uma vez que o verbo latino *arcere* significa afastar e, depois, unido ao prefixo *ex*, significa não deixar em repouso. Posso, então, exercitar-me na mesma demonstração sobre o desvio no equilíbrio e, dessa forma, ganhar sua adesão. Enfim, o que é a existência, senão esse desvio do equilíbrio ou do repouso que define integralmente essa inquietude incoativa que denomino hominescência?

Balanço

Em resumo, em décadas recentes, nasceu aqui um corpo novo. Mais do que histórica, essa brecha tem a ver com a antropologia, a evolução do hominídeo e com o processo global da hominização. Com certeza, eu não reescrevi 20 relatórios documentados nem passei em revista, detalhadamente, os cuidados médicos, o remédio, as políticas de vacinação, de prevenção e de saúde, a diminuição do trabalho, o saneamento dos habitats e a expansão da higiene, porque todas essas histórias apaixonantes convergem para um resultado mais amplo do que seus componentes: a transformação antropológica dos corpos. Essa mudança beneficiou os homens e as instituições, por todos os meios descobertos e aplicados pelos saberes, um assunto cujos anais os bons especialistas já escreveram inúmeras vezes. O resultado ultrapassou tanto os ditos meios, que, se esses pudessem ser relatados durante o tempo da história, os resultados da mudança entrariam na evolução. Com efeito, o novo corpo recompôs a estética, a moral, a política, a cognição e, mais ainda, o ser-no-mundo. Essa ruptura ocorreu por volta dos anos 70, no silêncio das filosofias, enquanto em maio de 68 os estudantes proclamavam nos *campi* universitários de todos os países uma ruptura cuja importância vital só hoje atingiu o observador. Quem compreendeu o que se passou naqueles dias festivos? Todos entenderam como político um acontecimento que, muito simplesmente, acabava de intervir na biologia do desenvolvimento: a geração do novo corpo chegava à idade adulta. Algum dia já havíamos visto uma revolução sem economia e sem política?

Anteriormente escrevi *Os Cinco Sentidos*[7] e, recentemente, *Variations*[8] não apenas para celebrar esse nascimento ou esse acontecimento, mas

[7] Michel Serres, *Os Cinco Sentidos*, Bertrand Brasil, 2001. (N.T.)

[8] *Idem*, *Variations sur le corps*, Le Pommier, 1999. (N.T.)

para marcar as mudanças que viabilizaram sobretudo a compreensão de um corpo recentemente tornado translúcido e visível, despido, enfim, da couraça da alienação que o aprisionava ao passado. Inteiramente novo, ele passa a exigir coisas novas: saúde, segurança, vida longa, alimentação sem risco e controle da reprodução, em suma, esse possível que ele já era, sem o saber, e o poder que ele acaba de adquirir, oriundo da disciplina do ser e engajado na lógica flexível dos modos de ser. Por acaso, morei no antigo possível e me mudei para o novo; bicorporal e bicultural, conheço os dois habitats, dado que hoje o Terceiro Mundo e o quarto se assemelham à casa que deixei. Sei falar duas línguas; sinto, experimento e penso de duas maneiras; posso, então, estabelecer a ponte necessária entre essas duas eras separadas por um golpe forte de hominescência. Sem dúvida alguma, a travessia da fenda passa do impossível ao possível, do necessário ao contingente. Atravessando o leito do rio, a ponte propicia outra liberdade.

Alguns contemporâneos medrosos nos deploram, afirmando que caímos, bruscamente, na pior alienação, dependendo, dizem eles, cada vez mais de técnicas fabricadas. Dependente de objetos, o sujeito perde sua humanidade. Posso consolar esses inconsoláveis que parecem conhecê-la por intuição essencial, enquanto nós progredimos nela contingentemente? A evolução certamente caminha por mutações, mas também por pressões da seleção natural instalada no meio e por seu intermédio. Iniciado há milhões de anos, o processo original de hominização conheceu o primeiro desses golpes quando começamos a construir nosso próprio meio a partir da fabricação de instrumentos; certos animais já viviam de modo cada vez mais independente de seu próprio meio. Quando esse meio humano adquiriu uma densidade compacta demais para tornar-se integralmente um mundo, ele influenciou a própria população que o havia produzido, por um circuito de retroação, desde então, bem percebido. Em resumo, construímos nosso corpo por meio dos produtos de nosso corpo, uma vez que os objetos técnicos a eles se assemelham. A hominização assemelha-se menos a uma evolução vital do que a uma produção propriamente dita; diria de bom grado que se trata de um processo de auto-hominização, se a palavra não soasse tão mal. Nós mesmos nos construímos.

Causa sui?

A invenção da bomba atômica, um dos primeiros objetos-mundo, induziu à questão de saber se a espécie humana sobreviveria. Que podemos esperar? Resposta mínima: o que nos habita. Alguns chegam a perguntar em nome de qual princípio devemos trabalhar para essa sobrevivência específica. A esse objeto global, que induz a essa questão global, corresponde, forçosamente, uma resposta global que nos permite compreender a insuficiência interna de qualquer imanência; com efeito, com que direito e por que essa totalidade imanente que constitui o nós permaneceria? Sem resposta para essa pergunta, somos forçados a evocar uma transcendência que *lhe* é exterior. Isso demonstra a dificuldade que temos em manejar conceitos globais.

Antes mesmo de nos oferecer argumentos metafísicos, a própria ciência nos desafia. As biotecnologias decifram pouco a pouco os diversos genomas que presidem a reprodução dos seres vivos. É longo o caminho que conduzirá ao seqüenciamento completo de todas as espécies, mas ele já não serve para fixar um sentido para nosso tempo? Assim como a bomba termonuclear poderia ser considerada um objeto-mundo, terrificante por seu poder destruidor, de modo semelhante podemos considerar o conjunto desses algoritmos como um objeto-mundo inicial que é o da criação. Logo teremos em mãos o nascimento do indivíduo, de seu semelhante e de seus outros, talvez também das espécies, da produção de nós mesmos e de nosso próprio gênero. Aqui e agora, nós nos faremos nascer mais concreta e singularmente do que pelo circuito amplo e geral que acabo de esboçar.

De naturados, quero dizer, mergulhados de modo passivo numa natureza que significa o conjunto do que nasce ou do que vai nascer sem nós, tornamo-nos naturantes, arquitetos e construtores ativos dessa natureza. Não há muito, Spinoza designava Deus como *causa sui* ou causa de si. Ele produzia a Ele mesmo, porque nenhum criador poderia ser pensado acima dele. Nós nos fixamos nesse atributo, anteriormente considerado divino. O processo que denomino auto-hominização torna-se, então, simplesmente técnico. Tornamo-nos causas operacionais de nossa vida. Em meio século, acabamos de forjar o *alfa* e o *ômega* de dois objetos-mundo, o fim e o começo, a criação e o aniquilamento. Pela dupla descoberta do ADN e da bomba, tornamo-nos responsáveis ativos de nosso nascimento e de nossa morte. De onde viemos? De nós mesmos. Para onde iremos? Em direção a um fim prescrito por nós mesmos. Eis aqui de onde viemos e para onde vamos. Esse súbito conhecimento dos dois pólos de nosso destino específico e individual muda nosso *status*. Permanecendo como homens, mas nos tornando obras de nós mesmos, não somos mais nós mesmos. O golpe brusco de hominescência nos institui como causa de nós mesmos.

Théotokos: *o que gera* Deus

Para terminar, evoco uma representação antiga deste novo estado de coisas. Um concílio do antigo cristianismo nomeou a Virgem Maria como mãe de Deus. Uma mulher gerou como filho seu Criador e tornou-se mãe de seu pai. Tratava-se certamente, diria eu, de desconstruir as mais convencionais relações de sangue, filiação e paternidade biológicas; mas sobretudo de contrariar a natureza abolindo com a virgindade o que ainda pudesse restar da maternidade. Essa desordem das relações familiares produziu um estado simbólico tão inovador que transformou a face da história. A partir daí nasceu uma época, ao mesmo tempo que uma criança. Eu não havia compreendido que, além disso, tratava-se de conferir um aspecto antropológico à causa de si. Mãe de seu pai, uma mulher produzida produz seu produtor. As conquistas racionais, incorpóreas ou virginais da espécie humana preenchem hoje, por si mesmas, esse aspecto. A era cristã cumpriu sua promessa. Ei-nos aqui, pais de nosso próprio parentesco.

PRIMEIRO CIRCUITO DA HOMINESCÊNCIA

Exodarwinismo dos objetos técnicos

Milhões de anos foram necessários para que os pássaros tivessem asas e plumas; em alguns meses, construímos uma aeronave. A invenção dos primeiros instrumentos fez-nos sair da evolução para entrar na cultura. As espécies aparecem quando, por mutação e seleção, nascem órgãos ou funções corporais que, de novo, se adaptam às exigências inesperadas do meio ambiente. Os répteis voaram quando o desenvolvimento das excrescências laterais transformou-as em asas. Desde que a técnica apareceu, não temos mais necessidade dessa longa paciência nem de nenhuma outra forma corporal e corremos menos risco de desaparecer. Basta o avião ser fabricado, para embarcarmos nele: quando é possível fabricar um instrumento, o corpo muda pouco se faz uso dele. O aparecimento das leis evolutivas ocorre a partir daí. Ao descarregar seu corpo da obrigação de obedecer aos instrumentos, o *Homo sapiens* lentamente encarrega-se das produções rápidas. Uma lâmina, uma pedra polida, uma arma de arremesso respondem mais rápido a essa adaptação do que a transformação de uma função interminável e perigosa. A técnica-lebre substitui a velocidade da evolução-tartaruga.

Denomino exodarwinismo esse movimento original dos órgãos para com os objetos que exterioriza os meios de adaptação. Desde os primeiros instrumentos, saímos da evolução e adentramos um tempo novo, exodarwiniano, cuja duração original repercutiu neles. Em contrapartida, essa duração original afetou esses mesmos instrumentos. Mergulhando por sua vez numa outra evolução, foram eles que se transformaram e não nós. Em vez de esculpir nossos corpos, a duração modelou esses objetos por intermédio de nossas mãos especializadas e de nosso grande cérebro. Algum dia saberemos se esse cérebro imita, encena ou representa a adaptação possível que fornece ajuda a essa exteriorização. Ao utilizar verbos no presente, a descrição precedente pode induzir a um erro; o processo que ela segue envolve tempo imensamente longo e contínuo, que se estende até hoje.

Aparelhar

Esta pedra faz as vezes do martelo que substitui o frágil punho que lhe serve de modelo, e esta alavanca exterioriza o antebraço. Em todos os sentidos que se possa conferir a essa palavra, ocorreu e ocorre sempre uma espécie de aparelhagem que evoca simultaneamente os próprios aparelhos, sua semelhança "semelhante" às funções do corpo e o afastamento delas, assim como sua exteriorização, essa perda de partes de nosso corpo nos objetos fabricados e lançados na aventura do mundo. Com certeza, nossas funções vitais perdem-se exteriormente nas coisas inertes e inteligentes, e essa objetivação pode melhorar suas performances. Sem se fatigar, a roda gira mais rápido do que as juntas das articulações que quadris, joelhos e artelhos acionam durante o andar. Estranhamente trinitários e maravilhosamente trismegistos,[9] os objetos técnicos misturam-se ao reino material inerte, constituído de pedra, bronze, ferro ou fogo, e, também, ao que se denomina espírito fértil em objetivos, hábil em meios e produtivo em resultados, enfim, às funções da vida, nutrição, percepção e motricidade, transporte, ação a distância e, mais tarde, reprodução. Desse modo, os instrumentos penetram no tempo, e sua evolução reproduz de modo infinitamente mais rápido a própria evolução que mudava nossos corpos, que, em contrapartida, mudam menos.

Imagino que essa cultura exodarwiniana nasceu ao mesmo tempo que a primeira pedra polida desenvolvida pelo conjunto dessas aparelhagens. Isso provocou uma bifurcação em nossa evolução. O humano começou quando se separou dos demais habitantes do mundo e interveio, progressivamente é claro, sobre esse acontecimento decisivo: originou-se do que os filósofos denominam natureza e os naturalistas co-evolução. Desde o primeiro instrumento já não possuíamos mais o mesmo mundo que os

[9] Referência a Hermes Trismegistos (três vezes grande), autor de diversos livros secretos sobre magia e alquimia. (N.T.)

animais. Começamos a construção de nossa própria habitação, que substitui o mundo.

O primeiro cristal de sílex polido colocou a pedra fundamental dessa terceira morada, construída entre corpo e mundo, as duas habitações fundamentais. A construção como um todo evoluiu depois. A partir daí, não nos movemos mais dessa habitação cujos muros, cada vez mais amplos e virtuais, nos separavam dos outros seres vivos que habitam apenas um corpo rígido e um mundo pobre.

Circuito de hominescência: o retorno à evolução

Eis o que define nossa história. Por que lhe dar como limite o aparecimento da escrita? Por que a escrita? Porque somos narcisistas e pertencemos a uma civilização de papel? Porque essa convenção nos permite desprezar culturas mais numerosas do que as nossas, considerando-as fora da história pelo fato de não possuírem línguas escritas? O grafocentrismo representa outro racismo. Não, nosso tempo mais amplo ocorreu porque nossas culturas evoluíram sempre mais rápido do que nossa natureza, tomando-lhe o lugar e tornando-a lentamente esquecida. Nossos corpos evoluem pouco num universo artificial cuja evolução é cada vez mais rápida.

Essa evolução é tão rápida, que, bruscamente, objetos técnicos que protegiam nossos corpos da mudança e que estavam arcaicamente envolvidos pelo tempo da evolução reagiram sobre eles por um efeito de retroação tão poderoso, que nossa mudança corporal começou a acontecer. Com isso, nossos corpos começaram a mudar. Com certeza, poderíamos afirmar que esse processo ocorre há muito tempo, que nossos corpos se distinguem dos corpos dos animais e dos demais seres vivos porque habitam um meio que constroem para si mesmos e que, em contrapartida, os influencia. Mas ouso dizer que esses muros protetores só os tocavam superficialmente, adocicando-os, polindo-os, amolecendo-os, dando a essas funções prioridades que elas não teriam recebido numa natureza menos protegida pela cultura. O urbano vive num estado fetal e nervoso, mais perceptivo e muscular, em outro tempo, que se diferencia do tempo rústico do mundo caçador-coletor.

Mas ninguém "havia podido acrescentar ainda uma única extensão a seu tamanho" nem alguns decênios a sua existência. Não havíamos ainda anestesiado certas dores nem aspergido o óvulo com o esperma sem nenhuma ternura. Em resumo, não tínhamos ainda transformado profundamente nossos corpos como a evolução o fizera anteriormente. Mesmo nesta manhã, retomamos esse tempo evolutivo e, de agora em diante, entramos no âmbito da cultura. Coordenadas fundamentais da natureza viva, Eros e Tanatos, agonia e nascimento modelam os seres vivos; mesmo o homem, esse animal saído da co-evolução, sofria o efeito dessas duas constrições exteriores a sua própria habitação; sua cultura os recebia como seres oriundos da natureza, assim denominada porque a própria palavra se refere à origem, obrigando-os a entrar em sua própria morada. Morte e reprodução tornam-se culturais ao ser estudadas pelas ciências e reguladas pelas técnicas. As forças que modelam nossos corpos decorrem mais do meio ambiente que construímos do que do mundo dado, mais de nossa cultura do que da natureza. A hominescência aqui descrita, definida como um diferencial da hominização, deve ser compreendida sobretudo como um diferencial de auto-hominização. Escultores da carne, motores de seu tempo evolutivo, começamos a domesticar a morte e a reprodução.

Havíamos deixado a evolução durante toda a duração do *Homo sapiens*, mas agora a retomamos ao longo de um novo percurso, ainda mais divergente da antiga evolução, ela mesma sempre operante entre os demais seres vivos. Nossa primeira saída dela também divergirá. Segunda bifurcação, nova história. Com certeza, permanecemos submissos a essas leis, mas alteramos sua velocidade e seu trajeto ao decidir sobre a seleção, o que há muito tempo já era feito e, a partir de agora, ao decidir sobre a mutação. Não conhecíamos a evolução antiga nem a evolução natural. Dado seu caráter contingente, elas sempre caminharam ao acaso, de acordo com a necessidade de suas leis. Pode-se conhecê-las pela nova evolução artificial e cultural, uma vez que essa evolução depende exatamente de nossos conhecimentos? Para onde vamos?

A *finalidade*

Certamente, a primeira evolução nunca conheceu uma finalidade. Não se podia concebê-la senão sob a condição de colocar entre parêntesis qualquer idéia de fim. A natureza não tem fim nem projeto. É necessário observar as chamadas causas finais. Aristóteles concebeu-as em relação aos objetos técnicos. Escrevo este livro para tentar exprimir alguma verdade, do modo que posso e do modo que a vejo; Penélope tecia seus fios para com eles agasalhar seu marido quando ele voltasse e desfazia-os à noite para que seus pretendentes não os vestissem. Se essas causas não se aplicavam aos reinos vivos, efetivamente sem finalidade, elas retornaram à cena, a partir do momento em que a nova evolução mergulhou num tempo biotecnológico. Entenda-se por isso um tempo que certamente obedece às leis gerais dos seres vivos, mas que, em contrapartida, nossa cultura e nossos projetos comandam, projetam e executam com nossos meios e instrumentos. Ao modificar os genomas, gerar a reprodução, ao alterar geneticamente os organismos que reagirão de outro modo ao meio e à adaptação, começamos a inventar o novo tempo de uma segunda evolução. Sabemos ou saberemos produzir esse tempo? Ao codificar os novos seres vivos, sem dúvida os construiremos. Mas por quê? Com que intenção e com qual objetivo?

Em que direção caminhará esse tempo? A revolução atual consiste no fato de os novos seres vivos se terem parcialmente transformado em objetos técnicos. Ao contrário dos primeiros, os segundos emergem a partir de um projeto. A partir daí, por que e com qual objetivo iremos fabricar esses novos corpos mistos que denominamos biotecnológicos, admitindo com isso que eles próprios misturam objetivo e falta de objetivo?

Auguste Comte disse com muita propriedade que a ciência resolvia a questão *Como?*, jamais a questão *Por quê?*. Ela não tinha nada a dizer sobre esta última, uma vez que a própria racionalidade fundava-se em sua exclusão. Apenas a metafísica se pergunta *Por quê?*. O positivista afirmava que a ciência exclui qualquer tipo de metafísica. Tranqüilamente acostumados com essa solução bastante explícita, pensamos todos mais ou menos como Comte. Tínhamos, porém, considerado que ele supunha que toda ciência poderia reduzir-se ao modelo mecânico ou físico, cujo nome deixa de lado a metafísica?

O aumento estatístico da expectativa de vida, um controle relativo da reprodução, uma intervenção criadora na genética, que correm todos três com a flecha do tempo, apareceram subitamente graças aos próprios limites desse reducionismo e ao refinamento extremo dos objetos fabricados. Não nos podemos cegar com a flecha do tempo justamente porque inventamos outro tempo.

Explicitamente pelo menos desde Aristóteles, ou seja, há dois mil anos e meio, ou desde o *Homo habilis*, há alguns milhões de anos, de fato a questão das causas finais se coloca no que diz respeito aos artefatos. Repito, o metalúrgico fabricou o machado para abater as árvores; a construção naval construiu as balaustradas do navio para que ele singrasse o belo mar. Está claro que nem o cogumelo, nem o lobo apareceram na vida com alguma intenção desse gênero, assim como ninguém jamais soube para quem e por que nasce uma rosa e uma reseda, salvo aquele aos olhos de quem, Deus, o eterno artífice, inventou o homem para que ele salvasse sua alma. Desde Darwin ou, pelo menos, desde Voltaire, cientistas e filósofos detestam as causas finais, do mesmo modo que usam pouco o martelo ou a enxada. Pelas biotecnologias, mais do que pela agricultura ou pela criação tradicionais, o homem se transforma, em grande parte, num artefato. Políamos a pedra para caçar, mas por que clonamos os OGM? Será suficiente dizer que fazemos isso para nos preservar das doenças? Nossas práticas contradizem nossas filosofias.

Retornos máximos e mínimos da quantificação

Mas as filosofias se contradizem. Jamais tivemos tantos meios, mas, para nossa desapontada vergonha, jamais tivemos tão poucos projetos. A decalagem entre o que poderíamos fazer e o que fazemos caracteriza nosso tempo de onipotência impotente. Descobrimos o átomo para colocar policiais obedientes contra as manifestações de meninos mimados; engenhosos tesouros eletrônicos permitem apenas trocar débeis mensagens. Invertendo o sentido dessa narrativa, nossos pais navegavam os mares a bordo de fragatas frágeis, e nossos ancestrais mais longínquos percorreram triunfalmente o estreito de Bering a pé: poucos meios para objetivos gigantescos.

Recentemente, Leibniz definiu com duas palavras a ciência, o mundo e a criação divina como três obras: o mínimo (de investimento) para o máximo (de efeito). Dava como exemplo dessa otimização a gota esférica da chuva, forma natural na qual a mais ínfima superfície aloja o máximo volume possível. Lembrem-se de suas próprias experiências de antigamente: quatro ou cinco manipulações e, portanto, poucos dados, pequenos e raros pontos semeados sobre o papel milimetrado, forneciam-lhes a idéia para extrapolar uma lei bastante geral. Nas aulas de física, vocês pensam em termos leibnizianos, ou seja, poucos alicerces para uma grande ponte. Hoje em dia acumulamos dados que, por vezes, atingem o índice de 10 elevado à nona potência de *bits* de informação para não poder, efetivamente, tratá-los; montanhas de dados incapazes de produzir até mesmo um rato. Nossa civilização pretendeu inverter o princípio leibniziano e despendeu maravilhas apenas para se enriquecer ou acumular papel? Por excesso de simplicidade os projetos dos milionários permanecem miseráveis: tanta inteligência gasta apenas em benefício de uma conta bancária!

Trata-se menos de quantidade do que de tempo e antigüidade. Nossos meios datam desta manhã, e nossos projetos de anteontem; eles parecem lembrar-se da época já terminada em que dispúnhamos de poucos meios. Gabamo-nos de atravessar os mares com o telefone ou com a internet, mas nossos antepassados o faziam por meio de uma embarcação guarnecida de uma vela quadrada e muito mal equipada. Em resumo, andamos mais rápido sem adaptar nossos alvos a nossas capacidades. Não sabemos ainda nos servir da própria escala de nossos poderes. Temos os meios de transformar desertos em bosques e jardins, poderíamos alimentar os famintos da Terra com nossos excedentes, poderíamos curar-lhes as doenças, mas acabamos por vender-lhes armas para que se matem uns aos outros. Pavimentamos seu inferno com nossas facilidades miraculosas. Esse "nós" resiste a "nossas" intenções?

Como certos novos ricos, ainda não habituados com seu bem-estar recente e que ainda preservam o espírito de economia e condutas mesquinhas, tardamos a perceber nossas potencialidades e deixamos de adaptá-las a suas finalidades. Estamos defasados em relação aos projetos. Nossos pais ouviam ópera ao telefone acreditando que esse aparelho se destinava unicamente a propagar a música de Verdi em alguns salões; enganavam-se com a escala, o número ou com o volume global de uma capacidade. Sabemos para que serve um objeto útil, mas demoramos algum tempo para compreender para quem, para que e até que ponto ele pode servir.

D*a metáfora ao concreto, de* N*arciso a* P*igmalião*

Passemos rapidamente da crítica fácil à resposta difícil. Pela primeira vez na História e, sem dúvida, na auto-evolução, a autoformação do homem pelo homem não possui mais o estatuto da metáfora. As ciências e as técnicas acabam de assumir literalmente o humanismo; você quer construir o homem? Aqui estão os meios. Humanistas, mostrem agora seu projeto, pois chegou a hora de executá-lo. Por meio do saber e da vontade, vamos fazer nascerem crianças a partir de homens e mulheres: aceitamos sem hesitação a "natureza" humana porque a faremos nascer. Se você teimar em não responder à questão do projeto, será rotulado como alguém que pensa demais. O saber e o saber fazer colocam a filosofia diante de suas presunções e responsabilidades. Por isso, ela se refugia, aqui e agora, no comentário dos jogos de linguagem. Deixemos mais uma vez de lado a crítica fácil.

"Fazer e, em se fazendo, fazer-se": aspiramos o perfume arcaico contido na moral dessa expressão, cujo gesto bem pouco grandiloqüente provoca risos. Será que compreendemos verdadeiramente que começamos a fabricar nossos corpos? Que a magreza esquelética de uns e a obesidade de outros são resultantes de nossos atos responsáveis? Que podemos ficar doentes por nossa própria vontade? Que acrescentamos a cada ano e a cada geração um trimestre a nossa vida, um pequeno aumento a nossas estaturas, que dominamos parte de nossa reprodução, que esculpimos nosso corpo pelo menos tanto quanto a apoptose? A evolução exige milhões de anos para mudar uma função que fazemos variar no laboratório. Certamente, ultrapasso os limites; muitas opacidades nem sempre dependem de nós, e talvez isso continue assim durante muito tempo. Apesar dos pesares, nossas vidas começam a depender delas. Amanhã esculpiremos os corpos antes mesmo do nascimento?

O mito de Narciso, imagem virtual e fascinante, serviria a nossas metáforas. O relato mais artificial de Pigmalião nos convém melhor: esse escultor tão amoroso de sua obra, que pretendia dar-lhe vida, abandona o mito para simplesmente transformar-se numa história verdadeira ou num fim realizável. "Fale logo", gritava Miguel Ângelo para seu Moisés sentado com as Tábuas da Lei nas mãos. Apossamo-nos das tábuas de nosso Código. Queiramos ou não, nosso projeto é o homem. Todas as mulheres, todos os homens, todos os velhos e crianças, meninos e meninas. Em seguida, ou simultaneamente, os demais seres vivos. Criá-los e fazê-los viverem: por que e como? Qual a finalidade desse poder?

A *dominação*

Costumava-se dizer que o senhor possuía direito de vida e morte. Trata-se de uma redundância vergonhosa: com efeito, a única coisa que ele possuía era o direito de matar; concedia a existência quando decidia não cometer a morte. Mesmo que sem perceber criasse os vivos, ele podia intencionalmente praticar a morte. Seu poder exprimia-se mais pelo assassinato do que pela criação. Hegel reduziu a tragicomédia do senhor e do escravo a uma escapatória diante da morte. A morte era decidida unicamente por seu poder. Por sua vez, o controle da vida passava pela matança.

Todos os projetos, guerras, conquistas, dominações, ocupações terminavam num amontoados de cadáveres, que tornavam fétidas as vitórias históricas, obtidas não muito longe dos palácios, à sombra das forcas patibulares. A onipotência explodiu em numerosas potências: a língua confessa isso por meio de uma única palavra. Nesse passado vergonhoso, não havíamos deixado ainda a caça animal. O que diferencia Alexandre, César, Bonaparte, Stalin, Pol Pot e Hitler? Certamente, todos eles possuíam alma fraca. Homens ilustres, chefes aclamados: matadores. Heróis: assassinos ou vítimas. Modelos famosos e mortuários. Conduzida por esses açougueiros para abatedouros semelhantes, essa história se reproduz a nosso redor, mas agora começamos a nos indignar com ela. Mal acabamos de sair de uma história cheia de mortes, pontuada pela exploração de personagens repugnantes (do verbo *pugnare*, combater), comandantes que deixaram grandes rastros de sangue, patrões que foram sustentados por rios de suor.

De uma vez por todas, não podemos mais reproduzir os antigos projetos de uma história que só nos causa desgosto. Não os possuímos mais hoje, porque os fins aos quais até aqui nos propusemos provocam náuseas. Sobre esse ponto estaríamos também começando a iniciar uma mutação? O poder que antigamente estava enraizado na morte tem agora o projeto de se enraizar novamente na vida? Podemos aliviá-la, prolongá-la, reproduzi-la? Acabamos de adquirir o direito de vida e de paz?

O último projeto consiste em criar o homem, em fazê-lo viver bem e principalmente em paz. Fabricamos instrumentos, armas e objetos, pagos freqüentemente com o sangue de nossos semelhantes: nunca havíamos criado indivíduos e homens individualmente nem tampouco coletiva ou universalmente. Como nos colocarmos de acordo sobre o sentido desse empreendimento que não possui equivalente? Com certeza, nas frases precedentes tudo parece claro, salvo o pronome nós. Tudo depende de nós, mas o que isso significa? Se não podemos construir o homem, o que podemos fazer nesse coletivo obscuro que se coloca entre o indivíduo e o universal, ambos pensados no horizonte de nossas práticas? Por um único movimento, a questão humanista estende-se da biologia à política.

Acaso e intenções

Ao polir a pedra substituímos nossos fracos caninos pelo fio do machado e pela agudeza do sílex, que usamos para enfrentar as presas dos tigres e a resistência dos mamutes. Deixando a evolução, tentamos eliminar o acaso. A evolução supõe esse acaso, que nos oferecia muito mais chances do que a qualquer outra espécie, embora a criação de um meio técnico, cultural e humano tenda a apagá-lo. Graças a esses anti-acasos que são nossas técnicas, ampliamos nossas chances de sobrevivência, corremos cada vez menos riscos.

Os corpos passaram a perceber de uma só vez a questão do objeto, do projeto, da finalidade, da intenção e do alvo, a partir do momento em que o meio artificial e nossa terceira habitação reagiram como compensação sobre a primeira habitação, formada por esses corpos, que, por sua vez, se transformaram em biotecnoestruturas. Com certeza, essa rosa floresceu ao acaso, sem nenhuma razão, assim como não há razão para a cor de seus olhos, para o sorriso imprevisível que se oferece em resposta ao sorriso de um familiar ou para o emprego inesperado de nossa língua materna, fato que me surpreende em minha própria neta, também concebida ao acaso. Com que finalidade interviremos no tempo de evolução e quando o faremos? Essa ação técnica, como todas as outras, contribui para apagar o acaso. Por que o eliminamos? Esta última questão se reduz a uma tautologia, porque eliminar o acaso consiste em substituí-lo por outra coisa, ou seja, uma finalidade. Todo projeto substitui o acaso pela finalidade. Desde que pronunciamos o termo biotecnologia, o porquê junta-se ao como. Vivemos o fim do positivismo.

Criamos coisas finalizadas sem objetivo. Fabricamos a finalidade sem fim? Na *Crítica* Kant afirmava que essa expressão definia a beleza pela qual ele analisava o ser vivo, não muito distante da estética. Seria necessário que nossos laboratórios produzissem obras no sentido das belas-artes? Talvez. Vejo nisso exclusivamente um único projeto objetivo: o que queremos fazer dessas vidas que começamos a criar por nossas próprias mãos? A filosofia pode responder às questões. Para onde vamos? Para onde queremos ir? Escuto hoje de modo surdo e simultaneamente ensurdecedor a apologia do acaso: desejamos tanto caminhar às cegas? O saber contém tanto horror assim? Que inquietude surge antes de se conceber um projeto desse tipo? Desejaremos tanto permanecer na cegueira?

Indeterminação do homem e de seu destino

Não queremos responder a essas questões. Persuadidos de que elas constituem nossa riqueza, desejamos deixar nossos fins indeterminados, tanto mais quando se trata de saber que homem surgirá. Não queremos saber que vida, tempo ou que homem nós queremos. A rigor, coloco-me essa questão e respondo-a voluntariamente em minha existência pessoal e por meio dela.

Não queremos resolvê-la de vez, o que implicaria, de algum modo, impor à hominidade uma definição que a horrorizaria a curto ou a longo prazo. Pela primeira vez, sabemos por que não queremos saber por quê.

Conseqüentemente, pela primeira vez, sabemos de novo responder à questão do humanismo: O que é o homem? Esse animal que recusa saber o que ele é porque todo seu destino consiste justamente em ignorá-lo. Pela primeira vez, um não-saber especulativo parece liberar-nos em relação a um saber prático, que sempre afirmamos poder e saber nos liberar. Esse meta-saber faria nossa infelicidade e a de nossos filhos: ele nos reconduziria ao nível dos animais ferozes e das plantas fixas, que são coisas definidas. Descobrimos o horror de qualquer ontologia. Deixamos em aberto a indeterminação da resposta. O que é o homem? Resposta: um possível em meio a um leque de forças, a potência, sim, ou talvez a onipotência, porque o homem pode tornar-se tudo. O que é o homem? Essa onipotência constituída pelo conjunto de todas essas coisas.

No que diz respeito a isso, a segunda evolução, que construímos, criamos e ordenamos, e que hoje começa com nossos meios e com essa estranha e nova não-vontade, assemelha-se à primeira evolução experimentada, determinada, contingente e submetida ao acaso. Ambas se dirigem para o possível. Uma naturalmente, outra voluntariamente. Vivemos uma natureza contingente: viveremos um projeto contingente.

O*ntologia certa e inútil*

O que acabo de afirmar depende da maneira em que se coloca a questão. O que é o homem?, que utiliza o verbo ser, palavra vazia e inútil, indefinida e indefinível, auxiliar pobre, substituível por obrigado, senha deslavada de nossa língua. Sem dúvida, esse verbo que se assemelha a um mercenário faz sucesso nos livros de filosofia porque pode significar tudo, nada, não importa o quê. Os charlatões têm admirável preferência por esse indefinido. Nada mais mentiroso ou sem sentido do que a ontologia, assim como sua irmã gêmea fenomenóloga, dois nomes feios: nomes tão vis não advogam em favor de ninguém. Com efeito, a ontologia repete incansavelmente as questões em torno do Ser; não nos admiremos que ela não lhes traga nenhuma resposta, uma vez que as perguntas assim formuladas fazem o percurso completo das línguas e do sentido, sem deixar nele nenhuma exceção ou espaço respirável. Ela se glorifica e se compraz em permanecer apenas nas questões ou em torno delas. Existem lugares mais apropriados para murmurar esses sortilégios. À guisa de lazer, reescrevam esta página substituindo todos os verbos e alguns substantivos pelo termo ser, resumindo algumas outras expressões. Esse empreendimento insignificante e fácil servirá de incentivo a grandes reflexões.

Ser não diz respeito a nós. Talvez diga respeito aos animais, plantas, fungos, bactérias, areias e lagos, fogo e rocha, ar e nuvens que correm na direção do vento, mesmo que não possamos verificar isso. Não existimos como entes nem como seres, mas como modos. Nossa existência flutua num quadrilátero de modalidades nas quais o possível, o impossível, o necessário, o contingente povoam os quatro muros de nossas moradas cultural e natural, corpo, técnica, artes e mundo, cabanas estreitas como as de antigamente ou palácios imensos como os de hoje. Desde nosso começo, construímos nossas três habitações nesse quadrilátero fixo e móvel, rígido e plácido, aventuroso e regulado, e não na sombria planície do ser.

Sob o teto do impossível sustentado por uma armação adequada, abrimos as janelas do possível para respirar e saímos pelos portais do contingente. Vibrando com o tempo e sob constrições necessárias, caminhamos livres em direção a uma centena de possíveis. Vivemos instantes contingentes, tentamos por vezes o impossível. Superando esses obstáculos, por vezes chegamos mesmo a criar miraculosamente a necessidade. Inventivo quanto a sua duração, o hominiano ausenta-se do tempo no qual os seres e os entes involuem repetitivamente. Vivendo e pensando nessa variação inédita, esquecemos tanto os entes como o ser, cuja presença foi eclipsada há milhões de anos. Não desde os pré-socráticos, ou pelo menos, desde o *Homo habilis*, desde o próprio início de nossa hominização, quando o primeiro instrumento técnico aparelhou as mãos hominianas.

O que existe de surpreendente em não querer ser, uma vez que não somos mesmo? Afora sermos aventureiros, imprevisíveis, inquisidores, desobedientes e, portanto, possíveis e contingentes, desestabilizados e feridos até o sangue pelo impossível e pelo necessário? É suficiente que qualquer um tente identificar-me em minha condição de ser para que eu logo fuja dessa definição, dessa proposição, para que eu me evada dessa injunção. O homem erra em relação ao ser, evita-o, não o quer mais. A partir do momento em que se ergueu, seu corpo passou a inclinar-se; a partir do momento em que andou, passou a correr, dançar, evitar e inventar a direção oposta; não vai jamais para onde imaginamos que ele possa ir; desde que falou, seu verbo passou a flexionar as preposições e as declinações; e a esculpir todas as linguagens do mundo. O clarão da flexão passou a governar a hominização. Se não fosse assim, voltaríamos a ser animais, assim como voltaríamos a mergulhar na co-evolução. O homem tem horror de ser. E, mesmo agora, duvido de que a ontologia, apesar de modelada pela vaga generalidade da linguagem, saiba discernir entre pedras, pântanos, crocodilos ou sequóias. Presente ou ausente, a ontologia conhece apenas o cadáver.

Novos artefatos privados de finalidade

Continua pendente a questão dos artefatos e de seus fins. Exatamente agora começam a emergir novos instrumentos, mais estranhos do que os usuais quanto à questão da finalidade. Uma imensa diferença separa, de um lado, uma alavanca ou um motor e, de outro, um escritório ou um computador, ou seja, um instrumento que funciona na escala entrópica e outro que trata a informação. Com efeito, os suportes que a armazenam, emitem ou recebem não servem para nada, enquanto uma alavanca serve para levantar pesos, e um motor para produzir movimento. Esses suportes emergiram no início da história: um tablete de cera, um papiro, um pergaminho, um estilo não possuem nenhuma finalidade, no sentido que se possa dar a essa palavra, como no caso da alavanca ou do motor. Contrariamente ao que dizem os livros de história, ela mudou mais por esses instrumentos sem finalidade do que por aqueles que possuem alguma.

Objeção: mas eles servem para escrever ou contar. Todos esses verbos e atos seguramente modais estabelecem-se no possível: sobre eles e por eles, não importa quem os possa utilizar, trabalhar ou escrever não importa o quê, declaração de amor ou de impostos, teorema ou poema, falso ou verdadeiro, injúria ou carinho, não importa como, mudando de algarismo ou de código, de equação ou de música, de língua e de estilo, um leque totalmente imprevisível de narrativas ou de contas. Mesmo esse piano, esse órgão, esse instrumento musical, certamente essa máquina de calcular, esse computador, a internet, tudo serve a tudo, não importa qual seja o resultado, por isso não serve a nada no sentido usual do termo; ou, de preferência, serve ao impossível e ao possível, ao contingente ou ao necessário: esses artefatos movimentam-se no quadrilátero das modalidades. Eis por que comumente afirmo que, ao contrário de qualquer outro instrumento por definição sempre especializado, ou seja, voltado para um fim, pode-se definir um computador como um instrumento universal, expressão que em si mesmo pode passar a ser entendida como um oximoro. Evidentemente, ele permite realizar tudo.

A pregnância atual desses instrumentos destituídos de finalidade confirma de modo pertinente toda a argumentação precedente. Se, com efeito, a vida tornou-se artificial recentemente, esse acontecimento decorreu desses artefatos. Não concebemos mais o organismo por meio de máquinas simples, roldanas e alavancas, como faziam Descartes ou La Mettrie, nem por intermédio de motores termodinâmicos ou elétricos, como no final do século XIX, mas sim como máquinas informáticas. A representação da vida segue nossas capacidades técnicas. O velho mecanismo que a representava por meio de instrumentos convencionais expunha-se a uma contradição cômica, porque contestava as causas finais impondo-lhes máquinas simples ou complicadas. Um novo mecanismo o substitui, certamente, mas por meio de artefatos sem finalidade. É desse modo que pensamos o ser vivo que se constrói hoje como sendo um ser sem finalidade. Desse modo, nossos meios reencontram nossos projetos.

Perda da finitude

Mesmo que uma certa onipotência seja possível, perdemos muito de nossa finitude ao nos tornar pouco a pouco causas de nós mesmos e de certas totalidades que dizem respeito ao devir do mundo. Quase todas as novas perguntas e respostas são decorrentes dessa perda. Deixamos cada vez mais o *Lebenswelt*[10] estilhaçar-se ao redor do corpo, nossa estreita e velha cabana. Nossos atos e projetos locais, nossas realizações altamente definidas caem parcialmente em desuso, na medida do alargamento do mundo. Penetrando a pequenos passos o global, deixamos nossas habitações antigas, o corpo fraco, os instrumentos locais, o mundo limitado, perdemos o conforto dos habitats exíguos com sua porta estreita. Por vezes trágica, a finitude permite, contudo, a muitos filósofos, esses heróis da câmara do absurdo, belos gestos teatrais. É isso que é preciso desencantar. Graças à dita finitude poderíamos nos definir, as mesmas palavras se repetem. As ausências de ser, de um projeto definido, de uma definição de homem são testemunhas de nossa infinitude que agora se inicia.

As lamentações proféticas segundo as quais iremos perder nossa alma nos laboratórios de bioquímica ou diante dos computadores estão de acordo quanto a esta grande explicação: como fomos felizes em nossa

[10] Mundo da Vida. (N.T.)

pequena cabana! Tocávamos suas paredes, nossa cabeça batia nas vigas, vivíamos juntos e fechados, ah!, quanta solidariedade face ao não-sentido universal! Quanta felicidade: não podíamos curar doenças infecciosas. Nos anos com grandes ventos, a fome matava nossos filhos; como não falávamos com os estrangeiros que habitavam o outro lado dos riachos, não aprendíamos ciências difíceis. A queda das muralhas, a brusca chegada do virtual e do possível, a liberação progressiva do corpo, das culturas e do mundo, o habitat descoberto no quadrilátero flutuante das modalidades impressionam a todos aqueles que não se envolveram com a perda da finitude que durante muito tempo foi lenta e agora é extremamente rápida. Toda a infelicidade que projetam sobre o mundo advém do fato de que eles não souberam jamais sair de seu quarto, nem que fosse pelo menos por uma hora. Jamais o crescimento de nossos meios acompanhou-se de um tal concerto de lamentações por parte daqueles que jamais trabalharam sobre esses meios. A extrema dificuldade de se libertar desse pequeno princípio de finitude — que eu saiba ainda existe muito dele em nós — explica e desculpa o contra-senso. O *Homo universalis* começa a viver plenamente essa relativa infinitude.

E se nossa velha violência decorresse da estreiteza estrangulada de nossa finitude arcaica? Cheios de ódio e ressentimento, doentes e medíocres, abrigamos doces almas de pombos prestes a matar; adquirir algumas capacidades a mais nos oferece oportunidades de generosidade como aos tigres. Na proporção de nossos meios, perderemos nossa malignidade?

TRÊS HABITAÇÕES GLOBAIS

A *habitação virtual dos seres vivos*

Talvez o genoma de um ser vivo, bactéria, alga, fungo, planta ou animal já contenha gravado em si o tempo de seu desenvolvimento e a hora de sua morte. De qualquer modo, a partir do momento em que causamos a mutação de um de seus genes, fizemos aparecer uma nova duração. Cada genoma contém virtualmente um buquê de tempos diferentes, tão numerosos quanto seus genes e suas combinações, tão numerosos quanto as mutações que se podem neles efetuar. O depósito nesse único banco já conta com uma grande riqueza, pelo menos virtual. Nem de longe conhecemos todas as espécies; talvez milhões delas ainda permaneçam desconhecidas. Suponhamos que um dia pudéssemos realizar seu inventário e classificação, hipótese audaciosa, mas não inteiramente absurda.

Até agora deciframos apenas os genomas de algumas bactérias, de vermes e moscas e, dentro em pouco, decifraremos o genoma do homem. Suponhamos que algum dia, sem dúvida muito mais tarde, acabaremos por escrever o imenso livro no qual estariam catalogados e decifrados todos os genomas de todas as espécies vivas ou desaparecidas, atuais ou fósseis, reais e possíveis. Trata-se de uma hipótese louca, embora não disparatada. Nesse poço, nesse estoque, nesse banco dos bancos, todas as vidas concebíveis e todas as mutações possíveis estariam contidas virtual e embrionariamente. Diante desses gigantescos buquês cujos movimentos se fundem a partir desse depósito, reduzem-se a história e o tempo usuais, tal como nós os concebemos hoje.

Passagem ao espaço

Faço uso deliberado do verbo reduzir. Vivemos e nos percebemos num espaço com três dimensões, mais o tempo. Aí colocados, experimentamos a posição e solidez destas placas de calcário endurecidas, as colorações e o perfume das pétalas desta rosa, em resumo, suas qualidades sensíveis, que mudam desde o momento em que descemos na escala das partículas, cuja posição apenas provável e cuja solidez perdida nos parecem paradoxais. Nessa escala, atravessamos o mármore sem obstáculo.

O que é então o real? Ele reúne pelo menos a relatividade geral, que explica o mundo tal como nós o percebemos, e a mecânica quântica, cujas equações explicam o mundo dos átomos, porque vivemos ao mesmo tempo em ambos. A teoria matemática das supercordas fornece a esperança de explicar essa reunião. O final real que ela atinge é exatamente aquele que associa intuições e conceitos tão contraditórios, que a resistência densa da mesa e o vazio no qual vibram as partículas supõem "cordas" que vibram em várias dimensões denominadas de "supercordas". É claro que não as percebemos, embora elas expliquem o mundo global. Ao projetarmos essas múltiplas triplas dimensões, mais o tempo, reencontraremos não apenas a relatividade, o mármore e a rosa, mas também nossas experiências comuns.

Antigamente, Platão projetava nas paredes de sua famosa caverna as imagens tridimensionais reais do mundo exterior que, assim, pareciam ter só duas dimensões. Fascinados por essa tela de cinema, os prisioneiros da gruta entendiam as imagens como se fossem a realidade normal da vida. Sair da caverna em si ou dessas aparências do real consistia em acrescentar dimensões à experiência usual, uma para eles, várias para nós. Se a teoria das supercordas é procedente, torna-se evidente que nos percebemos e nos pensamos num mundo reduzido, menos aparente do que deformado, quer dizer, projetado apenas sobre três ou quatro dimensões. Essa é nossa nova prisão. Livramo-nos dela desembocando em ampla praça caracterizada e ordenada por um brilhante conjunto de equações algébricas, titulares ou guardiãs do real que se desdobra em muitas outras dimensões.

Retorno sobre o tempo

Tal como essa teoria, na qual a realidade aparece mais nas equações do que diante de nossos olhos, a vida real e nossa história de seres vivos comuns dependem de uma loteria contingente inscrita nos mapas dos genomas de nossos pais e que transmitem estas ou aquelas características à existência. Comparando seu pequeno fluxo com o livro imenso que acabo de evocar, no qual se deposita a totalidade dos genomas possíveis decifrados, o tempo, no qual evoluímos e que podemos apreender, pulveriza-se em ínfimas dimensões: nas linhagens de meu pai e de minha mãe, no conjunto das famílias procedentes dos que se salvaram da Grande Guerra, da peste negra, das grandes invasões, do dilúvio de Noé, mais a descendência das ovelhas domesticadas por Abel e a descendência das frutas cultivadas por Caim, mais as espécies desconhecidas que crescem nas florestas pluviais muito pouco conhecidas, mesmo que seu número pareça colossal.

É suficiente projetar o grande livro, do qual acabo de construir a hipótese sobre algumas dessas indicações que se encontram no meio ou no fim de algumas de suas páginas, para reencontrar esse tempo aviltado, esse pequeno mundo de nosso tempo que, inversamente, desemboca no imenso lugar em que se encontram todos os genomas decifrados. Mesmo que nos rebaixemos e permaneçamos numa prisão de espaço reduzido, e que resvalemos ao longo de um tempo fixo, estrangulados nesses dois contextos de aparências, as supercordas e esse livro-estoque deles nos libertarão. Podemos sair de nossa pequena vida para dar conta da totalidade do mundo que, enfim, reconhecemos como real.

A *especificidade da vida*

A capacidade desses dois autênticos atos de pensamento de remontar ao espaço e ao tempo em suas dimensões completas de plenitude e desenvolvimento mostra a especificidade do ser vivo em relação ao inerte. Sim, o real reside nas matemáticas, ou, pelo menos, elas se abrem para ele. Os outros caminhos permanecem nas aparências ou nos casos particulares como imagens ou reduções insignificantes ou deformadas. Quem não percebe nesse tema que as equações algébricas conduzem às supercordas e fornecem a chave do real inerte, enquanto a combinatória e seus algoritmos preenchem o grande livro e fornecem a chave da vida? Sim, as matemáticas abrem a totalidade do real, com a condição de distinguir nele os elementos grego e algorítmico, o primeiro próprio das coisas, o segundo específico dos seres vivos; o primeiro, declarativo, enuncia as regras, o segundo, procedural, propõe os códigos; um desfralda e atinge o universal, o outro constrói singularidades; um dita o necessário e o prediz, o outro supõe o contingente sem o prever. Ao invadir o universal, a natureza inerte não tem nenhuma necessidade de codificar o local; singular, o ser vivo invade porções ínfimas do Universo apenas por variações codificadas. O inerte ocupa sem limitações espaços e tempo, enquanto o ser vivo habita lugares amplos ou restritos e compõe ritmos que freiam o desenrolar do tempo mortal. Uma questão filosófica consistiria, então, em se perguntar se verdadeiramente existem duas matemáticas ou se é possível reduzi-las uma à outra. A questão é de fácil resolução: existe apenas uma matemática, embora suas duas versões difiram integralmente.

A consideração direta das próprias coisas, de uma molécula, de um cristal, de uma membrana, de uma associação celular não chega a decriptar o segredo da distinção entre o inerte e o vivo porque todas as coisas existem ou vivem reduzidas à pressão das duas projeções que acabo de definir. Apenas o alargamento do real global propiciado pelas matemáticas tem sucesso nisso. Platão tinha razão em colocar o real nas matemáticas, mesmo que ignorasse álgebra e desprezasse o pensamento algorítmico tanto quanto o escravo de Mênon.

A *terceira habitação global*

Ao reino dedutivo das supercordas, da ordem do inerte, e ao livro-soma dos genomas decifrados, tesouro dos seres vivos, acrescentamos hoje, porque podemos construí-lo, pelo menos virtualmente, outro sítio amplo: o banco dos bancos de dados ou de informação disponível. Em princípio, sabemos abrigar e ter acesso a essa enciclopédia universal, conjunto aberto de ciências puras, exatas ou aplicadas, de conhecimentos técnicos, culturais ou artísticos, de informações e de relatos agradáveis ou superficiais, inúteis ou pornográficos.

Para não sermos escassos na medida, depositaremos na enciclopédia a teoria das supercordas e o livro global dos genomas anunciados. Os três lugares constituirão apenas um, mais amplo ainda. Podemos de agora em diante esboçar a extensão e o perfil desse estoque cujo poder informativo talvez ultrapasse o número dos elementos do universo. Rabelais inventou o nome enciclopédia cujo sentido hoje me incomoda porque evoca uma forma cíclica. Leibniz, Diderot ou Hegel também sonharam com ela. Passa-se hoje do conceito à prática possível graças a nossas redes. É suficiente projetar as amplas dimensões desse conjunto geral sobre as dimensões restritas do rigoroso ou do fútil, para reencontrar uma dimensão qualquer de saber, existência ou canção. A grande narrativa universal das ciências também se encontra aí incluída.

As coisas do mundo, os vivos e os mortos, as ciências e artes descobrem assim o fundamento que religa todos os outros, de onde surge o conjunto do possível no qual o real e o simbólico se encontram misturados. Faltam ainda algumas questões a ser colocadas. Como pode o real construir-se sob a forma de signos? Em que condições alguns signos que se tornam matemáticos acessam melhor o real e o representam? Que estatuto conceder àqueles que não lhe têm acesso a não ser por esse conjunto de características?

Sobre Deus

Leibniz denominava esse estoque de entendimento divino. Dentro do limite de nossas especialidades, podemos apreciar esse entendimento e até mesmo esperar fabricar suas partes e seu habitat. O Deus cujos atos são descritos por sua filosofia clássica repousa nesse quadro de notas, crescentes como a explosão combinatória, para conduzir esse mundo à existência? Aquele a quem Pascal denomina Deus dos filósofos e dos eruditos personaliza uma soma global de informação desse gênero ou de seu equivalente antigamente sonhado, do qual podemos de agora em diante extrair, pelo menos virtualmente, os espaços, os tempos, o universo, as existências, as demonstrações e as narrativas. O inventor do cálculo das partes sem dúvida repudiou esse Deus por excesso de abstração e competência dedutiva, para apelar ao Deus de Abraão, de Isaac, de Jacó e a Jesus Cristo, contingente e histórico, mais ligado aos acontecimentos prováveis e improváveis da existência humana. Na época, ele tinha muito mais razão do que o modelo mecânico dominante que fazia questão de esquecer a contingência radical implicada pelo criacionismo, que ainda é muito freqüentemente esquecida.

Tenho a humilde tentação de retornar à decisão pascaliana e, de novo, chamar de Deus à prosopopéia deste último lugar, amplo e temporariamente global, porque esse habitat imenso compreende, simultaneamente, o dedutivo necessário e as probabilidades contingentes, melhor ainda, os quatro modos: o necessário, o possível, o impossível e o contingente, mais ainda, o universal e o local, o heterônomo e o autônomo. Entreabrimos a porta desse entendimento.

A MAIOR DESCOBERTA CONTEMPORÂNEA

Se fosse preciso escolher rapidamente a maior invenção do século passado, eu decidiria pela seguinte.

O *modelo de Galileu*

No final da Renascença e no começo da era clássica, Galileu anunciou que a natureza estava escrita em linguagem matemática. Ao inaugurar a modernidade, essa descoberta transformou nossa visão do mundo e nossa maneira de dominá-lo por meio de novas técnicas inicialmente realizadas mediante modelos mecânicos, mudou nossa sociedade, que se tornou produtiva de uma nova maneira, e mudou também nosso estilo de pensamento.

A palavra modernidade, originária da ciência e decisiva para a filosofia, confirmava a separação entre um céu de idéias teóricas e o mundo aparente da experiência, feita por Platão na ocasião da descoberta das matemáticas gregas. Ao realizar uma nova aliança entre esses dois domínios, a ciência de Galileu reduziu, sem dúvida, sua distância, apesar de não a ter anulado. As matemáticas descrevem ou explicam os fenômenos, embora o façam do exterior; a *epistemê* assegura o saber teórico enquanto a *teknê* apenas o aplica. Além disso, essa ruptura e essa aliança constituem três tradições presentes nas raízes do Ocidente: a fratura grega à qual acabei de me referir; a aliança judaica, porque o transcendente Jeová não cessa de se realizar na história imanente do povo eleito; e, mais ainda, a encarnação cristã, uma vez que o Filho de Deus reúne em sua carne duas pessoas, a divina e a humana. Estamos ainda diante de uma prosopopéia da tangência moderna entre o céu da geometria e a terra das aparências. Ao encarnar as matemáticas, a física acaba de nascer, mesmo que à revelia, de uma cultura que condicionava sua emergência.

A *exceção de Galileu*

A descoberta de Galileu implicava, porém, uma exceção. Apenas o mundo inerte, mecânico e físico, movimento dos planetas, queda dos corpos ou raios da luz, descreviam-se em linguagem matemática. Nem as entranhas da matéria, que um tímido início da química já explorava havia algum tempo, nem a vida dos animais e dos homens, que sempre foi observada com precisão deleitável, entravam nesse resultado. Esse imenso resíduo permitia pensar que as ditas ciências duras não exerciam sua eficácia sobre as gigantescas superfícies da existência, desde então abordada de mil outras maneiras.

Imagine-se a frustração que durante séculos assolou os inventores dos símbolos elementares como Lavoisier ou Mendeleiev, os naturalistas como Buffon ou Claude Bernard, mesmo que se situassem muito próximos da álgebra para nela descobrir teoremas verdadeiros que, entretanto, eram excluídos de sua exatidão. Imagine-se a amargura daqueles que foram expulsos do paraíso das ciências e que desde então foram entregues a um saber menos "duro". Tente-se contabilizar as teorias e as condutas que esse ressentimento propiciou. Por que essa exceção? Nada obrigava a isso, daí o escândalo.

O *fim da separação*

Acabamos de suprimir esse fosso, uma vez que sabemos que o ADN se entrelaça em duas hélices e que constrói proteínas por meio de um delicado emaranhado programado por genes codificados mediante um alfabeto simples. Quando decifrarmos essa seqüência para todos os seres vivos, incluiremos enfim essas imensas partes que haviam sido abandonadas. Sim, a natureza química da vida é também escrita em linguagem matemática. Mas o modelo de Galileu não se aplica mais do mesmo modo. Devemos transformar nossas formas milenares de pensamento a partir dessa mudança porque, além disso, a vida "escrita" "escreve-se a si própria". Formadas por letras, números ou notas em longas seqüências, os componentes multiplamente flexíveis dos ácidos e proteínas transcrevem-se e se traduzem a partir deles mesmos, sem nossa intervenção. Não precisamos descobrir a linguagem matemática, porque ela reside nas próprias entranhas da coisa; ela não descreve nem explica os novos objetos do exterior, mas os constitui porque se encontra presente em sua intimidade. De transcrição em tradução, de codificação em codificação, uma seqüência de operações acaba por fabricar proteínas e células novas. A teoria constrói a própria coisa.

De um lado, a língua aqui escrita não pode ser considerada matemática no sentido de Galileu, que utilizava a álgebra e a geometria à moda grega. Ela desenvolve os algoritmos, outra vertente da linguagem das matemáticas. "A vida escreve-se em linguagem algorítmica" é o que um novo Galileu diria inicialmente sobre a invenção contemporânea. Não apenas a vida "escreve-se ela mesma" mas "constrói-se ela mesma escrevendo-se". "A vida escreve-se por meio de algoritmos e constrói seus elementos fazendo variações nessa linguagem." A vida certamente se alinha sobre a natureza física, mas deslocando-se levemente de seu modelo formal da geometria para a combinatória. Ao fazer isso, a vida realiza por si mesma as coisas que já fizemos mediante de aplicações técnicas depois da descoberta de Galileu. Podemos ler diretamente a teoria ou a linguagem sobre o ADN, primeiro elemento da reprodução que realiza sua prática e sobre as proteínas munidas de suas modalidades topológicas. Começamos a estabelecer ligação entre dois domínios antes separados.

A súbita identidade do algoritmo formal e do real que ele forma, assim como a construção de suas variações, muda nossas modalidades de pensamento. Não há mais céu ideal que de longe se reflita inteiramente em imagens ou sombras, aparências visíveis e realidades inteligíveis da fenomenologia e da ontologia. Em resumo, o dualismo que sustenta nosso pensamento desde a origem grega dissolveu-se. Não precisamos nem mesmo pensar nesse mistério de notável harmonia que existe entre as matemáticas e a experiência e que era entendido como milagre aos olhos de Galileu, Kant e Einstein — a vida sempre o executa, pois se reproduz e se desenvolve dessa aliança sem nenhuma distância. Essa linguagem algorítmica singular constrói os seres vivos a partir dela mesma; naturante, ela os faz nascer e, ao se desdobrar, lança-os no tempo.

Depois disso tudo, pode-se ainda sonhar? Sem dúvida, a teoria das supercordas nos explicará como o mundo inerte se configura a partir dessas ligações entre a mecânica quântica, cujas leis regulam seu pequenino teatro, e a relatividade geral que legisla sobre o grande. Em paralelo, pode-se imaginar uma matemática cujos teoremas explicariam como, no menor teatro, o ser vivo existe a partir das ligações entre os algoritmos que se escondem nos pequenos comportamentos celulares e cujas leis combinatórias regulam os programas de suas reproduções; pode-se imaginar, mais ainda, que esses elementos de cálculo tensorial legislam em grande escala sobre o comportamento dos músculos e das articulações, sobre a geometria e a mecânica do esqueleto sólido, sobre as diversas topologias dos tecidos dos embriões e sobre a hidrodinâmica das circulações do organismo formado.

Et verbum caro factum est[11]

Trata-se da maior descoberta contemporânea ocorrida antes do sonho e do retorno às descobertas efetivas. Ao fornecer às matemáticas a totalidade do existente e do conhecível e não apenas de uma região, e, de acréscimo, constatar sua função efetivamente operatória e construtora, essa descoberta encerra a era da separação entre a abstração e o concreto, e, portanto, obriga a repensar a filosofia da linguagem tanto quanto a existência. Vimos que ela não fabrica mais as mesmas máquinas e não subscreve a mesma metafísica.

Em artigo célebre, Kojève escreveu não há muito tempo que a descoberta de Galileu ocorreu na Europa meridional, em virtude do cristianismo, cujo dogma central exprime com precisão a aliança de Deus e do homem, pelo Cristo encarnado no duplo corpo, divino e humano, síntese teológica que em seu entender envolvia a própria síntese de Galileu acerca da formalidade ideal e dos fenômenos reais. Passamos atualmente dessa encarnação ao que poder-se-ia denominar carnação. O que pensaria Alexandre Kojève dessa descoberta do Verbo, que se realiza exatamente em seu sentido mais elementar de uma seqüência de letras e no sentido mais concretamente construtivo, universal, carnal mesmo, para todos os seres vivos? A vida se realiza por meio da língua?

[11] E a palavra se fez carne. (N.T.)

Antigas técnicas e novas tecnologias

Entremos agora no detalhe exemplar das máquinas e retomemos logo, em detalhe, a demonstração. Como descrevê-las? Uma alavanca ou um guindaste servem para levantar pesos, um automóvel ou um avião, para deslocar corpos, um canhão e uma bomba, para matar os homens. Esse é o pragmatismo do *Homo faber*, que constrói instrumentos para sua utilidade e máquinas para alguma finalidade. Desde Galileu, a ciência moderna tornou essas fabricações cada vez mais eficazes à medida que seu modelo geométrico crescia em exatidão e precisão. De agora em diante acreditamos que qualquer máquina é originária de uma espécie de "aplicação" que se dá a partir de uma "teoria" psicomatemática das quais ela se serve do mesmo modo.

Falso, porque a maquinaria ou a trefilaria da célula não podem ser denominadas máquinas, no sentido tradicional do termo. Como a máquina de Turing, elas são universais, teóricas e práticas. Misturam o símbolo e a tecnologia. Falso, porque no sentido dessa tradição um computador, uma pulga, a internet, as novas tecnologias, todos eles filhos da máquina de Turing, não servem para nada. Nova objeção: a dona-de-casa utiliza o computador para planejar e controlar o orçamento familiar, o astrônomo, para sua teoria dos buracos negros, o voyeur para extasiar-se diante de sua pornografia, o matemático, para suas equações e curvas, o homem de negócios, para aplicar na Bolsa, o artista, para compor música, as crianças, para seus jogos. Resposta: com certeza, essas tecnologias servem para todas essas coisas e para milhares de outras, exatamente porque elas não servem para nada. Diferenciadas e universais, elas transferem o projeto de utilidade do construtor para o utilizador que as emprega para o lazer ou para o que melhor lhe pareça. Quem as constrói e produz não pode prever para quem ou para que elas se tornarão úteis. Elas não possuem finalidade direta. Sem intencionalidade inicial, sua função é descoberta posteriormente. Os construtores do telefone celular de terceira geração não sabem ainda para que ou para quem ele servirá.

Contemplem a imensa diferença entre as máquinas simples no sentido grego e cartesiano ou mesmo as máquinas das revoluções industriais, todas elas máquinas no sentido da estática, da cinemática, da termodinâmica, em resumo, máquinas das forças e da energia, e as "máquinas" (mas por que, grandes deuses, temos de chamá-las por esse mesmo nome?) das novas tecnologias, munidas de suas mesas, telas e teclados. As primeiras podem descender do céu teórico das matemáticas para "servir" ao se materializar. As segundas, alfabéticas e algorítmicas, realizam uma síntese tão perfeita entre teoria e prática, que ninguém pode identificar nelas a antiga separação. Temos distinguido muito mal o lado material e o conjunto dos programas de um computador. Filhas de Pascal, Leibniz, Babbage ou Turing, não seria preferível nomear essas máquinas por um termo análogo ao que se utiliza para os instrumentos musicais, partituras, por exemplo?

Do mesmo modo, leia alguma frase escrita e dotada de sentido em sua língua. Uma seqüência qualquer de letras, notas ou chaves utilizadas em inúmeras línguas análogas a sua ou a outra encontra-se freqüentemente desprovida de acaso, salvo alguma exceção. A partir de seu alfabeto, você pode formar em qualquer uma dessas línguas tantas seqüências ou frases, enfim, tantos sentidos quantos quiser. Desse modo, você fabrica a significação a partir de elementos que não a possuem. O mesmo acontece com seu computador, pois você obtém utilidade de algo que dela é desprovido. Daí decorre o interesse de colocar os elementos codificados em números ou línguas sobre uma mesa, ou melhor, de construir essa partitura a partir desses elementos. Desse teclado, brotam variedades infinitas de utilidade, de performances, de sentidos e também de músicas.

Pragmatismo e finalidade: vida e máquinas

Esta é a razão pela qual as novas tecnologias de bases algorítmicas se assemelham também muito fortemente às coisas da vida e que permite compreender seu desenvolvimento e evolução: ambas utilizam alfabetos, codificações, tradução, programa etc. A vida, assim como os computadores, conhece pouco sua finalidade, porque, longe de se assemelhar a uma máquina formada a partir de máquinas clássicas, que "servem" a funções únicas e precisas, como afirmaram Aristóteles, Descartes e tantos outros, a vida se constrói como as novas tecnologias, elas mesmas algorítmicas e sem finalidade.

A mão serve para quê? Para nada e para tudo: para partir o pão, tocar piano, martelar o couro, distinguir as qualidades das uvas, entrançar os cabos da proa de uma embarcação, lançar um balão, mas também para bater, acariciar, pegar e, por fim, serve para fazer sinais e contar nos dedos. O mesmo sucede com os órgãos, desde os mais aparentes, como o pé, o cotovelo ou os nervos, até as moléculas mais sutis. Sim, a vida tem as máquinas como modelos, embora esta frase não tenha nada a ver com o entendimento de Descartes ou de La Mettrie. Sem sombra de dúvida, nossas máquinas são lingüísticas, algorítmicas, teóricas e práticas; tornaram arcaica a última extinção. Teremos de nos referir à totipotência.

Para uma música algorítmica e viva

Os bioquímicos referem-se ao genoma como um texto e comparam judiciosamente sua seqüência de ácidos aminados a uma série de algarismos ou letras. Essa representação funciona de modo excelente, ainda melhor do que uma metáfora. Alguma vez já se tentou estabelecer uma comparação com a música? Ela também dispõe de um alfabeto, formado por notas, menor número do que o de uma língua usual e mesmo o da numeração decimal; a música as alinha em séries melódicas cuja duração — a complexidade algorítmica — depende das técnicas utilizadas pelo compositor, tais como as fugas, os ritornelos, os contrapontos, os "da capo" que permitem sua "compressão". A música os codifica pelas diversas claves, de fá, de sol, de dó, etc., segundo os registros e tessituras. A música se utiliza de transcrições de várias naturezas. Ela não existiria sem o suporte objetivo e concreto das partituras de papel, da voz ou dos instrumentos que a interpretam. Nessa passagem do simbólico ao real, por essa "expansão na existência" a música se individualiza, porque as interpretações não se assemelham umas às outras. A codificação da música não pode, portanto, separar-se de sua singularidade e nem de sua realização material e sonora.

Esses suportes apresentam-se em sua construção e se assemelham às máquinas das novas tecnologias e mesmo a certos dispositivos que existem nos organismos vivos: cravos, "teclados", órgãos, cordas vibratórias. Sobre cada suporte, qualquer música pode ser tocada, qualquer música pode ser indefinidamente composta. A comparação me parece aqui mais instrutiva do que a da bricolagem. O *sistema de Leibniz* já havia constatado que os instrumentos musicais evoluem pouco porque envolvem um tempo combinatório quase infinito que permite que qualquer tipo de composição seja possível. Mais do que a sua, os instrumentos musicais projetam outras evoluções. Já percebemos a diferença entre uma máquina no sentido tradicional e um instrumento musical? Ela nos instrui sobre a diferença que observamos entre as técnicas antigas e as tecnologias novas.

Universal como a vida e a aptidão humana da fala ou a do ser vivo para emitir e receber sinais, a música possui menos sentido do que a linguagem:

ou ela não tem nenhum, ou esse sentido ocorre num leque infinitamente amplo de indeterminação ou de possibilidades; por isso, essa significação não decorre senão em presença de um sujeito ou de uma consciência. A relação da música com o tempo obriga enfim a constatar que, verdadeiramente, só possuímos a experiência da duração por seu intermédio e da vida. Música e vida são ligadas por tantas relações, que sua proximidade não cessa de nos espantar. Será que essa similitude esconde segredos? Posso ainda sonhar que o ADN vibra como uma corda e que sua forma testemunha essa vibração?

Vida e música se propagam no espaço que ocupam. Ambas são imprevisíveis, construtivas, singulares, geniais e frágeis, por vezes são miraculosas e necessárias, freqüentemente possíveis, embora sempre contingentes e prestes a desaparecer. Vida e música obstinam-se sempre em reiterar sua finitude. Como símbolos que assumem o controle do universo circundante, elas avançam sobre o tempo que suscitam.

EGO: QUEM ASSINA ESTAS PÁGINAS?

Essa grande descoberta contemporânea me permite pela primeira vez assinar as páginas precedentes. Como? Sobre minha carteira de identidade figura meu nome, cujo prenome arcangélico denota o pertencimento ao subconjunto dos machos que o portam, e o nome, um segundo pertencimento às tribos homônimas que se espalham pelas montanhas, da Mongólia ao País Basco. Esse fato não constitui uma grande singularidade. Perde-se aqui a pretensa identidade, substituída por uma seqüência de pertencimentos: nome, prenomes, sexo, data e lugar de nascimento.

Como também faço parte da classe de pessoas que utiliza um Macintosh, meu nome pode ser escrito assim: APPLE 6798453 ou, ainda mais simplesmente, pelo código de barras 67503167562099, o que seria suficiente para a polícia me descobrir. Estamos diante de uma convenção e de uma ligação código-coisa na qual não existe nenhum sentido. Para apreciar a quem e a qual código o pós-modernismo e a decomposição podem servir, observem que essa arbitrariedade, próxima do não-sentido e do jogo, basta ao poder que vigia ou ao poder financeiro que sabe colocar uma marca e me distinguir nos dois casos. Mas essa seqüência de números ou notas não constitui meu verdadeiro nome.

Escreva aqui se você puder o código de meu ADN, mais curto do que até há pouco se podia acreditar, acrescido das combinações entre os genes que contribuíram para construir as centenas de milhares de células que cada célula minha comporta, para diferenciar por famílias dessas mesmas células e, enfim, para precisar a cor dos olhos, minha altura, um certo programa de saúde, uma determinada relação com o meio etc. Esse é o meu nome. Por seu comprimento, minha assinatura excederia o volume desse livro, pois a explosão combinatória que esses números lançam dá-lhe uma extensão que ocuparia várias livros ou, se fossem alinhadas, uma distância imensa. Seguramente você levaria meses, talvez anos, para enumerar e decifrar minha assinatura e para ler meu nome. Mas, pela primeira vez, trata-se de meu verdadeiro nome, de um único código e de nenhum outro, que tão bem corresponde ao meu corpo e que o constitui. Por uma verdade nua e interminável, todos os felizes seres vivos escapam da polícia e das altas finanças, como agulhas num palheiro.

Quem sou eu? Uma singularidade que assina por meio de cifras astronômicas e de uma quantidade vertiginosa de números quase inacessíveis. Não existe nenhuma convenção arbitrária de codificação entre esse número e meu organismo: um explica o outro adequada e reciprocamente. Há uma relação exata entre o número e a pessoa ou, em geral, entre as palavras e as coisas. Mesmo que se revele inacessível, esse fato não impede que ele exista e que se possa mostrá-lo; melhor ainda, essa inacessibilidade não impede a todos de decompô-lo ou dele se apropriar.

Os objetos reais, as pedras ou a água dos poços, os raminhos de palha e as mós de feno são conjuntos numéricos de poços ou mós, semeados de agulhas de ouro. Sim, todas as coisas são números. O real é proveniente desse código exato. Por isso, ele se descobre e não mais se inventa. Ele tem um sentido. Ele constitui o patrimônio inalienável da totalidade da humanidade. Visto que ele existia antes mesmo que fosse descoberto, ninguém saberia inventá-lo e nem dele se apropriar.

Por isso eu assino de verdade, mesmo que virtualmente.

O MUNDO

Argumento
O maior dos acontecimentos contemporâneos
Antigas e novas habitações comuns
A habitação evolutiva
Segundo circuito da hominescência
Quem, ego?

O MAIOR DOS ACONTECIMENTOS CONTEMPORÂNEOS

Por volta de 1900, a porcentagem de famílias que se dedicavam à cultura e à criação de animais ultrapassava a metade da população dos chamados países ocidentais. Esse número reduziu-se na França para 8,3% em 1980 e 3,3% em 2000; a participação da agricultura no produto interno bruto passou, no mesmo período, de 4% para 2,3%. Majoritária desde o neolítico, data de sua invenção há muitos milhares de anos, a atividade agrária perdeu, em 150 anos, quase toda a sua população, numa falência notável a partir da década de 1950. A Primeira Guerra Mundial já havia assassinado tantos soldados-camponeses, cujos nomes estão gravados sobre as lápides nos vilarejos da Europa, que até mesmo se poderia afirmar ter sido esse seu objetivo implacável. Desde então, é preciso ir à China, às Filipinas ou aos Andes, para encontrar trabalhando nos campos grupos tão numerosos como os que eu costumava ver em minha juventude.

Até as datas citadas, práticas e ciências, artes e religião, línguas e cultura floresciam com a agricultura e a partir dela; um ferreiro, comerciante, militar, sacerdote, juiz, advogado, político, até mesmo um inventor ou um economista que vivessem na cidade, além de exercer uma profissão, possuíam experiência mais direta do próprio modelo da atividade humana e de sua relação com o mundo, modelo que, aliás, continua a ser o mesmo para um bilhão e meio de pessoas. Nos dias de hoje, tanto os homens de decisão como os que são por eles administrados perderam qualquer ligação com a terra e com os seres vivos da flora e da fauna. Sua visão de mundo perdeu o mundo. Ignoram como foi esculpida a paisagem, que, como a palavra paz, se origina de *paisano*, jamais assistiram ao amadurecer do trigo ou dos vinhedos, ao nascimento de um bezerro, novilha, porco ou ninhada e, portanto, não podem mais ler *A cabra do senhor Seguin*. Meus alunos jamais laçaram nenhum desses animais no pasto. No ano passado, o diretor-presidente de uma grande empresa européia de laticínios espantou-se ao me ouvir dizer que o leite era tirado das vacas depois que estas tinham dado cria; ele e sua mulher ignoravam esse fato. Em contrapartida, mais de um século se passou desde que Pasteur se ocupava apenas de questões agrárias: tártaros, fermentos de cerveja, do vinho e do leite, e a raiva nos animais. Com certeza, a popularidade de sua obra reside na luta contra os micróbios, mas sobretudo no fato de ter ocupado um lugar decisivo entre a biologia agrícola e a que conhecemos, uma biologia sem terra nem vida. Com efeito, desde Buffon, Plínio e Aristóteles, a história natural tinha sua origem no modo de vida rural e a ele retornava para aprimorar suas práticas. A não ser que trabalhe nas indústrias agroalimentícias qual o bioquímico que hoje se preocupa com o trigo, os porcos e mesmo com a vida?

O maior acontecimento do século XX foi representado pelo fim da agricultura, modeladora de condutas e culturas, ciências, vida social, corpos e religião. Não resta dúvida de que os agricultores alimentam e alimentarão sempre seus contemporâneos; mas suas ações e sua existência não mais pilotam a humanidade, não a induzem mais ao humanismo, não lhe oferecem mais contextos de espaço e de tempo. O Ocidente acabou por transformar o mundo. A Terra, no sentido do planeta fotografado em sua globalidade pelos cosmonautas, tomou o lugar da terra, como a gleba cotidianamente trabalhada. Essa fissura separou o final do último século de todo o tempo passado desde o neolítico, já transformou nossos relacionamentos com a fauna e a flora, com a duração das estações, com o tempo que passou, com o tempo que faz, com as intempéries, com espaços e lugares, com o habitat e nossos deslocamentos. Essa fissura também transformou os relacionamentos sociais; coletivamente, não vivemos mais da mesma maneira, desde o desaparecimento do cordão nutrimental comum ao campo, às propriedades, à vegetação e aos animais, à ocupação dos territórios, a sua defesa e à guerra; nem sequer morremos mais da mesma maneira, pois, por falta de espaço nas cidades, preferimos incinerar nossos mortos a enterrá-los sob o solo irrigado com o suor de nosso trabalho. Quem, hoje, saberia ler *O trabalhador e seus filhos*? Estamos diante da mais ampla e mais profunda inovação do século passado. Em conseqüência do fato de não estarem familiarizados com ele, os ecologistas da cidade criticam com palavras o mundo rural e, mais recentemente, a paisagem que os agricultores constroem com seus braços há milênios. Isolada da terra e, talvez por ignorância, desprezando-a, a filosofia, pelo menos que eu saiba, ainda não se deu conta dessa ruptura hominescente.

Do corpo à agricultura e às biotecnologias

A descrição que fiz inicialmente da transformação dos corpos precede uma segunda ruptura agrícola, que começa agora e cuja qualidade inovadora prolonga a que acabei de designar para, junto com ela, mergulhar num passado ainda mais longínquo. Mesmo vitorioso pelo menos por um certo tempo sobre os micróbios, seus mais recentes predadores ou parasitas, o novo corpo exige, além da saúde, a segurança alimentar e um certo controle sobre a reprodução. Nas recentes biotecnologias ocorreu a confluência das duas rupturas, a da agricultura e a do estado corporal. Essa confluência remonta a épocas distantes.

As primeiras culturas regulares apareceram no fim da primeira era glacial e não resultaram, como por muito tempo se acreditou, de uma lenta difusão efetivada a partir do Oriente Médio, visto que o milho, espécie selecionada a partir da mutação do teosinto, uma planta selvagem, apareceu quase ao mesmo tempo na América do Sul. Sem contar o período de domínio europeu, essa invenção data de cinco a sete mil anos. Monstro vegetal, o trigo combinou cromossomos de três espécies de cereais: ignoramos como nossos ancestrais conseguiram obter esses OGM necessários e comuns. O porco, primeiro animal doméstico, surgiu na Turquia, e mais de 10 mil anos já se passaram; a cabra e o carneiro vieram depois. Um texto sumeriano de 5.400 anos de idade descreve a fermentação do grão e a preparação da cerveja; há seis mil anos os egípcios e chineses fabricavam pão, queijos e vinhos, o que supõe, pelo menos na prática, um certo conhecimento sobre leveduras. Esses cruzamentos e técnicas já podem ser considerados biotecnologias que, a partir de fenótipos visíveis, tentavam dominar o genoma invisível e a microbiologia desconhecida. Em sua luta contra as bactérias, Jenner, Semmelweis e Pasteur recuperaram uma tradição milenar que a Bíblia relata haver começado com Noé, o primeiro viticultor a dominar o conhecimento sobre certos fermentos. Melhor ainda: examinem nossas paisagens agrárias e tentem imaginar os contemporâneos daqueles tempos bíblicos. Vocês terão que convir que o que vêem ao redor são apenas legumes, árvores frutíferas, arbustos, até mesmo florestas plantadas por homens e habitadas por animais de caça ou domesticados e, conseqüentemente, pelos OGM, variedades biotecnológicas já referidas. É preciso penetrar os lugares mais recônditos das florestas tropicais para conseguir chegar até seres vivos virgens de qualquer intervenção humana. No entanto, se os protegermos dentro de parques, eles passarão a fazer parte da técnica e da cultura. O fim da agricultura como modelo hominiano foi acompanhado pela humanização geral das espécies: foi o início de uma "cosmocultura".

Na cidade de Gand, Marc Van Montagu e Jozef Schell obtiveram, em 1983, a primeira planta transgênica. Durante 15 anos, as técnicas utilizadas por eles foram aprimoradas e desenvolvidas no mundo inteiro sem receber qualquer cobertura da mídia ou provocar inquietação pública. O poderoso crescimento dessas novas biotecnologias apresentou uma série de questões, das quais a mais importante concerne, atualmente, muito menos ao próprio método de investigação e experimentação da genética do que ao monopólio das sementes modificadas pelas companhias multinacionais. A primeira ruptura agrária revolucionou o século XX, da mesma forma que a ruptura dos corpos. Científica e laboratorial, a última interfere em nosso presente e nosso futuro. Coerentes, ambas dizem respeito a todas as espécies, entre elas a nossa, ao mundo da prática, da vida e do saber. Elas se seguiram, uma à outra, e encerraram uma época de pelo menos uma dezena de milhares de anos. Se essas rupturas conseguiram mudar as relações do homem com a nutrição e com a reprodução, as relações consigo mesmos e com os outros, com a paisagem, com o espaço e com o tempo, não teriam conseguido também transformar o homem? No curso da história de certas coletividades as rupturas produzidas pelas ciências e técnicas na economia e política, por meio desses componentes culturais, têm atingido a "natureza" dos homens e do mundo. Por isso denomino-as hominescentes

Primeiro cenário

O passado distante mostra-nos a continuidade sob essas rupturas; essa coerência, no entanto, só parece existir porque retrocedemos ou por um tipo de movimento retrógrado. Como o tempo avança de maneira caótica e contingente, não permite prever e nem sequer esboçar os cenários vindouros. Quais seriam eles?

Chegaremos inicialmente ao triunfo das biotecnologias? Existirão, amanhã, dois tipos de seres vivos, os que os métodos de investigação e experimentação genética terão combinado, cujas patentes já fazem, e farão muito mais, a fortuna dos proprietários das imensas corporações industriais de criação de animais, e aqueles que subsistirão nos parques e museus? Conectados às zonas rurais circundantes e às florestas tropicais, jardins zoológicos e botânicos reunir-se-ão às galerias de fósseis para agrupar em um mesmo grande espaço as antigas espécies campestres de animais domésticos, as espécies selvagens arcaicas já organizadas legalmente e as espécies desaparecidas nas épocas antediluvianas, em exposições destinadas à visitação de turistas e de estudantes? Será que também poderemos ver, por detrás das mesmas cercas, por meio de rampas óticas ou de túneis de vidro sob o mar, os fósseis selvagens e domésticos da fauna e da flora mesclados aos anfitriões provenientes de um tempo perdido que data, no mínimo, da explosão do período cambriano e que terminou nesta manhã? Diante dessa ruptura de amplíssimas dimensões seremos capazes de distinguir os seres vivos transgênicos projetados e fabricados pela mão humana, patenteados, consumíveis e disponíveis no mercado, adaptados a nossas necessidades, inofensivos e, com freqüência, clonados, de seres do passado, que evoluíam dentro de uma natureza totalmente dominada pela cultura? Dividiremos o natural em dois componentes artificiais: um componente científico e técnico que asseguraria a sobrevivência saudável, destinado às indústrias alimentícias e outras, e outro, jurídico, que seria aplicado ao restante e que constituiria o charme de nossas férias: seríamos transformados em ratos das cidades-laboratório e ratos dos campos-zoológicos?

Todos os dias vemos alguns sinais dessa visão de ficção científica que apareceu em nosso horizonte, até mesmo sob a influência daqueles que a rejeitam e que buscam salvaguardar as espécies que, por isso mesmo, se tornam culturais. Por que as biotecnologias não inventariam novas variedades com características mais adequadas à sobrevivência e ao amadurecimento, ao transporte e à venda, à conservação e ao sabor, uma vez que, a partir do século XVII, criamos, por exemplo, a nectarina, cruzamento de ameixa e de pêssego, de casca mais resistente, e, portanto, mais fácil de comercializar? A inovação e a tradição encontram-se com muito mais freqüência do que podemos acreditar. Se os primeiros cruzamentos datam do período neolítico, e os OGM de 1983, por que a tendência arcaica, reforçada pela tendência mais recente, não seria levada adiante? Ela acompanha, mediante uma bifurcação próxima, a linha direta do movimento retrógrado, já referido, e até mesmo a linha da evolução, se não no mesmo sentido de Darwin, pelo menos naquele que lhe damos atualmente. Presidente da Comissão Francesa de Investigação e Experimentação Biomolecular, de 1988 a 1997, Axel Kahn constatou a inexistência de qualquer artigo em todos os órgãos de imprensa e de qualquer manifestação antes de 1996, data que se sucedeu à chamada epidemia da vaca louca na Grã-Bretanha. Segundo ele, se houve uma batalha, ela teria começado tarde demais, uma vez que a destruição já tinha provocado múltiplos efeitos. Cultivamos milhos resistentes às pragas, sojas que não precisam mais de herbicidas, tomates e melões mais sólidos, frutas que contêm mais terpenóides e perfumes "naturais". Como controlar, daqui para frente, essa mistura de grãos espalhando-se por meio do vento?

Muitas variáveis intervêm aqui: a resistência às doenças, a produtividade, o controle da maturação, o ambiente e a segurança. Sobre os dois últimos pontos, quem não sabe que um ser vivo selvagem e antigo triunfa facilmente sobre outro, recente e "artificial" e, portanto, infinitamente mais frágil? Os perigos diminuem com a ciência e não o inverso; as inovações anunciadas pelas mídias não mudam a intensidade dos fatos: as intoxicações alimentares não param de diminuir; muitos medicamentos derivam-se hoje dos OGM. Não cessamos de aprender à nossa própria custa o que arriscamos ao ignorar tudo isso. Resta saber se existem e como são os projetos comuns entre a pesquisa e as potências financeiras, que assumem o lugar dos cientistas dentro dos laboratórios, assim como dos camponeses na ocupação das terras. Para o Terceiro Mundo a questão é ainda muito mais grave do que para o Ocidente.

Segunda e terceira vias

Segundo cenário: seria possível imaginar uma reversão da tendência, em razão das várias reações de inspiração ecológica, em oposição a essa bifurcação gigante e a suas conseqüências? Desejável talvez, esse movimento tem componentes geopolíticos, econômicos e culturais. Ocidental, essa batalha opõe Europa e Estados Unidos, cujas sensibilidades diferem, em razão da ancianidade da tradição agrícola européia e do caráter recente e rapidamente industrializado da tradição agrícola americana. Por outro lado, em lugares incomuns como a França, o Marrocos ou a China, todos se importam com o sabor dos ingredientes. Nos Estados Unidos, onde existe uma estranha vocação para a obesidade, um restaurante é preferido mais pelo preço do que pela qualidade, e os adultos, sem paladar, parecem permanecer num estado infantil de contínua lactância.

Última possibilidade: por um milagre improvável, os países desenvolvidos passariam a se preocupar com o Terceiro Mundo e procurariam reequilibrar a alimentação da humanidade que hoje vê, neste mesmo momento, a cada três minutos, uma pessoa morrer de fome e quatro pessoas em cada cinco gritarem famintas em nações que exportam gêneros alimentícios para países ocidentais abarrotados e nos quais se faz regime. Supondo-se que africanos, americanos do Sul e hindus possam um dia beber e comer em tão grande quantidade quanto os obesos do Ocidente, a agricultura e a criação tornar-se-iam um investimento essencial. Sem que tenhamos sempre consciência disso, os dois primeiros cenários adornam as utopias dos países ricos. O que aconteceria se as "democracias" aceitassem suprimir essa abominável desigualdade e não matar mais de fome os filhos de seus irmãos? Retornaríamos por um tempo considerável à era agrária e doméstica?

É na supressão dessas desigualdades que reside a questão das biotecnologias: seriam elas responsáveis pela criação das variedades destinadas a remediar o problema da fome? Se assim for, quem as ousaria recusar? A decisão deve ser tomada nessa direção. Três exemplos me convenceram disso: a invenção de uma espécie de arroz modificado, denominado arroz dourado, suplementado com vitamina A e ferro; 400 milhões de pessoas no mundo tornam-se pouco a pouco cegas por avitaminose A e um bilhão sofre de desnutrição por falta de ferro; 300 gramas de arroz dourado por dia compensariam essa deficiência. Quem tem conhecimento dessa boa nova? A não ser pela difamação, ela encontrou muito pouco eco nas mídias, da mesma forma que a descoberta de outras duas plantas OGM, das quais uma se adapta aos solos alcalinos, que representam 30% das lavouras mundiais, e a outra aos solos salinos, preparados para a cultura. Supondo-se que essas variedades possam difundir-se e, observando-se precauções elementares, quem poderia impedir a expansão da agricultura sobre solos até agora impróprios ao cultivo, quem se oporia à possibilidade de os cegos enxergarem e os famintos comerem?

Os *mais antigos cidadãos do mundo*: *o camponês e o cientista*

Como sempre ocorre, benefícios e perigos se equilibram. Como o diabo e o bom Deus, o bem e o mal raramente se distinguem. Já há milênios a agricultura tem-se confrontado com o global. Parte integrante do Crescente fértil e da América do Sul, dois lugares pouco comuns e bem distantes entre si, a agricultura invadiu aos poucos o planeta, mundializando-se a partir do neolítico. Os primeiros grandes circuitos planetários mesclaram os produtos alimentares de base e, em seguida, as especiarias, sem falar nos micróbios. Comparem, por exemplo, as variedades que compunham a mesa de Petrônio com a frugalidade do Banquete platônico, constituído de azeitonas, amêndoas, vinho e mel. A Europa conseguiu solucionar grande parte das fomes endêmicas trocando frutas e legumes com o universo inteiro: ela os cultivava, mas nem o tomate, o pêssego ou a batata nela se originaram, nem mesmo o peru, oriundo da América, e a galinha-d'angola, da África. Mesmo arando a terra raramente, os aborígines australianos surpreenderam os degredados vindos de Quebec e da Inglaterra que acreditavam na universalidade do *Homo rusticus.* Conseqüentemente, o criador, o agricultor, o silvicultor, quando viajavam, sentiam-se muito menos desconfortáveis do que qualquer outra pessoa; os padrões culturais nos distinguem, as criações culturais nos aproximam. Senti-me muito menos à vontade entre os aborígenes porque eles próprios pareciam, literalmente, mais "desenraizados" do que os indonésios ou os chineses, apesar da extraordinária diferença entre os terraços horizontais das plantações de arroz e as planícies onduladas do trigo. As profissões ligadas à terra são ainda hoje as que realizaram os maiores progressos em produtividade, os primeiros progressos desde sua origem e os primeiros ainda na idade contemporânea. Mundializados desde o início, esses progressos podem hoje deixar de levar em consideração o Terceiro Mundo? É por nossa culpa que ele morre de fome? Todo sofrimento por que passa se efetiva pela vontade deliberada de uma mão invisível? Como abolir a pena de morte que essa mão faz pesar sobre ele?

A ciência também mundializou-se, com certeza mais tardiamente. Alimento e conhecimento ascenderam ao *status* de equivalente geral antes do dinheiro, surgido mais tarde: a troca do gado precedeu a moeda, o que testemunha a palavra "pecuniário" que se emprega para isso, mas que significa a tropa conduzida pelo pastor. Mesmo antes de Pitéa, o Massaliota, hábil explorador do século V a.C, os primeiros grandes viajantes partiram com o objetivo de recolher plantas, descobrir novas espécies da fauna e da flora, conhecê-las para poder cultivá-las ou semeá-las, antes de observar as estrelas de um outro ângulo. Da Ásia, os generais de Alexandre enviaram, para Teofrasto e Aristóteles, espécimes animais e vegetais como se as expedições guerreiras não buscassem butins compostos apenas de jóias, mas sobretudo de plantas e animais. Como qualificar os jardins de plantas a não ser pela mundialização? Pelo menos a partir da idade clássica os caminhos passaram a atravessar um herbário planetário, que foi batizado pela língua universal inventada por Lineu.[12] Tanto Plínio como Buffon não se contentaram em descrever o bestiário existente ao redor do lago de Como ou das colinas da Borgonha. O camponês e o cientista, velhos cidadãos do mundo, há muito tempo associados, podiam e deviam reconhecer um ao outro para se libertar do jugo opressor dos novos donos do dinheiro.

Os *novos cidadãos do mundo*: *o camponês e o cientista*

O estado contemporâneo, ao exacerbar as tendências sempre presentes na história da agricultura, acabou por destruí-las. A cada avanço da produtividade, da descoberta e da proliferação de espécies cultiváveis e domesticáveis correspondia um aumento da demografia, que voltava a mergulhar os povos libertos da fome pelas primeiras *démarches* em uma segunda fome, provocada pelo aumento do número de consumidores em relação ao volume da produção, o que, então, exigia um novo avanço. Sobre essa hélice sempre retomada mediante afastamentos de equilíbrio, planavam os ferozes e dominantes parasitas transistóricos do campesinato, que se aproveitavam dessas diferenças e das diferenças provocadas pelas variações do clima: tempos de vacas magras e tempos de vacas gordas. Isso provocou uma fuga antecipada para espaços do mundo, em busca de terras cultiváveis, nas quais as enchentes, sempre insuficientes, apresentavam, novamente, um problema semelhante. As conquistas procedem sempre dos pobres e da fome, da fraqueza mais do que da força.

A generalização da agricultura no espaço e no tempo aconteceu devido a essa mesma corrida, devido a essa sempre recomeçada assincronia entre a exploração nos sentidos cultural e humano e a demografia? Invariável por suas variações, essa ofensiva, inevitável e, com freqüência, patética, atingiu hoje seu apogeu mundial, ao mesmo tempo que as condições globais não mais oferecem muitas oportunidades para outras fugas antecipadas, nem na dimensão, nem no tempo, a não ser para desmantelar alguns últimos grandes domínios, reconquistar solos inférteis, terminar de destruir florestas, empreitadas consideradas perigosas. Com esses limites relativamente precisos de densidade espacial e de riscos ecológicos

12 Carl von Linnaeus (1707-1778), que ficou conhecido como o pai da taxinomia dos organismos. (N.T.)

no tempo, como fazer para não passar ao científico, ao virtual, ao numérico, ou seja, para dimensões que não acontecem mais no solo e na paisagem, mas em grande escala nos laboratórios? Poderemos, verdadeiramente, evitar esse salto hominescente no conhecimento? De uma certa maneira já o assumimos várias vezes.

As lutas acontecerão nos laboratórios: seria necessário correr rápida e antecipadamente em busca das grandes distâncias da vida tal como a conhecemos, em busca das manipulações biotecnológicas sem ceder ao pânico frente às inovações científicas, ou correr mais lentamente em busca das práticas doces, "biológicas" em seu sentido popular? O que escolher? A bioquímica, no sentido duro, ou a ecologia, no sentido flexível, ou seja, no sentido que lhe outorga a política? Como escapar aos parasitas? Não será, certamente, lutando contra a ciência e retornando às tradições mais antigas. A França, um dos países agrícolas mais férteis do mundo no começo do século XX, possuía uma população de camponeses muito mais elevada, apesar de não lhes garantir o sustento, enquanto hoje assegura-lhes a subsistência e também exporta. Além do mais, aonde nos levará o medo desencadeado no público? Considero o medo pior conselheiro do que a descoberta. Minha utopia é que os cientistas do mundo partilhem suas habilidades com os camponeses do mundo; que esses grupos mistos protejam-se mutuamente de seus parasitas e que as ciências da terra sejam para os homens da terra. De outra forma o planeta deverá renunciar a seu título comum de Terra e atribuir-se o nome próprio de semeador com fins publicitários.

Em resumo, os três cenários irão compor-se para uma agricultura racional? Os combates sempre opõem lutadores radicais, mas o tempo e a realidade terminam por associá-los. É preciso cada vez mais ciência para alimentar os condenados à morte do Terceiro Mundo, resultado que soma o primeiro cenário ao terceiro. A evolução dos meios, no entanto, se dirige muito mais no sentido do gosto, o que favorece o segundo cenário. Vivemos hoje numa mistura dos três.

*

O *que podemos dizer acerca do contemporâneo?*

Já disse no início que cenários tão audaciosos são rapidamente desmentidos por alguns acontecimentos imprevisíveis que impõem, bruscamente, uma solução contingente; é mais importante examinarmos nossas práticas cotidianas consideradas, simultaneamente, arcaicas e novas, racionais e místicas.

Nestes dias que iniciam o terceiro milênio da era cristã, a Grã-Bretanha acendeu, com efeito, a fogueira em que foram queimados dois milhões de animais: vacas, carneiros e porcos. Quem, desde que o homem se tornou homem, assistiu algum dia a uma hecatombe como essa, sem qualquer objetivo alimentar? Depois que Abraão aboliu a primeira pena de morte para a espécie humana, ao salvar seu filho Isaac, fez tombar o aço e o fogo de nossa violência sobre o cordeiro inocente cujos chifres se misturavam aos galhos de um arbusto vizinho. Foi nessa inesquecível data que começamos a comer carne? Em minha língua o termo açougueiro deriva desse bode expiatório ou substituto. Ao menos, o sacrifício humano deu lugar a ritos menos selvagens, em que morriam touros, bezerros, leitões, cordeiros ou pombos. Daí em diante, o indivíduo, a família, a tribo, a pequena vila, a próprias capitais, sacrificavam animais nas festividades solenes e, com freqüência, para se prevenir ou cuidar de pestes. Nas cerimônias de purificação, os romanos praticavam os *suovetaurilia*, em que degolavam, ao mesmo tempo, uma porca, um carneiro e um touro.

Holocausto em tempos de peste

Em crises ou epidemias semelhantes, não mais nos contentávamos com apenas um carneiro ou com a imolação de porcos, de cordeiros ou da bezerra branca. Nas ilhas Britânicas, os açougueiros que os queimaram, iluminando o horizonte e cobrindo o espaço com sua fumaça gordurosa e acre, extrapolaram em milhões de animais as antigas hecatombes e holocaustos, assim denominados em grego porque neles, durante os sacrifícios aos deuses nos momentos de infelicidade, matava-se uma grande quantidade de animais, e essas vítimas eram queimadas até a destruição total. A quem a Europa e a Inglaterra sacrificaram essa imensa massa animal que nenhum homem jamais massacrou? Ao apetite das fomes tantas vezes saciadas? Não, visto que essas destruições não mudaram em nada seu regime alimentar. A quem então? Aos deuses renascidos da presente peste? A Dolly, deusa do futuro, recentemente clonada? À saúde da diminuta porção muito rica da humanidade? Na realidade, ao fim da criação de animais, acompanhado de suicidas camponeses.

O abandono do monoteísmo reavivou, em todos os lugares, a antiga máquina que fabricava deuses em quantidade. Desde há muito eu já sabia que tínhamos voltado ao politeísmo e até mesmo ao sacrifício humano, visto que anualmente toleramos a morte de milhares de pessoas jovens nas estradas, sacrificadas ao deus-máquina automóvel, e que os deuses sangüinários da televisão já impuseram 20 mil crimes de morte a uma criança de 15 anos para culpá-la de assassinato. Desde épocas perdidas até tempos contemporâneos, esse tipo de sacrifícios sempre ocorreu com o objetivo de provocar o nascimento e a proliferação desses deuses, sobretudo quando se desencadeava algum tipo de contágio, salvo durante o intervalo da era que os proibiu e que talvez termine nestes dias de agora. Mas isso nunca aconteceu em escala tão grande e tão intensa. Dois milhões de bovinos e ovinos! Vocês podem sentir o cheiro desses campos de extermínio cheios de carcaças calcinadas? Que odor de Antigüidade! No momento em que a sensibilidade pós-moderna suporta menos a dor animal do que a morte humana, a opinião pública, a administração, as políticas, a polícia, o exército, as mídias, quem mais falta nesse círculo de linchamento? Todos reunidos, todos aterrorizados, todos sob o conselho da prudência ética e das ciências exatas, todos de pleno acordo, todos impulsionados pela razão, acendem essas gigantescas fornalhas. Da precaução ao holocausto: que estranha fita de Möbius[13] une os argumentos mais rigorosos e as mais refinadas técnicas com os ritos sacrificais mais selvagens e, também, os tempos presentes com as eras arcaicas, numa junção exemplar?

O *bezerro de ouro no templo*

Dentro de um desses braseiros, algumas almas sensíveis encontraram entre milhares de carcaças enegrecidas um jovem bezerro renascido das cinzas e que foi denominado, a partir de então, Fênix. Apesar dos micróbios de que sabíamos ser ele portador, o primeiro-ministro decidiu que o país o salvaria. Transformado, rapidamente, em estrela midiática, recebeu milhares de libras para aparecer em público. Liberado, endeusado em meio aos sacrifícios, coroado, cheio de dinheiro, vocês reconheceram nele o Bezerro de ouro. Um Moisés lúcido realizará a aproximação desse renascido com a apoteose à romana que recentemente transformou uma princesa morta numa deusa.

Quem pode duvidar de que nossos governos tenham colocado obstáculos ao ensino das chamadas línguas mortas, que teriam conservado a memória da Antigüidade, a fim de que não entendêssemos que ela estava

[13] Augustus Ferdinand Möbius (1790-1868), pioneiro da topologia. A fita de Möbius é uma superfície bidimensional composta de apenas um lado. (N.T.)

de volta? Nossos atos mais próximos da decisão racional produzem cerimônias de um arcaísmo tão gigantesco, que sequer o vemos. Uma evidência que se manifestou no momento da explosão da nave espacial *Challenger*, quando em Cabo Canaveral[14] reinava o mesmo ambiente sacrifical. O que significa a junção oblíqua entre antigo e moderno que sela o encontro das ciências, das técnicas e da sociedade? Encoberta por luzes difusas e nuvens pestilentas, a Grã-Bretanha, no passado a primeira na criação industrial de animais e hoje a primeira em seu extermínio, tornou-se um templo avançado do politeísmo moderno-arcaico composto por mil altares incandescentes. Quando as epidemias comuns e as epidemias por bactérias resistentes aos antibióticos passarem, que fogos do inferno, por nós desencadeados, dizimarão os homens? Novos deuses de nossa saúde, nós vos imploramos!

Que os mitos reapareçam, e eis aqui uma origem.

---

14 Denominação anterior do atual Cabo Kennedy. (N.T.)

ANTIGAS E NOVAS HABITAÇÕES COMUNS

Retornando aos tempos primordiais antes que eles desapareçam, como ocorria a criação de animais? A palavra domesticação refere-se a que habitat? A partir do momento em que certas espécies entraram em nossas casas, que tipo de relacionamento mantivemos com esses animais?

Imaginamos hoje que as técnicas se referem apenas aos objetos inertes, instrumentos ou máquinas. A caça, a colheita, a criação e a aragem da terra requerem especializações orientadas para o ser vivo. Existências vividas geração após geração, em companhia de animais domésticos, fazem supor que os humanos constroem com eles um lar comum. Um habitat em que os dias se confundem e o trabalho produz culturas variadas, em que a vida se diversifica de acordo com nossas especialidades e, inversamente, nossas habilidades técnicas se diversificam de acordo com a vida. Como vivi em meio a uma dessas culturas antes de seu desaparecimento sou testemunha de que, mediante a criação recíproca entre homens e animais, essa cultura continha em si o verdadeiro conhecimento e, melhor ainda, construía uma gênese do conhecimento, no sentido dado a essas palavras pelos filósofos. Descreverei esse processo imemorial ainda inscrito na memória de meu corpo: esse habitat coletivo, essa cultura e esse modo de cognição.

As páginas precedentes tentam avaliar a importância desse acontecimento que apagou essa memória e interrompeu o processo ao separar os que viviam juntos na antiga habitação comum da domesticação: humanos e animais passaram a viver nas cidades distribuídos em abrigos diferentes de acordo com suas necessidades. Sem dúvida a transição contínua entre essas duas maneiras de ser não ocorreu bruscamente, mas há muito tempo estava sendo preparada.

Nossa existência ocupa agora uma outra habitação que nossos conhecimentos lentamente expandiram, dos pátios em que viviam os animais ao planeta como um todo, onde, por meio de novos dispositivos, elaboramos outros conhecimentos. Acreditamos com isso ter perdido o ser vivo, pois as técnicas refinadas, ao construírem o segundo habitat, conduziram-nos a esse segundo modo de ser. Demonstrarei em seguida que, ao contrário disso, conseguimos recuperar nosso corpo de maneira integral. Atualmente, esse corpo vê e ouve todo tipo de ondas, antes invisíveis e inaudíveis; ele pode voar e procriar à distância. Quer se trate de espaço ou de tempo, de percepção, motricidade, alimentação ou reprodução, nossas diversas funções englobam, pouco a pouco, o conjunto de espaços disponíveis ocupados por outros seres vivos em seu ambiente. Denomino esse corpo totalmente novo de Biossom, neologismo que designa o *soma,* um corpo em vias de abarcar a totalidade da vida. Ao abandonar a antiga fazenda comum a poucos seres vivos e visitar o conjunto de lugares modelados por todos, esse corpo constrói, lentamente, uma habitação global. Pelo menos virtualmente, a totalidade de nosso mundo é a soma desses nichos. Ascendemos então a uma totipotência que, enfim, serei obrigado a definir.

Encontramo-nos diante de duas culturas a serem descritas: a antiga habitação em que o ser vivo era mais técnico do que se possa crer e a nova habitação em que a técnica está mais viva do que se possa dizer.

I. As Antigas Culturas de Domesticação

A partir de então, sem cavalos nem pássaros carniceiros, as cidades e habitações do Ocidente afugentam toda vida animal para fora de seus muros e avenidas, mas são invadidas, mesmo contra sua vontade, por milhares de ratos e baratas; a Índia, ao contrário, sempre permitiu que as vacas pastassem em suas ruas. No interior desses quase-laboratórios, em princípio ascéticos, nasceu a idéia de que os animais são seres maquínicos que se reduzem ao funcionamento fisiológico e à reprodução evolutiva. Como explicar, então, as cores, gritos, posturas, as figuras e movimentos expressivos de seus corpos, coisas que nós e seus semelhantes percebemos no passado e que utilizamos para construir uma simbiose dentro da habitação comum?

Galos e bois

Minhas lembranças da vida no campo trazem de volta à memória essa cultura desaparecida. Noite e dia, durante as quatro estações, animais e humanos viviam e conviviam nos terreiros da fazenda. Conhecíamos bois, galinhas, perus e leitões a quem chamávamos por apelidos adaptados a cada uma de suas personalidades. Orgulhosos, indiferentes, preguiçosos ou coléricos, todos exigiam que os tratássemos de forma diferenciada: não tirávamos leite da Caprichosa, vaca magra e trêmula que distribuía rabadas e coices a quem dela se aproximasse, da mesma forma que fazíamos com a vaca Rosette, loura, bonachona, gorda e plácida. Cada animal parecia conhecer o temperamento de seu vizinho e adequar-se a ele. O rebanho formava uma sociedade que se alterava com o nascimento de uma novilha ou com os humores da vaca mais velha; no galinheiro, patos cruéis e pintinhos amarelos de bicos inocentes conviviam entre si e, também, com os cavalos de saúde frágil e sempre de pé, e com os porcos escarrapachados; a fazendeira governava a coletividade global com delicadeza ou firmeza segundo o uso de seu tempo e a prodigalidade de seu molho de chaves.

Subconjuntos variados e fluidos faziam parte do sistema de meação: os animais viviam entre si, mas mesclavam-se com outras espécies, sob a autoridade do homem, da dona da casa e dos filhos. Esse coletivos superpostos não evoluíam apenas segundo as constrições físicas impostas pelo clima e pelas estações ou pela necessidade de se reproduzir e alimentar, mas por sinais e representações, segundo os dias do mês e os indivíduos, submissos ou poderosos: a estatura do touro e a definição de seus músculos, a vulva rosa-porcelana das leitoazinhas, o porte altivo do galo, a parte superior de sua crista e o leque cromático da cauda, a doçura sedutora das novilhas, a cor negra ou leitosa da pelagem dos jumentos que a todos impressionava, pai, mãe, filho ou animal.

Deixemos de lado, por um momento, as causas ou os efeitos da fisiologia ou o corpo-máquina, Descartes e Claude Bernard, para entrar, sem preconceitos, na pura e cosmética emoção a respeito da qual Darwin não se dignou a falar, e na qual encontraremos a própria origem do conhecimento. O terreiro dessa fazenda povoa-se de atitudes e gestos, luxo e porte, arrogância e nobreza, disputas e mesquinharias, plumagens e ramagens, em suma, é envolvido por uma aura perceptiva distinta e singular: vermelha, creme ou azul, intensa ou medíocre, ameaçadora ou tranqüila, competitiva e mimética. Cada animal se exibe em glória, se dissimula ou se acomoda em segundo plano, olha a atitude do outro e a avalia, cheira seu fedor, ouve o cacarejar, piar, mugir, zumbir, grunhir, relinchar, cocoricar, e reage ao que escuta. Ouçam agora com atenção: cada fazenda possui seus próprios eflúvios e odores desagradáveis, seu cromatismo e sua música, tão variados como as pintas nos pescoços dos pombos; é dominada pela voz do dono, pelos uivos de seu cão e rodeada por seu cheiro particular de bolor: adubo, esterco, estrume, excremento de vaca misturado com palha e feno, cocô de pombos, grãos esmagados e a lama viscosa pisada desde o outono. O corpo de cada animal apresenta-se de forma diferente; dança, canta, fede, se exibe de forma faustosa e ostentatória, para se fazer reconhecer e temer, gesticula ou usa de camuflagem para melhor desaparecer. Deixando de lado, pelo menos um pouco, mecanismo e bioquímica, o animal relaciona-se pelo uso desses sinais, e todos constroem uma comunidade para além dos conjuntos celulares, orgânicos e funcionais.

Por exemplo, é claro e ninguém nega que as asas do pombo servem para voar e que, nos primeiros momentos de sua formação evolutiva, o novo membro que conduziu os répteis até os pássaros contribuiu para a regulação térmica dos animais intermediários; se essas duas vantagens existiram, por que não poderíamos descobrir outras e, em particular, a vantagem de exibir-se para os outros? Por que as plumas, as cores, os gritos, os odores que mostram, escondem ou imitam não serviriam também para um tipo de comunicação que não fosse unicamente sexual? Essas aparências sonoras, visuais e odoríficas pertencem a uma rede já conhecida de trocas e de compartilhamento.

Existe um caso melhor em que o jogo perceptivo precede e prepara uma cultura coletiva? Nada existe no terreiro de uma fazenda que não tenha primeiramente participado da rede desse desfile. Desde a idade clássica, para criticar a teoria dos animais-máquinas, La Fontaine não se contenta apenas em relatar certas performances de cervos, perdizes ou castores, ele também conta centenas de *Fábulas* nas quais as diversas sociedades animais se diferenciam por meio de relações sensíveis.

Existem, seguramente, culturas da fazenda como, também, devem existir, sem dúvida, culturas da floresta, mas não posso ser seu testemunho leal porque não as conheço. Sua diversidade depende, em cada lugar, do que o dono escolhe no mercado, se um jumento malhado ou um novilho branco com manchas pretas que muge lamentoso, se a dona da casa gosta de usar saias verdes ou cinzentas que compra de acordo com a estação do ano, ou se deseja um certo par de galinhas-d'angola cuja tosse noturna incomoda os que dormem, ou se a mocinha da fazenda prefere vestir-se de maneira impecável ou confortável. Conheci alguns terreiros de fazenda famélicos que, sob a tirania grosseira de um avarento brutal, viviam com a mesma esperança dos campos de concentração e, também, outros terreiros felizes, de mesa farta e aromática que desfrutei na companhia de um meeiro bondoso e de sua amada companheira: *Poulère* em nada se assemelhava a *Ricoy* e, mesmo sendo vizinhos, um não reinava sobre a mesma cidade e o mesmo terreiro que o outro. Da mesma forma que cada vilarejo ou castelo, colméia ou formigueiro, homogêneos quanto à espécie de seus habitantes, revelam uma civilização própria, as fazendas, ao mesclarem de maneira mais complexa espécies e seres humanos diversos, mudam infinitamente segundo o estilo e o caráter original das combinações, e todas elas passam a exibir uma paisagem feita de combinações cintilantes.

Domesticação recíproca na antiga habitação comum

Na habitação comum, construída e vivenciada cotidianamente, pratica-se de fato uma domesticação recíproca. O homem não impõe suas características aos animais sem que receba as deles: a fazendeira com o cesto amarrado aos quadris requebra-se como uma perua, novilha, marreca ou galinha; o meeiro, como o galo e o bode, lambe os beiços rosados. Na aurora fria, o porco solta vapor pelas narinas da mesma forma que o cavaleiro e o caçador, ao fazerem a mira, mostram seus caninos de porco selvagem; não está muito distante de nós o aborígine australiano que se transforma em canguru. Para conhecer, é necessário imitar e para criar é preciso conhecer; para fazer com que o animal entre no terreiro da fazenda é preciso que o homem o imite e também entre no mesmo terreiro. Essa reciprocidade faz com que todos se sintam à vontade e em casa. Parte do corpo, essa aculturação se faz no corpo-a-corpo em que cada um mostra e recebe. O galo e o porco entram na habitação do homem com a condição de que o homem também saiba entrar na habitação do porco e do galo. A questão da domesticação sofre, então, um deslocamento: trata-se menos de ceder ao antropocentrismo e compreender como fizemos para domesticar alguns animais, do que de enxergar a maneira como se construiu o abrigo comum em que os animais-anfitriões, alojados e alimentados pelo homem-parasita, acabaram por viver em aparente simbiose com ele; para que se prepare esse lugar comum é suficiente que os parasitas se tornem anfitriões, e os anfitriões, parasitas. Iniciada no corpo-a-corpo em meio a todos os seres vivos, a domesticação recíproca passa a ser o outro nome da simbiose que dá continuidade à gênese cultural.

Escalas de domesticação

Com maravilhosa precisão, cada língua revela todos os termos do relacionamento. Um animal selvagem como o tigre ou crocodilo pode ser domado, mas não se reproduz nem no circo nem no zoológico; apenas seu dono pode relacionar-se continuamente com ele, que permanece selvagem para todos os outros homens que não o dominam. Quando um animal é domesticado, isso significa que ele entra em relação com todos ao seu redor e não apenas com um indivíduo; ele passa a fazer parte da família e da vida privada desse homem, como favorito, como sua propriedade. Se, ao se referirem à origem do conhecimento, os filósofos permanecem mudos quanto à cultura comum aos humanos e aos animais, o mesmo aconteceu ao meditarem sobre a origem da propriedade, pois não falaram sobre uma das primeiras apropriações, o adestramento dos animais. Na opinião de Buffon, a pantera é mais domável do que domesticável, e, por simetria, o hamster é mais domesticável do que domável. O animal domado não procria de maneira nenhuma; o animal selvagem domesticado pode procriar, mas sua prole não nasce já domesticada. Dizem que só Orfeu, ou seja, a música, tinha o poder de domesticar tigres e pumas. Nos dois casos, o relacionamento diz respeito apenas ao animal individual, e a domesticação diz respeito à espécie: os filhotes da ovelha e da vaca que, ao contrário, nascem domesticados, não sabem mais voltar ao estado selvagem. Apostaria, de bom grado, que eles não se reproduziriam a não ser sob as condições da emergência de uma cultura e de um conhecimento nessa habitação comum.

É necessário, ainda, diferenciar um animal domesticado de um adestrado; em La Fontaine, o asno, ao sentir ciúmes do pequeno cão, fez-se de vítima: o cão oferece a pata, e o asno dá um coice; que o asno entre no salão e que Martin-Bâton o afugente. Diversos limites ou círculos de propriedade podem ser esboçados: o primeiro reside no próprio corpo (a própria palavra propriedade vem dessa prioridade, e seria adequado que eu falasse, em primeiro lugar, sobre esses novos arranjos); o segundo, na habitação, na qual a família e os amigos são recebidos com seus animais favoritos: uma prima com seu cão e seu hamster amestrado; o terceiro, no terreiro dessa fazenda, entre os animais domésticos, onde o asno zurra e corre; o quarto, ao redor de toda a meação, até nos bosques onde se caça a lebre, o cervo e os selvagens porcos-do-mato, pois o fazendeiro podia conceder ou não o direito de caçar em suas terras; a perdiz desse lugar talvez fosse menos selvagem do que o distante tigre de Bengala. A língua inglesa dá o nome de *rogue*, e o francês de *marrons* aos raros animais que voltaram a ser selvagens: os cavalos selvagens do Oeste americano,[15] os dingos, e os camelos das savanas australianas. Se esses animais tivessem retornado ao estado selvagem, no momento em que se os quisesse domesticar, todo o processo recomeçaria. Esses encadeamentos sucessivos esboçam uma gênese espacial e progressiva da cultura e do conhecimento.

Todos esses relacionamentos supõem que o homem e o animal se encontram ambos num mesmo lugar animal e humano, qualquer que seja sua localização ou sua composição, uma vez que toda a vida supõe um nicho ou um abrigo, uma delimitação no solo, em resumo, uma fronteira. A partir da natureza variável dessa clausura reconhece-se o conjunto de passagens do estado selvagem ao estado domado, da domesticação ao adestramento. Quem poderia permanecer nesse habitat privado sem nele reconhecer-se pelo gosto, cheiro, por sinais e perfis cujas trocas construíram o lugar? Se a domesticação recíproca supõe essa habitação comum, a mescla de fragrâncias, ruídos, ardores, atitudes e exibicionismos dentro dela é muito conveniente. Nessa mistura integradora, reconhecemos a emergência da cultura, a origem do conhecimento que certamente advém do corpo, mas, sobretudo do corpo-a-corpo entre todos os seres vivos. As fábulas e mitos de um passado extraordinário narram, pelo menos a sua maneira, essa aurora cultural.

Conseqüentemente, o saber a esquecerá. Em primeiro lugar, porque o rato das cidades não reconhece mais os outros animais nem a aventura comum vivida durante centenas de milhares de anos junto com os homens. Mas há também outra razão, aparentemente corporal. Não foi por acaso que Aristóteles denominou-nos os mais miméticos entre os seres vivos. Nossos corpos, dotados para tais exibições, associam-se facilmente aos corpos nas habitações comuns da domesticação; os animais, igualmente dotados da capacidade de exteriorizar suas funções, ao objetivá-las, acabam por perdê-las e passam a produzir artefatos. Em conseqüência disso, cada vez mais cercados por objetos técnicos, reconhecem neles funções que lhes são ou que lhes foram próprias, e que literalmente

[15] No original, *mustangs*. (N.T.)

acentuam sua solidão espiritual, visto que o saber arcaico e desvalorizado passa a decorrer menos do corpo-a-corpo com o conjunto de seres vivos do que dessa função-a-função que os novos objetos refletem. A cidade, privada das formas de vida fedidas e coloridas do pátio de animais, tornou-se semelhante a um hangar em que são guardadas as ferramentas. A habitação comum passa também a ser a morada das ferramentas e da política. A vida perde o jogo em proveito da mecânica e do espírito. Melhor: no passado existia um espírito-vida cujo lugar tem sido cada vez mais usurpado por esse espírito objetal. A vida morre. Será preciso compreender essa frase.

Como a natureza penetra nas culturas

No passado, antes do fim do neolítico, ou antes que eu ficasse mais velho, entre a natureza, cuja latitude ninguém sabe mais descobrir, e as culturas consideradas apenas humanas, com seus usos, costumes e belas-artes, existia um habitat em que homens e animais viviam juntos e que a mentalidade técnica das cidades faz esquecer. Esse habitat combinava num espaço comum a agricultura e a criação, das quais os terreiros de fazenda continham tantas variedades quanto as escolas têm meninos, os *campi* universitários têm adolescentes e os asilos têm idosos. Tudo isso ocorreu antes que os animais, anteriormente criados em rebanhos, fossem encarcerados em baias separadas. Clara e distinta, essa mentalidade tinha horror à mistura. Não sei como dar nome às casas de antigamente, o título tem pouca importância, mas escolham à vontade, natureza-cultura, lavoura e pastagem; apenas não gostaria de que, sob pretexto de ignorância, chamassem o que ali se urdia de subcultura.

Domesticação é o verdadeiro nome desse habitat comum que significa, sobretudo, que os homens partilham a mesma habitação com os animais. Em primeiro lugar, não procurem saber nem como, nem quando os humanos dominaram certos animais, mas, sim, quais espaços freqüentam e que espécies partilham. Assim como certos insetos criam outros insetos para sugá-los, comê-los, aproveitarem-se de sua energia e usufruir de seu calor, da mesma forma que o parasitismo acompanha grande parte das ações vitais, a parte essencial do problema da domesticação gira mais em torno da habitação do que do homem e de suas ações. O que acontece nessa habitação de hospedeiros? Como, por exemplo, circulam os signos homólogos num determinado terreiro de fazenda? Nessa sociedade mista animal e humana, já emergem trocas sinaléticas e perceptivas que dão início a um tipo de conhecimento caloroso, comum, recíproco e, sobretudo, verdadeiro, em que se atenuam as estratégias da caça e da camuflagem, sinais destinados a afugentar os predadores. Sim, os animais reconhecem-se, individualmente, segundo a apresentação do corpo, estatura, cor, porte, do som emitido, cheiros, hábitos e movimentos que em si próprios já são representações. Sob o regime da granja ou da cavalariça, as espécies se reconhecem, se repelem ou se toleram naturalmente, classificam-se obedecendo à escala hierárquica do galinheiro, refugiam-se nas tocas e têm seus respectivos nichos construídos pelo fazendeiro; juntos, todos vivem um relacionamento global com a patroa que os alimenta, com as crianças que conversam com eles e com os cães que mantêm com eles uma relação afetiva e os protegem das raposas. Essas percepções em comum representam um início de conhecimento. Sendo a fazenda diferente da floresta, é claro que pela caça, agricultura ou criação os humanos elaboram para os animais um ambiente sempre renovado, da mesma forma como fazem os arquitetos, cientistas e artistas, que constroem novos ambientes para os próprios seres humanos. Cada ambiente original depende, sobretudo, das aparências, das formas e das qualidades secundárias que os animais ou os homens apresentam em seu conjunto.

Essas culturas encaixam-se, distribuem-se umas dentro das outras, empilham-se umas sobre as outras ou se avizinham por meio de encadeamentos sucessivos. As espécies vivem à parte, refugiadas em seus nichos, mas, ao mesmo tempo, dentro do viveiro constroem uma vida coletiva interespecífica, cuja unidade constitui uma coletividade original separada da vida selvagem. Dominados pelos humanos, que nos desfiles animais não temem metamorfosear sua atitude, seu aspecto e porte em focinho de porco, esses encadeamentos sucessivos estendem-se, pouco a pouco, em direção às estepes, às selvas, aos mangues e às florestas, de início pela caça e em seguida no decorrer do que poderíamos denominar a segunda domesticação. Por suas técnicas e pela extensão universal das cidades, essa domesticação atinge, mediante um segundo movimento de aprisionamento, todas as espécies selvagens que se encontram entre a extinção e a proteção quando, recentemente, o universo se transforma na fazenda do conhecimento.

A fonte de La *Fontaine*

As ligações corporais e perceptivas que os animais entretêm com os de sua própria espécie podem ser encontradas, de modo quase imutável, nas reuniões humanas em que cada um reconhece os hábitos do outro, quer sejam eles ricos ou pobres, estejam ou não na última moda ou possuam sotaques parisienses, estrangeiros ou provincianos. Ao procederem assim constroem em conjunto as hierarquias que seguem esses simples sinais distintivos. Tentem compreender esses coletivos por meio de sua redução aos viveiros animais. Um certo tipo de pluma imita a cauda do galo, e alguma prerrogativa designa a seqüência dos porcos frente ao bebedouro. Inversamente, a fazenda permite compreender que a cultura e o conhecimento nascem dos corpos dos animais e dos nossos mediante sinais corporais que eles estabelecem nas comunidades entre si e conosco. O fato de que os tenhamos esquecido e que, às vezes, só nos lembremos deles pela linguagem exageradamente complicada de alguns fenomenólogos não se opõe de maneira alguma a sua característica agreste e a sua imediata complexidade.

Pretender que o Leão, que possui quatro patas, como o Cervo, a Novilha, a Cabra e a Ovelha, copia os mesmos gestos de um Rei-Sol qualquer, enquanto o Lobo, a Raposa, o Urso e o Tigre representam os aristocratas, e que o Asno e a Lebre obedecem como toscos e lacaios, tudo isso faz rir às gargalhadas os camponeses que fomos e que continuamos a ser. Seria necessário, inicialmente, que a sociedade latina tivesse uma semelhança de gêmeos com a sociedade clássica francesa e que esta última se assemelhasse às coletividades da alta Antigüidade grega ou hindu, para que os mesmos esquemas de Esopo a Fedro, de Pilpay a Benserade pudessem ser aplicados. Quantas vezes o leão e os outros mudaram de nome, imagem, modelo e máscara? Passamos por essa história social bastante placidamente, embora ela tenha fascinado apenas os críticos franceses entorpecidos pela política.

Isso tudo cria um contra-senso: as *Fábulas* representam tão pouco nossas sociedades humanas, que estas, ao contrário, sempre retomam e imitam os grupos animais. Esses pequenos poemas não mostram nem a cidade, nem a Corte, mas diretamente o viveiro e a clareira, cujos usos e costumes se refletem, às maravilhas, nos tribunais, nas reuniões públicas, nas praças e feiras, nos salões e nos palácios. A aplicação, a leitura e a tradução dessas *Fábulas* não levam os coletivos humanos em direção aos animais, mas, no sentido inverso, os animais aos humanos. A fonte de La

Fontaine, de Fedro e também de Esopo e de todos os outros fabulistas, que flui de forma simples do bebedouro comum aos cavalos, aos bois, aos canários e aos cães localiza-se bem no meio do estábulo e do feno, nas pastagens da floresta, onde os cervos matam a sede intimidados pelos lobos e pelos porcos-do-mato. Reconheçam no rei ou em qualquer pequeno chefe, o colono arrogante, o galo com suas plumas e vaidade; identifiquem o traseiro obsequioso das galinhas nas costas curvadas dos cortesãos, associem a galinha-d'angola, a perua e a pavoa às alegres estampas das saias da marquesa, estonteantemente perfumada por sínteses químicas de grife, que deixavam atrás de si os eflúvios poderosos das substâncias atraentes aos machos; homens e mulheres mostram sinais corporais, nem menores, nem melhores do que esses pássaros; a representação por meio de gestos e atitudes, hábitos e cores, sotaques e aromas reprisa sem grandes mudanças os gritos e tagarelices, as plumas e as sedas, o porte dos pescoços, as bicadas e os cheiros intensos do chiqueiro e do galinheiro; do mesmo modo a hierarquia social conserva de modo invariável os traços da dominação animal e os reproduz em seu processo cumulativo. Nos palácios reais ou presidenciais, nos escritórios de administração ou nas empresas, na paróquia do bairro ou na casa do presidente, reconheço rapidamente e sem erro, o galinheiro e o chiqueiro, os rancores malcheirosos da concorrência, a seqüência dominante dos babuínos e chimpanzés cuja hierarquia social impõe a cada um cheirar o cu do predecessor e fazer cheirar o seu pelo sucessor com azedume ou prazer. A língua explica, corretamente, que a palavra sociedade deriva de seguir ou de seqüência. Tudo que precede ou que se segue aplica-se bem ao *Romance da senhora raposa.* A moral de cada fábula repete, certamente, os usos singulares e os costumes locais, mas a lição de todas elas diz que nessas sociedades, sempre mergulhadas no lodo e na aparência, o Homem ainda não havia nascido. Isso tudo causava o desespero de La Fontaine, assim como o meu, fato que o forçou a escrever, além das *Fábulas,* apenas sobre o Amor em seus *Contos* ou em *Psiquê,* textos em que a humanidade finalmente apareceu. Escolham: ou o Amor ou a Bestialidade; não conheço escapatória para essa bifurcação.

Os homens começam, entretanto, a nascer justamente dessa bifurcação.

Junto com seus predecessores, La Fontaine compôs cinco tipos de fábulas: as que agrupam os animais selvagens: *A cigarra e a formiga,* em que a segunda coloca a primeira em perigo de morte; as fábulas que misturam animais domésticos e selvagens: *O lobo e o cão,* em que, ambos correndo o mesmo perigo, o predador deseja transformar-se em parasita, e o parasita, em simbionte — a fábula mostra o exato momento dessa transição —, *A novilha, a cabra e a ovelha em sociedade com o leão*, em que os herbívoros da fazenda parecem caçar uma fera, *Os animais doentes pela peste*, que sacrificam um asno, animal doméstico; as fábulas que colocam os homens na presença dos animais selvagens: o urso que fere a cabeça dos que amam os jardins; as fábulas que contam como os homens que coabitam com os animais os tratam; enfim, as fábulas nas quais os homens convivem entre si tratando-se com violência ou amenidades: como *O juiz árbitro, O hospitaleiro e o solitário*. Esses cinco gêneros compõem uma gradação, cuja escala descreve a ascensão lenta e violenta em direção ao humano. Será que alguma vez percebemos que a primeira dessas *Fábulas*, que descreve momentos de selvageria contra selvageria, abre o conjunto do fabulário e que a última delas, eremítica e generosa, o encerra, como se partíssemos de sinais de morte para, aos poucos, construir não apenas uma cultura, um conhecimento, mas, finalmente, uma sabedoria? Livre e solitário, o homem libera-se da aventura comum do ser vivo e dessa sociobiologia um pouco tardiamente em relação às *Fábulas*. Se não vive sozinho, torna-se hospedeiro e não parasita ou especialista em direitos, ou seja, em contratos.

Leão da montanha e leoa-marinha

Que eu saiba, em nada diferimos quando fora da fazenda, ao partir para a caça, descemos nessa escala. Sem as ligações refinadas que desde a aurora dos tempos os humanos e os animais instituíram entre si, as táticas de aproximação, as estratégias das perseguições falhariam lamentavelmente: Gaston Phébus[16] ou Xenofonte repetem, em nossas línguas, os gestos ancestrais que os ameríndios e os aborígines da Austrália exaltam. O caçador conhece sua caça tão bem como a presa seu predador, e, juntos, formam uma coletividade interligada por extraordinários sinais de ostentação, intimidação e camuflagem. As sociedades de caça não só agrupam os humanos, mas associam-nos aos caçados, razão pela qual Ateão se transformou num Cervo. A fábula nutre-se dessa metamorfose e desse totemismo, testemunhos da idade da caça, da mesma forma que penetra os tanques nos quais os animais bebem desde a domesticação. Mediante fronteiras permeáveis, habitação e floresta comunicam-se como se os bosques conduzissem aos subúrbios, aos lugares interditados da casa, da fazenda ou da cidade.

[16] Gaston Phébus nasceu em 1331 e escreveu o *Livro da caça*. (N.T.)

Não tenho experiência alguma na arte da caça, mas aconteceu-me certa vez, ao acaso de uma longa caminhada, encontrar alguns animais selvagens: essa minha saída das esferas definitivas da domesticação, coisa rara naqueles dias, foi minha única e humilde experiência na floresta. Assim como o modelo da cidade invade os espaços até quase devorar o campo, nossas relações com os animais despertam neles um medo universal frente às condutas do Exterminador. Antes dessa época, ainda recente, alguns navegadores do século XVIII testemunham que as feras, realmente selvagens, sem experiência sobre o Matador universal, ofereciam-se a ele sem demonstrar terror. Bem recentemente, os pássaros da Nova Zelândia morreram por pousarem sobre a mão de ferro dos inimigos, cuja crueldade respaldada pela impunidade condenou ao silêncio a mais suntuosa orquestra da criação. Em lugar dessa ruptura, que ocorreu no passado entre os animais domésticos de um lado e os animais selvagens do outro, existe hoje um conjunto fluido e contínuo no qual o ambiente mundialmente humanizado estimula o segundo momento de domesticação, no qual todos os seres vivos se conduzem como se suspeitassem estar em risco de erradicação.

Mesmo sem ser dotado de coragem mediana, não senti nem medo nem tremores, ao contrário do que se lê nos livros em que os filósofos descrevem as emoções em meio a exemplos abstratos, quando, em uma bela tarde de verão californiana, um longo tête-à-tête que tive com um puma da montanha obrigou-nos ambos a um exame cuidadoso de nossos respectivos corpos. Esse êxtase fez com que penetrássemos um tipo de túnel comum, cujo silêncio nos tornou um a presa do outro e fez o mundo ao redor desaparecer; essa situação sem escapatória poderia ter engendrado o terror. Aparentemente, tudo se decidiu novamente pela percepção das aparências: o primeiro dos dois a baixar a cabeça perderia sua soberba e, ao fugir, aceitaria endossar o papel do caçado que curvaria a espinha e desviaria os olhos; aquele que, no entanto, não mostrasse as costas triunfaria na experiência. Denominei tudo isso de cosmético: o porte do corpo, pescoço e olhar, a coluna vertebral ereta, imobilidade, mas igualmente, orgulho, nobreza, lentidão e, talvez coragem, se entendermos por isso uma soma vaga dessas impressões sensíveis nas quais o porte, a cor, a presença da roupa, a calma do rosto e do enfrentamento, coisas ainda completamente corporais, adquirem importância e significado total no momento em que a própria morte se aproxima. Quando, lentamente, levantei os braços ficando na ponta dos pés para aumentar um pouco minha estatura, a perigosa fera também afastou-se bem devagarinho sem deixar de fixar minha face. Não se luta com um tipo de gigante como esse era o lamento que parecia emanar da fera. Depois de nos exibirmos um para o outro e de examinarmos nossos corpos verdadeiros, sem disfarces nem camuflagem, nós nos deixamos. Como o Lobo que, com os ossos visíveis sob a pele retornou para a liberdade da floresta e o Cão escravo que, com o pescoço pelado, retornou à cidade. Deixamo-nos depois de nos ter conhecido.

Paramentados para se conhecer

Esse conhecimento começou pelo desfile, palavra deliciosa e exasperadora, originária da sociedade, que se estende ao cortejar amoroso e, depois, às posturas simples do corpo: demonstração e vaidade, exibicionismo, vitrina e ornamento, cerimônia, parada, logro e sedução, defesa e contra-ataque, sinal e pantomima e, também, as aparências concretas. Mas o sentido do nome é mais amplo do que a família semântica, na qual se encontra a palavra aparato: minha camisa amarela e seu vestido mosqueado; emparelhar: em que direções opostas nós dois, homem e puma, nos afastamos? Imperial: que dignidade selvagem seu porte testemunhava? Parceiro: esse animal irmão que se encontrava a minha frente estava apartado de mim? Participação: o que então fazíamos nós dois juntos, desafiando-nos mutuamente, senão participar de uma domesticação recíproca? Parentesco: que gemelidade recíproca nos unia? Parto: que novos corpos nasceram depois de tal encontro em que ambos nos encontrávamos ávidos de um novo conhecimento? Para nossa respectiva serenidade, nunca mais deveríamos usar verbos como separar ou preparar. Este último ato, mais do que qualquer outro, foi o que me reteve, pois, na verdade, uma cultura e um conhecimento preparam-se, começam, debutam, emergem a partir desses desfiles corporais, gestuais, posturais. Em resumo, a própria palavra em si revela melhor do que minha pequena história e sua filosofia, como se a tradição já as conhecesse.

No final, quem me salvou desse mau passo foi a velha cultura de viveiro, marcada pelos desfiles de galos, porcos, cavalos castrados e bodes. A minha antiga análise sacrifical da corrida de touros faltavam, entretanto, a roupa brilhante do homem e a roupa negra do animal, a forma dos chifres e a forma da capa, a atitude nobre do torso curvado do toureiro e o crânio taurino levantado. Tudo se decide no desfile. Esse desfile não se deve reduzir às danças sexuais que induzem à cópula, como o fremir do pescoço vermelho do pelicano macho, pois, dessa maneira, reconduziríamos o animal à fisiologia da reprodução e à seleção. Não, essa sedução amorosa também é parte integrante dos apelos, sinais e fedores cujos rituais variados formam as culturas animais, tão contíguas às humanas, que ambas podem interconectar-se facilmente na caça, na fazenda e em encontros perigosos. Será que, enfim, o mimetismo não permitiria que uma espécie pudesse "compreender" a outra e que se utilizasse desse "saber" por uma substituição sutil?

O animal nos faz perceber que o saber nasce com a aparência do corpo, músculos, forma, gestos e movimento e que o desfile o prepara. Ou: nada existe no conhecimento que não se organize dentro dele mesmo.

Charmes

Teremos aqui, além do mais, uma verdadeira gênese de nossa idéia de beleza, o início da irresistível influência do charme sobre nossos corpos petrificados? Dancei sobre a água e debaixo dela com uma leoa-marinha dócil, sedutora e encantadora na imensidão de uma ilha do arquipélago de Galápagos. Eu tentava flexionar meu corpo no mesmo momento e da mesma maneira que ela o fazia. Se ao nadar eu esboçava um movimento, ela imediatamente o imitava; eu subia para a superfície ensolarada, e ela me puxava sinuosa para o verde das profundezas, sob a falésia repleta de tartarugas, entre os bancos cheios de peixes dourados, vermelhos e verdes. Diante de nós, por outras vias coreográficas, as três dimensões insólitas desdobravam-se em inúmeras virtualidades e ofereciam muitas e novas escolhas; acredito que enquanto ambos pensávamos no amor, como se estivéssemos em vias de fazê-lo, ouvíamos músicas semelhantes, rápidas em seu conjunto, às vezes lentas, às vezes fulminantes, sempre no mesmo tempo e no mesmo ritmo que ultrapassavam as barreiras da ausência e da espécie. Apuleio[17] e, depois dele, La Fontaine narram, num conto em que os homens se metamorfoseiam em feras, que Psiquê também tinha feito amor com um tipo de monstro invisível, sempre nas sombras ou à noite. Sim, eu percebia que a leoa tinha conhecimento de que eu sabia que ela me observava; sabia que eu nadava como ela e da forma que ela queria que eu nadasse. Como denominar esses olhares submarinos, esses sinais de for-

[17] Apuleio, autor do século II d.C. Integrante da Segunda Sofística, escreveu poemas e tratados técnicos sobre árvores, medicina e astronomia. (N.T.)

mas e de contorções motoras, esses apelos de dois corpos diferentes mergulhados na estática densidade do mesmo volume elementar, como denominá-los, a não ser emergência do charme antes da iniciação de um dispositivo de transmissão de informações, de primeiras notas de um solfejo ou do abc de um alfabeto?

Quando La Fontaine, em suas *Fábulas*, narra o que dizem o Leão, o Corvo ou os pequenos Peixes, acredito que ele esteja dizendo a verdade. Pois durante aquele miraculoso *pas de deux* passamos ambos aos reconhecimentos explícitos. Eu antecipava nos gestos da leoa que ela havia previsto minhas orientações como só as melhores bailarinas sabem fazer e que ela me compreendia tanto quanto eu a podia compreender. Subjugados pela reprodução imediata e recíproca de nossas figuras, dançamos, permanecendo face a face durante mais de 20 minutos, num longo adultério. Por essa palavra censurada entendam que me tornei o outro e que esse outro tornou-se eu, até o momento em que um macho, de cerca de três toneladas de massa negra, viesse lembrar sua fêmea de seus deveres e ao homem, especificamente, de sua solidão nua e crua. Lânguidos separamo-nos lentamente um do outro e, para nossa infelicidade, tristes por nos havermos conhecido de modo tão rápido e breve.

O *outro*

Mesmo que jamais nos toquemos, gosto de caminhar em silêncio na atmosfera de sua fragrância, de banhar-me até sufocar na volúpia de seu olhar. Meus sentidos vibram sob a musicalidade de sua voz; ao sentir seu corpo longilíneo mover-se a meu lado, meus ossos se desfazem completamente, fundidos no halo de seus cabelos desgrenhados; que alegria percorrer a costa e a planície, os bosques e a florestas, a praia e o rochedo, como em um *pas de deux,* em passos harmônicos e suaves, em ondulações semelhantes e suspiros ritmados. Meu corpo foi subjugado por seu charme de leoa dançarina, por sua velocidade de puma selvagem. Por seu poder de touro, por sua cabeça dourada, ereta frente à luz e à morte; você me encanta e me suplicia antes que falemos de abstrações interessantes.

Essas abstrações pretendem ressuscitar a ligação elementar, cuja angústia aprisiona nossos corpos num refúgio de cuja abóbada ressoam sinais, risos, nuanças e gestos de violência incontida, de hálitos perfumados e sob a qual o mundo desaparece. Dentro desse refúgio, sob esse respiradouro, atrás dessa lucarna, transformado em fera acorrentada por um desejo selvagem, luto com você já metamorfoseada e, mediante gestos inesperados, heróicos e preciosos, busco libertar-me desse desejo e entrar transbordante de sensações, no paraíso da filosofia cujo diálogo procura, precisamente, o lugar da domesticação recíproca, da via comum por onde se extirpa a carne odorante e ferida consumida pelas queimaduras, lacerada pelos ruídos, em direção à habitação compartilhada, em que os argumentos se esclarecem e se harmonizam. Sem esse encantamento preliminar, de que adiantaria a razão? De onde surge o anjo senão da fera?

Os *outros*

Mesmo que jamais nos toquemos, gosto de falar para um público composto de diversas cabeças, como a Hidra. Quanto mais numerosos os olhares, mais intensa a fascinação; quanto mais terrificante a angústia, mais extraordinário o contato. Sim, tenho vontade de fugir. Começa, então, o corpo-a-corpo do discurso com o silêncio e contra ele. Tudo se passa por meio dos sentidos — ou nos sentidos. O matador convoca os 666 touros, chama-os, excita-os, faz com que estremeçam de raiva e desejo, provoca-lhes a ira e a estupefação. Cegos e mudos, os touros começam a resvalar em desabalada corrida pelo anfiteatro para, à direita, atacar a capa vermelha sobre a espada do toureiro e, à esquerda, para enfrentar os gestos sutis, finos e ondulantes, semelhantes às manobras estilizadas do toureiro Manolete[18] e os volteios que se aproximam do adejo das mariposas e que perseveram ambos nos atentos caminhos da compreensão. Tudo isso acontece até o momento em que, esgotados, bruscamente aniquilados, os touros, completamente enregelados, são retirados da arena. Meu corpo retorna à dança, cita, excita-se, chama, bate o pé sobre o chão e com o chapéu anuncia que vai matar a fera na hora marcada e no ponto fixo do círculo. Outra vez, a multidão de corpos, galos, cachorros, porcos, bodes, vacas, galinhas, peruas, canários, pumas, leões e touros enlouquecidos de raiva ou entusiasmo se precipitam como uma tempestade pelos caminhos da habitação da domesticação. Cada indivíduo, ao correr em resposta ao chamado do dono fazendeiro ou do toureiro, por si só representa uma espécie que se

[18] No original manoletinas e mariposas, expressões intraduzíveis em português. As manoletinas são uma óbvia alusão às manobras de Manuel Afonso Rodrigues Sanches, Manolete (1917-1947), famoso toureiro espanhol celebrizado pelas sutilezas gestuais que executava nas praças de touros. Foi ferido mortalmente em sua qüingentésima oitava tourada. (N.T.)

oferece, de cabeça baixa, à capa vermelha e à espada. Inversamente, todas as crianças, homens e mulheres, correm em multidão para atacar o touro solitário, a vítima do sacrifício no centro da arena. Existiria um encadeamento, um discurso, uma argumentação do próprio sentido sem esse face-a-face, sem esse pele-a-pele ou corpo-a-corpo, sem as lutas selvagens, as ostentações grosseiras, a caça, a dança, os risos eróticos, os gritos amestrados, sem os esquivamentos aprendidos, as camuflagens convencionadas, as mímicas coletivas e esse ritual sacrifical que os antigos comportamentos dos animais das florestas e posteriormente do viveiro introduzem tanto nas salas de conferência como na Corte?

Quem faz uso desses costumes gosta deles? Talvez os odeie e só os desfrute no momento da fusão, contranatural e plena de abstrações, entre o homem solitário vestido com a roupa brilhante de toureiro e o monstruoso Leviatã, fera construída de animais domésticos e selvagens ou, inversamente, na arena, no momento da fusão do animal sacrificado com a multidão, que desce o anfiteatro enlouquecida, em resumo, na arena central, no momento da fusão dessas duas figuras, do centauro formado pelo homem e pelo animal com a multiplicidade dos animais *sapientes*, produto final da domesticação recíproca na habitação comum da cultura: terreiro de fazenda, túnel de encontros, arena, templo, escola, circo, orquestra, teatro, debates políticos. De onde surge a sabedoria, senão desses animais?

A *dialética do jovem e do velho wapiti*[19]

Hegel descreve maravilhosamente essas atitudes, mas não as coloca em seu verdadeiro nível, pois a dialética do senhor e do escravo não caracteriza a conduta humana. A luta pelo reconhecimento opõe, igualmente, dois galos que se desafiam com bico e esporão, dois cangurus que lutam como boxeadores e dois cervos wapiti, um jovem e um velho, que enganucham seus chifres durante a disputa; tudo isso ocorre sem ser apenas pela posse do conjunto das fêmeas. Quando dois *sapientes* chegam a reproduzir esse cara-a-cara, reativam em si e entre si uma conduta freqüente no reino animal, utilizada para conseguir prestígio, algo muito valorizado por seu respectivo grupo, mas inteiramente brutal e privado de informação.

Por quê? Porque desse desfile comum, nada surge de novo, a não ser a resposta provisória para uma pergunta já feita até a saturação: quem é que

[19] Cervo americano de grandes proporções, também chamado *Cervus canadensis*. (N.T.)

predomina? Um ou outro conforme o momento, pois ninguém pode permanecer sendo sempre o senhor. A repetição da pergunta e da conduta correspondente produz apenas o eterno retorno dos encadeamentos musicais ao interior do programa da espécie. Teríamos alguns testemunhos sobre o fato de que a consciência de si mesmo não ocorre em nenhum dos casos, nem para o animal, nem para os adversários humanos, uma vez que obter esse prestígio só faz repetir um esquema programado multimilenar, inscrito tanto entre os babuínos como entre os dingos, pelo qual o dominador permanece tão fera quanto as feras.

Trata-se muito mais, sem dúvida, de tentar despertar uma consciência desse gênero, método que falha e conduz apenas à resignação monótona de executar servilmente algo já prescrito e, assim, fazer parte da horda responsável pela organização de uma hierarquia que começa muito cedo na evolução dos seres vivos. Nada resulta desse automatismo programado.

O *amor, e não a guerra*

Reconheço e demonstro que essas condutas já constituem um atrativo em direção à cultura e integram a gênese aqui seguida, mas essa argumentação conduz a um beco sem saída: os animais permanecem em seu êxtase, e os homens voltam ao programa instintivo, o que serve, entretanto, para promover o relacionamento e a fraternização de uns com os outros para além das fronteiras das espécies; na verdade, nada mais eficaz para a domesticação recíproca e para a metamorfose dos humanos em animais do que a dialética wapiti do senhor e do escravo-cervo.

A necessidade de reconhecimento faz mergulharem corpos e bens no lago das espécies; ao contrário, a consciência de si mesmo para emergir assume um caminho mais oculto que supõe que prestígio e hierarquia sejam esquecidos. O cara-a-cara com o puma reduziu-nos, ambos, à reprodução de desfiles aprendidos, e deixamo-nos como os dois vaidosos desiludidos que éramos antes. O corpo-a-corpo com a leoa na imensidão oceânica tridimensional fez com que ambos criássemos mil gestos novos; ela me ensinou algo que eu ignorava e, talvez, tenha aprendido de mim gestos desconhecidos por sua espécie marinha. Tudo isso pressupõe charme e encantamento, e renúncia à situação de dominação ou, coisa mais difícil ainda, um certo compartilhamento dessa situação em momentos sucessivamente concedidos. A consciência de si nasce dessa nova domesticação recíproca.

A partir de então, a consciência no sentido estrito de "ciência do com", transforma-se. Ao comparar a performance do outro com a modéstia de sua própria insuficiência, a consciência compensa essa insuficiência meditando sobre um novo modo que permite construir uma consciência temporária de si, contemporânea da consciência dupla do outro e das coisas por ele dominadas. Sem obter nenhum benefício na busca de predominância, mas, ao contrário, desvantagens, surge, então, o verdadeiro sujeito, cuja respiração se libera ao ver o outro aceitar, de vez em quando, submeter-se. Em vez de tolhê-lo, a dança flexibiliza seus passos.

Piscando com e de acordo com o piscar do outro, o sujeito nasce do outro, e o outro nasce por seu intermédio; em seguida, ambos sobrevivem nutridos por essa mesma vibração feita de clarões e ocultações. O sujeito se conhece desde que reconheça sua sujeição e também admita seu próprio assujeitamento. Justamente naquela manhã o pesado e negro senhor vem interromper essa gênese modal e cômoda de modelos, do mesmo modo que vocês realizam esse processo lento de aquisição em *quomodo*, cujo progresso morre a partir do momento em que a pesquisa do poder aparece. Jamais aprendemos ou dizemos qualquer palavra de filosofia sem constantemente perguntar: Como? — a única questão da modalidade. De fato, só existem modalidades de consciência a ser moduladas de tempos em tempos. Prestígio e estupidez chegam ao mesmo tempo, termo mil vezes justificado. Nos mitos e nas *Fábulas*, a luta pelo prestígio opõe os humanos que se metamorfoseiam em animais pela perda da consciência de si mesmos. Quanta cegueira é necessária para não enxergar a evidência de que a luta pelo reconhecimento, que ninguém pode dar porque todos o desejam para si, fatalmente termina com a perda de toda consciência e com o êxtase de uma droga? Gostaria de demonstrar que essa transformação brutal, ainda que repetitiva, encerra para sempre a gênese da consciência de si.

Concebida por Psiquê, seu título poderia ser traduzido como *Genèse de l'âme aimée par l'Amour* [Gênese da alma amada pelo amor]. Com efeito, qual a relação conhecida que os termos precedentes, todos eles cintilantes, descrevem a não ser a ligação amorosa com todas as suas atribulações, dores, ausências e deslocamentos? Defrontamo-nos com a dialética quase desconhecida, mas poderosamente eficaz de Cupido e Psiquê. Nela nenhum sujeito aparece antes que alguém, que ele não pode ver nem compreender, à noite lhe diga que o ama. A criança nasce como corpo-objeto do ventre de uma mulher, depois, uma segunda vez, como sujeito virtual pelas palavras e gestos de ternura de sua mãe, e uma terceira vez, então adulto, como sujeito efetivo sob a condição das palavras de amor de sua amante, título esse inúmeras vezes justificado anteriormente, uma leoa, puma e touro, amante que ele mesmo, a partir dessas formas faunescas, por palavras de amor recíprocas, transformou efetivamente em sujeito. A Fera transforma-se em Bela. Ninguém lhe negará o prestígio, o coletivo o ignorará e o ridicularizará, mas cada um criará sua própria existência, sua incomparável cultura e seu conhecimento singular. Amor-recriação-recriação. Segundo os momentos dessas cintilações compartilhadas, a habitação comum de Cupido e Psiquê se construirá ou nas alturas, imensa e transbordante de riquezas e de obras de arte, ou como uma miserável cabana na montanha, construída na imensa solidão. A consciência de si mesmo e do outro permanece como uma consciência infeliz: existem grandes amores coroados? Lutando pelo próprio reconhecimento, as irmãs de Psiquê caíram e morreram porque se lançaram em busca dessas alturas.

O *mistério da morte imanente aos conhecimentos*

Uma morte comum circunda todas essas habitações da cultura: o fazendeiro mata galinhas, bezerros e porcos; por ignorar que meu desejo não era caçá-los, o puma dispunha-se a me despedaçar, a leoa-marinha, ultrajada, preparava-se para expulsar o intruso de seu ninho; meu corpo sacrifica-se diante dessas práticas sem trégua; o discurso público indica um linchamento iminente; em cada um desses desfiles dialética e morte desafiam-se mutuamente, e o terreiro da fazenda perpetua-se, porque a fazendeira adia o abate anual dos gansos e dos perus, que sobrevivem mais uma estação; nosso conhecimento dos animais selvagens depende da suspensão e do insucesso de nossa caça; e o conhecimento deles, com freqüência fracassa, tornando-os tanto mais cruéis quanto mais próximos estejam de quase morrer de fome; o anfiteatro preenche sua função porque a multidão adia o linchamento do orador, que continua são e salvo para mais um discurso; em geral, a cultura se forma por um retardamento indefinido da morte. Ela se perpetua da mesma forma como a espécie o faz, sacrificando o indivíduo? Esse corpo-a-corpo a partir do qual o conhecimento se constrói implica um assassinato. Desde o início e durante todo seu transcorrer, o mal e a violência mortal associam-se aos saberes e às culturas, como um pecado original. Atualmente, os problemas encontrados pelas ciências, da bomba atômica à erradicação das espécies, fazem lembrar esse aspecto primordial. Esse pecado original sempre aconteceu.

Da mesma forma como existem nas ciências dois princípios importantes que enunciam as constantes de força, existiria também uma quantidade invariante de violência? Talvez. Nas ciências mecânicas ou na termodinâmica, essas constantes asseguram o tratamento racional de todos os problemas, permitindo equilíbrios e equações. Essa invariância da quantidade de mal nos espaços coletivos e nos tempos históricos asseguraria, da mesma forma, o tratamento racional das questões humanas. O mal admite a razão que, em retorno, recorre à constância do mal. Enquanto o mal se conserva, ela continua perversa. Para abolir essa necessidade seria conveniente que se rompesse a invariância, que se invertessem ao mesmo tempo os equilíbrios racionais e as equações de vingança, que se inventasse um diferencial de desestabilização que faria nascer outro estado. O primeiro a oferecer a outra face a quem deu a primeira bofetada destrói o equilíbrio de proporção e justiça e, por meio dessa tentativa heróica, começa a dissolver a constância. Como vantagem suplementar, quem aqui se torna sujeito, a não ser aquele que se submete? Renunciem ao prestígio e à dominação, e uma nova razão nascerá. Essa razão permanece ainda mergulhada, sufocada, arruinada no lago das espécies? Certamente. O *campus*, o laboratório, a biblioteca assemelham-se a algumas habitações da cultura parecidas com as clareiras em que os cervos se chifram ou com os terreiros de fazenda em que os porcos chafurdam, tão entorpecidos pela dominação quanto as elites. Como Anadiomenes,[20] não nos libertaremos desse afogamento arcaicamente programado a não ser que deixemos para os animais a luta repetitiva pelo reconhecimento, o eterno retorno do prestígio que indefinidamente volta para o animal. Mesmo no conhecimento, o trabalho do negativo morre de tanto ser repetido. O homem como espécie só pode nascer do Amor.

H*orrores e delícias: de onde viemos*?

Quem cuidou de vacas e viveu no campo sem paixão pela caça e conseguiu fazer disso uma prática das sociedades, da vida e das culturas animais pode conversar à vontade com os pássaros, como São Francisco, pedir aos pavões que abram suas caudas, colocar-se em posição de sentido frente a um puma ou dançar com uma leoa-marinha e ridicularizar em tudo os

[20] Antiga deusa grega do amor e da beleza, identificada pelos romanos com Vênus. Também chamada Anadyomene, Cypris, Cytherea. (N.T.)

animais-máquinas, exceto para repensar esse maquinário. Camponês, marinheiro e franciscano, amo os animais de todo meu coração. No entanto, o medo dos cães, que imitam com seus dentes as paixões de seus donos, faz com que eu deteste os animais de estimação e, no sentido inverso, passe a ler deliciosamente Claude Bernard e a bioquímica. Cientista e rato do campo, tenho horror aos animais. Não sei o que mais detesto, se sua escravidão doméstica ou a imperdoável infelicidade de sua selvageria famélica; odeio nos homens tudo aquilo que os aproxima desse abominável estado.

Nossos semelhantes, esses seres vivos suscitam piedade porque jamais abandonam a fascinação. Eles nos encantam porque vivem encantados? No fundo dos olhos enfadados das vacas, dos golfinhos e das leoas-marinhas, nos olhos arregalados do velho gorila macho coberto de mechas embranquecidas como as minhas, com o qual passei uma longa tarde, andando de um lado ao outro de sua jaula, reconheço uma embriaguez que oprime sua existência e a mergulha num sonho acordado como em um êxtase. Será que eles conseguem nos ver de verdade, quando olham por essa fresta direta e negra talhada em suas frontes como uma muralha alta e baixa que oprime suas bocas em desespero? Sobrevivemos de esperança, seja ela curta ou eterna, evoluímos ao ritmo fulminante de nossos pensamentos; para eles, no entanto, a esperança só pode ser concebida ao longo de milhões de anos de evolução que deixam imprevisíveis quaisquer mudanças raras e contingentes. Seu tempo interminável não cede nenhum lugar para a esperança. Que pesadelo viver assim, como se estivessem sob o efeito de drogas pesadas, obrigados a comer sem descanso, a matar, a lutar pela sobrevivência, sacrificados à castidade ou à propriedade esgotante de todas as fêmeas, à reprodução monótona, à lei vital e implacável da selva! Por qual milagre nos libertamos um dia desse viveiro, dessa jaula-porão, dessa prisão em que as ligações co-evolutivas entre os corpos criam encadeamentos soberanos, racionais, impossíveis de quebrar? Que inimagináveis ancestrais partiram um dia dessa masmorra; de que maneira, e além de que deserto, subitamente descobriram a Terra prometida onde, frente a incomparáveis riquezas de mel e leite, conseguiram desvencilhar-se desses grilhões? Seria necessário pensar que, a partir desse dia paradisíaco em que nos reprogramamos, nos tornamos uma espécie de seres errantes em busca incessante pela mesma libertação, ainda que por outra janela? Abandonamos esse nicho repleto de dificuldades porque ali se repete a tensão dos mesmos grilhões. Inventamos porque nos transformamos nesse animal nômade em busca da descoberta da primeira invenção. Não mais clareiras, não mais terreiros de fazenda, não mais habitações, não mais cidades e sim a estrada constituída pelos lugares sem pista dos caminhos.

Do lado de cá da densidade temporal que nos separa desse desvio, dessa instabilidade inicialmente favorável, acredito lembrar dessa antiga jaula, dos momentos arcaicos terrificantes, nos quais eu me arriscava a viver da mesma forma e com a mesma ambição que meus semelhantes, atirado ao poço animal da disputa mortal, entre as fragrâncias fulvas dos machos no cio e das fêmeas em frisson frente aos galões, penachos e plumas. Que taumaturgo me liberou disso? Para que viagem sem objetivo? Que tipo de amor projeta *Psiquê* ou a Alma para além da loucura mortal implicada no ciúme bestial de suas irmãs? Que suspiro de zéfiro afasta a filha do trágico peso das *Fábulas* em que vivia sua família? Ela se atirou das falésias, o vento a recuperou e elevou: sem milagre, ela se afastou de seu equilíbrio. Que suas irmãs tentem a mesma coisa e quebrem seus pescoços no fundo do precipício. Prova do risco que se corre num jogo com tamanho cacife. Que acontecimento contingente nos fez abandonar igualmente a redução racional aos mecanismos simples, as leis da luta pela vida, a pressão do melhor e do mais adaptado, a obrigação de produzir o maior número possível de filhos para ganhar? Que desvio das leis dos animais fez de nós exodarwinianos?

A libertação decorre do caminho genético dos signos que, por raros fragmentos, os animais também tomaram emprestado e que, às vezes, pode nos levar até eles, justamente porque nós os seguimos até o momento casual em que os deixamos? Portadora de cores, gestos e aromas, essa rota atravessa a fresta de seus olhares, os orifícios de seus olfatos ou de seus órgãos termossensíveis, passa pela luminosidade de suas estreitas lucarnas; alguns apelos, sons, algumas palavras alcançam também seus ouvidos. Que amarras os impedem de buscar essa estrada, qual a droga que os bloqueia na busca de seu sentido? O rouxinol de pescoço vermelho, no entanto, dispõe de um repertório enorme de mais de mil cantos diferentes; os pardais verdelhões de pequeno porte e seus vizinhos organizam polifonias que evocam até mesmo espécies voadoras diferentes. Grupos de chimpanzés ululam, ofegantes, noite adentro em coros que se fazem e se desfazem. Universal para os homens como as matemáticas, a música se estende, pelo menos aos macacos e aos pássaros. Como conseguem eles essa complexidade em matéria de códigos, munidos de cérebros tão pequenos? Porque seus corpos voam. Eles vivem nas alturas, em descidas e subidas, protegidos contra as turbulências dos fluxos pelo ritmo regular de vibração e duração, como no equilíbrio móvel do planador, eles têm uma liberdade no espaço que facilmente imita a liberdade dos modos e dos tons. Nas três dimensões, as leoas-marinhas dançam, e os pássaros compõem melodias;

mas os macacos também voam de galho em galho. Se eles cantam dessa maneira, por que não voaram até nós?

Ódio, amor, sobrevivência

Animal tímido, que mal saiu do estado selvagem, desintoxicado, desacorrentado, mesmo tendo sido salvo pelo desvio, permaneço ainda um animal. Como a vida que, ao afastar-se da matéria, segue suas leis, por algum inevitável sentimento de culpa minha inclinação para sair fora da animalidade a ela me reconduz. Sei que poderia transformar-me em um desses animais por meio desse encantamento que me faria perder aquilo que, com arrogância, angústia ou talvez desprezo, os filósofos chamam de "eu". Poderia comunicar-me com eles, mas isso logo me aborreceria. Sinto certa paixão, mas sobretudo um medo profundo dessa metamorfose e do mergulho nesse diálogo. Como se pode amar tanto a vida explosiva e, no entanto, desviar-se dela? Porque ela só se expande para depois se bloquear. Participo dessa cultura animal, conheço-a, amo-a, sou por ela fascinado, permaneço fixado nela; no entanto, tenho pavor da perda, sempre quis dela me desviar para descobrir, pelo esquecimento dessa origem cruel, outro conhecimento, novos amores, ausência de suspeitas, a feliz contingência, as multiplicidades potenciais. Essa liberdade de signos polivalentes liberou itinerários únicos, racionais e estritos, assim como programas instintivos. A leve essência do virtual fez de mim um sobrevivente.

Certamente amamos essa primeira vida, originária, condicional, mas detestamos suas regras. Por toda parte identifico essa ambigüidade de sentimentos em relação à vida. Em ciência, conhecemos as constrições, mas deixamos de questioná-las em nossos laboratórios consagrados aos mecanismos, como se isso não tivesse mais importância alguma. Em política, as leis implacáveis do mais forte, do mais bem adaptado, do vencedor, daquele que se multiplicou para invadir o tempo e o espaço, os Jogos Olímpicos com suas medalhas, os Estados e seu poder, as empresas capitalistas com suas magníficas dimensões conseguem por um momento fascinar, mas podem repugnar para sempre; o número de homens mortos por Alexandre, César ou Napoleão, esses galos emperiquitados, a deportação para a Austrália de condenados, tratados como se estivessem no abatedouro, o gulag, a Shoah, Hiroshima, essa história sangrenta se assemelha, excessivamente, à vida do pior dos animais, aquele que abandona à morte a maior parte de sua cria. Se afirmamos amar a vida, por que não detestamos esse outro tipo de vida, que, no entanto, é a mesma vida e que segue suas leis? Nossas sabedorias mais eminentes buscam conscientemente nos libertar disso. Ainda pela mesma ambigüidade afirmamos tratar os animais com carinho, mas permitimos sacrifícios individuais e extinção de espécies. O *Homo terminator* os destrói e deixa de se relacionar com eles, excluindo-os de suas cidades e de seus habitats. Veneramos e ao mesmo tempo odiamos esse corpo vivo, meio acorrentado, meio livre que é nossa morada, porque na maior parte de nossas ações agimos como suicidas. Em nosso coração habitam simultaneamente o inferno das *Fábulas* e o paraíso de Psiquê, um Platão que o corpo engoliu como um mausoléu e o próprio Cristo, Deus encarnado, que ressurgiu da tumba num corpo glorioso e imortal. Buscamos ressuscitar a morte que se encontra implicada na vida: odiamos não a vida, mas essa morte que ela arrasta consigo, a morte que sofremos e que podemos infligir. Tentamos eliminar as mortes causadas por parasitas, por encontros perigosos e reuniões sacrificais.

Conhecimento e cultura humanos surgem dessa ambigüidade, nascem desse afastamento entre a cultura e o conhecimento animais. Com freqüência ambos desaparecem e se aniquilam nesse mesmo afastamento, mas continuam, incessantemente, a dele renascer; essa emergência data da noite dos tempos, aconteceu nesta manhã como vem acontecendo há muito tempo: a emergência do homem que sofre para nascer e que deve renascer eternamente, de hominescência em hominescência. Em nossa existência três quartos de nossas ações são vividas na noite das *Fábulas* e alcançamos o paraíso para imediatamente deixá-lo. O ângulo do afastamento que permite essa difícil decolagem pode ser medido pela atração e pela repugnância, sono e angústia, vida animal e sobrevivência, dois êxtases: Ódio e Amor.

Contingência

Nada mais lógico, racional, rigoroso e necessário do que o equilíbrio, pois ele encerra o caminho da queda dos corpos. Etimologicamente, os termos êxtase e existência designam ambos um afastamento do equilíbrio; eles se liberam, portanto, da necessidade. Como e por que, não saberemos jamais, uma vez que esse afastamento define a própria razão; em princípio a pergunta é, na verdade, por que existe alguma coisa mais do que nada, sem saber que essa questão já contém a resposta: "existir" como "mais do que" são expressão desse afastamento. Da mesma forma que no clinâmen[21] de Lucrécio, *incerto tempore incertisque locis* [tempo incerto e lugares incertos], esse afastamento aparece em tempos e lugares incertos, e carrega consigo a contingência: ela poderia muito bem não ter aparecido.

Falei há pouco sobre o maior acontecimento contemporâneo. Para terminar explicarei a filosofia do próprio Acontecimento. O afastamento do equilíbrio caracteriza o acontecimento contingente que rompe com a própria necessidade do equilíbrio. Contingente quer dizer tangente ao necessário, algo que com sua própria curva toca um determinado ponto da direita legal, racional e repetitiva e que, ao se afastar cada vez mais dela e de sua necessidade, parte para a aventura entre os possíveis. Nossa física e nossa biologia têm tentado explicar um mundo tão contingente, que só pode ser revelado por meio de experimentações precisas. As arborescências arbustiformes da existência e do conhecer correm de contingência em contingência, mundo, vida, espécies e culturas que despontam como galhos que se afastam do tronco e dos quais cada ramo se bifurca. Este livro explora um minúsculo galhinho dessas arborescências.

O êxtase e a existência dos animais e a nossa própria distinguem-se, literalmente, como dois afastamentos sem os quais nem a vida, nem o espírito surgiriam. São duas sobrevivências semelhantes e ao mesmo tempo diferentes; alguém que escapou a um tufão no mar, a uma tempestade nas montanhas, a um tremor de terra ou a um desespero de amor viu o nada de perto, atingiu os limites do equilíbrio final. Depois de todas essas experiências, sobreviver para ele dificilmente será o mesmo que era antes. A partir de então o intervalo do qual emerge toda a vida selvagem, básica, elementar e, até mesmo o mundo inteiro, revela-se sob a luz; depois de ter escapado à morte, a vida reata seus laços com a vida, como duas bordas de tecido sobrepostas e unidas por uma costura. Para melhor justificar o prefixo de seu sobrevôo, a sobrevivência, por sua vez, pode criar outro afastamento, um salto novo e extraordinário. Por esse jato tímido, frágil, embora poderoso, que funde e cria, a sobrevivência não mais escapa à morte, mas à própria vida e, conseqüentemente, à morte que se encontra implicada na vida. Ela abandona a vida permanecendo sujeita às leis químicas e vitais, mas as sobrepuja, surpreende, sobrepõe e sobrevoa; já é sobrenatural. Inicia-se o reinado do espírito.

---

[21] No epicurismo, clinâmen significa o desvio espontâneo que sofrem os átomos e que lhes propicia o encontro e a aglomeração. (N.T.)

Modalidades

As leis mecânicas são universais e necessárias: a atração e o segundo princípio da termodinâmica obrigatoriamente conduzem tudo que existe ao nada. Para que as coisas inertes existam é preciso que transgridam essas leis que, no quadrilátero das modalidades, ocupam apenas o lado da necessidade. Nas outras categorias da modalidade, as novas leis físico-químicas das coisas existentes, possíveis e contingentes entram em jogo com a necessidade ou contra ela. Contingentes, as leis da física e da química não são necessárias, mas são universais e ocupam todo o espaço, o tempo e as forças, em resumo, ocupam a totalidade do existente, o conjunto das unidades conhecidas. Para que o ser vivo exista é preciso que ele se distancie da física e da química, mas permaneça compatível com elas; ele obedece às mesmas leis do ser vivo, tão contingentes quanto as leis do inerte, mas não universais como aquelas. Essas leis, apenas locais, exigem o fechamento de um sistema em parte aberto, como uma habitação, e que funciona como um segundo estado ou estádio da contingência, um tipo de segundo diferencial. O livre jogo das leis invade todo o possível contido na universalidade do inerte que, para o ser vivo, se circunscreve nas circunstâncias de um lugar e de um tempo. A vida coloca as leis físico-químicas em jogo dentro das constrições locais e temporais de um sistema definido fechado porque está vivo e aberto porque é compatível com as referidas leis. A ordem do ser vivo permanece físico-química, mas a originalidade específica de seus segredos circunscreve-se no lugar e no tempo. Seria necessário repensar essas modalidades.

II. Transição

Não reconhecemos mais as raças animais

Desde o século XIX, para nutrir uma população sempre crescente, instaurou-se na Inglaterra de Darwin a alimentação artificial aplicada às criações internas de animais selecionados. Em 1854, o viajante francês L. de Lavergne descreve e relata num ensaio que, naquela época, essa situação suscitava as mesmas oposições que hoje ouvimos sobre o mesmo assunto: piedade pelos animais, gosto desagradável da carne produzida dessa forma, riscos para a saúde. Epizootias freqüentes fizeram fracassar essas tentativas, provocando a revolução generalizada da criação, como se poderia supor, na Segunda Guerra Mundial.

A partir de então, o que se chama de indústria agroalimentar, nome bastante generalizado para abarcar todas as situações, assumiu definitivamente o lugar da domesticação que acabei de descrever. Desde os anos 80, antes mesmo que se modificasse o genoma dos seres vivos, os próprios zootécnicos não sabiam mais reconhecer galinhas, porcos, perus nem vacas. Elaborado por cruzamentos inspirados na genética das populações, aprimorado pela rentabilidade, exposto pela publicidade, asséptico pela prevenção, eliminado da administração, o animal doméstico mostra-se, desde essa época, tão transformado como seu proprietário. Lembro-me do dia em que tive que correr todo o departamento[22] para encontrar uma galinha que depois de pôr os ovos ainda soubesse chocá-los.

Os animais mudaram seus corpos assim como nós. Juntos mudamos de mundo.

Habitar: *o fim da co-domesticação?*

O próprio processo da domesticação do homem e de seus antigos companheiros muda, e a habitação se transforma. Que significa o verbo habitar? Freqüentamos habitualmente dois nichos: nosso corpo, sob cuja pele nos protegemos, e um teto que se sustenta sobre quatro paredes, no qual abrigamos nossos amores frágeis. Dentro dos limites energéticos e espaço-temporais dessa construção todas as espécies viviam envolvidas pelo mesmo calor e consumiam as mesmas fontes de energia por um circuito termodinâmico fechado e poroso. Esse complexo vital de energia e de informação desaparece no decorrer do último século. Passando pela região de Queyras, por volta dos anos 50, Robert Doisneau não teve nenhuma dúvida de que fotografava os derradeiros habitats nos quais as vacas ainda serviam de fonte de calor para os homens.

Excluídos do interior para o exterior, distanciados da habitação-mãe, caçados do exterior para o interior, afastados das pastagens tradicionais, os animais vivem entre si como nós. Vivem como internos que esperam pelo abatedouro, da mesma forma que nós e nossas crianças vivemos como alunos no colégio, doentes no hospital, adultos no escritório ou na oficina e

[22] *Départment* no original: divisão administrativa do território francês, colocada sob a autoridade de um comissário da República. (N.T.)

idosos nos asilos. Não moramos mais com os animais. Ninguém mais mora com ninguém, dormimos sozinhos. Sobrevivemos sob o regime da separação. Partilhamos com nossos velhos companheiros as conseqüências da ruptura, brusca ou lenta, da co-domesticação. Desde que os zootécnicos deixaram de reconhecer as raças e os indivíduos, os médicos, subitamente embriagados de imortalidade, também deixaram de reconhecer nossos velhos corpos. Derradeiros dias da primeira domesticação, primeiros sinais da segunda: iniciada há milhares de anos, uma se completa; e a outra se inicia. Outros corpos que não habitam mais como seus predecessores.

A *proveniência*

Enfim, nossos corpos habitam o mundo. A fazenda delimita um estádio preciso do processo contingente da hominescência. Exemplo: residindo e vivendo ali, conhecíamos a proveniência da alimentação obtida em nosso jardim ou no jardim do vizinho, sabíamos de onde vinha o trigo para o pão, o leite para o queijo e os mais simples remédios caseiros em caso de doença. A domesticidade designa um conjunto de seres vivos que dependem de nós, e nós, deles. Habitar consiste em conhecer a proveniência dos genros e noras, das espécies e até mesmo das idéias. O açúcar, a resina e a borracha escorrem viscosos das cascas dos bordos, dos pinheiros e das seringueiras; tiramos o leite das vacas paridas, recolhemos furtivamente o mel das colméias, extraímos nossas equações diretamente das experiências. A proveniência garante o valor de todos os produtos e não apenas o do vinho.

Desde então, passamos a comer alimentos produzidos do outro lado do mundo e dos quais ignoramos a origem, o crescimento e a floração; nossas carnes e nossos peixes procedem de armazéns distantes, nossos legumes de estações complementares e nossas frutas de estufas exóticas; comemos peras vindas de outro hemisfério, da mesma forma que nossos touros comem tortas de soja cultivada muito longe daqui; tratamo-nos com medicamentos estudados em laboratórios dispersos pelo planeta. Ao perder a finitude implicada pela definição do lugar, deixamos de lado a proveniência. Nossas fontes de sobrevivência se expandem pelo mundo, da mesma forma que a fonte de nossas culturas e de nossas criações. Completa-se o paralelo entre os organismos animal, floral e humano que, de fato, vivem sempre juntos, mesmo que estejam aparentemente separados.

Passamos todos do "lá" para o mundo; melhor ainda, do ser aos modos e à relação. De uma certa forma, nem os homens, nem a espécie deixaram a habitação. Eles e nós habitamos novamente um mesmo espaço mais mundial, um circuito termodinâmico aberto, do qual ignoramos as leis e não enxergamos os deuses, mas de onde obtemos companheiros, alimentos, remédios e reprodução. Vivíamos na habitação rural; os antigos seres vivos do espaço doméstico navegam hoje como marinheiros, por entre muralhas cuja ondulação faz com que o corpo adaptativo do marinheiro simultaneamente se acomode e viaje. Arcaicamente, a vida habitava o Ser, mas evoluiu e perambula na Relação. Ela freqüentava os átrios e a lareira da fazenda, distante de relações que não fossem próximas. Será que tínhamos conhecimento de que a mais altiva ontologia permanecia ligada às humildes práticas rurais?

Essa transição pode parecer lenta ou brusca. Será possível que a língua inglesa repute como vinda da Turquia e a língua espanhola do Peru essa ave que a língua francesa diz ser originária da Índia e que, sem jamais ter visto um cão, acreditaria pertencerem à mesma espécie o dálmata, o terra-nova, o *poitevin*, o *shetland*, o dinamarquês, o labrador ou o havanês? A antiga mundialização, movimento de troca intercontinental de frutas, legumes, especiarias, chá e café, generalizou-se bruscamente há algumas décadas para constituir um mundo que urde novos corpos.

A *fragilidade das "boas ervas"*

O recente debate sobre os novos corpos denominados OGM reavivou lembranças perdidas desde o neolítico. Essa variedade resistente às "ervas daninhas", ou enriquecida em vitaminas, é preparada sobre os balcões de um laboratório, em que o hermetismo e os aventais brancos fazem lembrar condutas análogas perdidas em nossa memória.

Os recentes organismos da nova agricultura do milho ou do trigo, descobertos ou inventados não sei como, precisaram chamar atenção por sua fragilidade. Senão, por que delimitar um campo e trabalhá-lo para eliminar espécies que poderiam ser suplantadas pelas novas, por que tratar adequadamente o boi ou porco dentro de uma fazenda bem qualificada? Se os primeiros cultivadores e os criadores tradicionais tomaram e nos legaram tantas precauções foi porque essa "domesticação" provocou o nascimento de variedades tão frágeis, que foi necessário protegê-las para que não morressem logo após o nascimento. Atirem ao acaso alguns grãos de frumento em alguma cavidade de terreno, mesmo em Beauce, na África, deixem correr alguma novilha ou porquinho para dentro das florestas vizinhas, quanto tempo eles sobreviverão? Os animais um quarto de hora, e os cereais uma estação. A agricultura e a criação nasceram da fragilidade dos domesticáveis. Na arca de Noé, onde o patriarca armazenou as espécies, havia celeiros, silos, galinheiros, estrebarias, campos fechados, canteiros de alfafa, jardins murados nos quais o *Homo rusticus* protege alguns seres vivos dos furores diluvianos da caça recíproca, a chamada lei da floresta, que devora os seres de pequeno porte, da mesma forma que outros arrancam a plantação de trigo e a engolem como pasto. O primeiro a cercar um terreno, a anunciar "este me pertence" e a defender qualquer espécie precária e vulnerável inventou a propriedade sobre o ser vivo doméstico. Eu poderia jurar que a propriedade começou ao mesmo tempo que essa proteção.

Como em outras inúmeras vezes, essas mudanças emanam da fragilidade. Mas por que diabos essas espécies se tornaram tão rapidamente mais frágeis do que as outras? Justamente porque as protegemos. Assim como nós mesmos havíamos feito, elas também abandonaram as leis da natureza, as mesmas que Darwin posteriormente encontrou. A agricultura nasceu de um circuito determinado pela precariedade. O criador e o cultivador protegem essas espécies em razão de uma vulnerabilidade que se intensifica com a proteção. A hominização do *Homo sapiens* precisou seguir círculo semelhante. Uma vez mais, por que essa fragilidade? Porque, por medida de precaução, as espécies animais e humana abandonam cada vez mais a natureza. Por que, afinal, essa fragilidade? Porque essas espécies, assim como a nossa, também são artificiais e podem ser denominadas tecnológicas. Desde nosso começo alimentamo-nos de um trigo tecnológico. Tão artificiais como o boi e o trigo e ainda mais precários e vulneráveis, os OGM não se beneficiaram dos milhões de anos para alcançar o poder adaptativo da seleção. De alguma forma a domesticação rompe com a lei do mais apto. O campo fechado e os muros do celeiro protegem os menos aptos, e, à medida que essa proteção aumenta, também aumenta sua dificuldade de adaptação. O homem pode ser considerado o animal que constrói uma habitação; protegida por muros e sob seu teto essa fragilidade abandona docemente a evolução. Nossa domesticação precede a dos animais e, com o objetivo de protegê-los, faz entrarem em nossa habitação ou dentro da arca animais e plantas selecionados, e os primeiros artífices. Mas quem, discursando sobre tecnologia, mencionaria, voluntariamente, o milho ou o boi?

Hoje encontramos sobre o ser vivo o mesmo controle que angustia as pessoas das cidades que, por só conhecerem concreto e vidro, fantasiam sobre qual seria a influência da tecnologia estrangeira sobre o ser vivo. Exercemos o comando sobre a seleção a longo prazo e passamos a intervir sobre a mutação de modo imediato. Essa variação muda o ritmo e a envergadura de nossas ações, mas não as próprias ações. As proteções, o artificial e a fragilidade dos menos aptos permanecem constantes: a clausura dos laboratórios substitui a dos campos e dos chiqueiros; o avental branco dos pesquisadores, as botas do fazendeiro; a aparelhagem de alta precisão, os instrumentos de arar; e a extrema fragilidade dos organismos modificados geneticamente substituem a vulnerabilidade congênita dos organismos fenotipicamente modificados.

Vocês têm medo do que devemos proteger? Vocês temem os bois ou o trigo?

III. A Nova Cultura Totipotente

A *nova habitação comum*: *o mundo*

Saímos da fazenda e entramos no mundo. Vejamos de novo como.

O enorme ruído de fundo provocado pelos camarões e pelo plâncton abafa o barulho do mar; com seus olhos multifacetados, as moscas são incapazes de enxergar como nós; sensíveis à luz polarizada, as abelhas conseguem perceber os raios ultravioleta, enquanto o infravermelho irrita os olhos de certos répteis; o órgão termossensível da cascavel é capaz de notar a menor elevação da temperatura; os morcegos guiam-se pelo ultra-som; nossos ancestrais gregos diziam que as arraias descarregam seu órgão elétrico sobre as presas, tomadas então por um torpor narcótico, que deu origem à palavra Narciso; parece que é o campo magnético que dirige os vôos dos pássaros migratórios; quantos seres vivos reagem sexualmente às densidades homeopáticas? A membrana timpânica e os espaços cervicais das baleias e dos golfinhos funcionam de forma tão superior ao nosso sonar, que, com a ajuda de elementos batitermográficos,[23] reconhecem o mapa tridimensional dos oceanos em que nadam, se comunicam e acasalam; nos abismos oceânicos, as lutas de morte entre cachalotes e lulas gigantes

[23] Batitermógrafo: designação genérica de aparelhos que registram continuamente a pressão e a temperatura subaquáticas. (N.T.)

fazem competir o ouvido refinado dos primeiros e o olho gigantesco da segunda, apto a enxergar em meio à escuridão das profundezas.

Meu objetivo não é explicar como se constituem esses organismos, mas esclarecer seu funcionamento por meio da atividade precisa da comunicação entre eles mesmos e com o mundo exterior. Em linhas gerais, cada uma das performances desses organismos abre seu respectivo nicho no mundo onde se movem, se adaptam, sobrevivem, se multiplicam, ocupam um espaço e nele inventam seu tempo, efêmero ou decenal. As moscas não "vêem" o que os morcegos "ouvem" nem o que farejam as cascavéis; a duração da vida das baleias e o tamanho da ninhada de suas fêmeas são diferentes das do plâncton; poderíamos imaginar o tempo das crisálidas?

A *soma dos mundos e dos tempos de cada ser vivo*?

O que dizer de nossos corpos? Que de agora em diante eles recebem os ultra-sons ou infravermelhos, as ondas eletromagnéticas e a agitação térmica. A batitermografia faz parte do treinamento básico dos que trabalham no fundo do mar, e o leque espectral do invisível e do inaudível desdobra-se frente aos sentidos dos astrofísicos. Nossa escuta submarina, por exemplo, detecta, calcula, ouve e negocia o enorme ruído de fundo provocado pelos camarões e pelo plâncton, assim como as mensagens que as baleias trocam entre si e os golfinhos entre eles. Já chegamos a interceptar os murmúrios dos formigueiros.

O compartilhamento do meio global pelas espécies que dividem seu mundo, cada uma a seu ritmo e tempo, não diz respeito apenas à sensibilidade, mas a outras múltiplas condutas: a quinesina[24] "anda" dentro das células; sob o efeito da luz, a clorofila sintetiza os glicídios a partir do gás carbônico; as proteínas adaptam-se uma às outras por estereoespecificidade; todas as performances corporais encontram-se em ruptura de escala com as nossas próprias, mas de agora em diante sabemos reconhecer, explorar, imitar, reproduzir e até mesmo aprimorá-las. Quando nossas máquinas emitem, recebem e analisam os sinais das freqüências ou inten-

[24] Quinesina: do grego, movimento. Proteínas motoras que, com a dineína, permitem o deslocamento dos organismos presentes no citoplasma celular (minúsculos órgãos que permitem o funcionamento da célula). (N.T.)

sidades fora da freqüência de nossos sentidos, podemos por vezes pensar que outros seres vivos as compartilham ou podem interceptar algumas de suas faixas?

Consideremos o conjunto de todos os tipos de sinais de todas as formas acessíveis sinais emitidos para o conjunto dos seres vivos; nossos diversos aparelhos tendem a reconstruir esse conjunto de sinais como uma soma dos habitats que cada espécie, a nossa incluída ou cada indivíduo da nossa, reparte em seu ambiente. Será que, pelo menos de maneira assintótica, tendemos a uma realidade global, integral desses espaços e desses tempos parcelares, constituídos pelos nichos e durações de cada ser vivo e, em razão de seu agrupamento, ao início de uma integração?

Assim entramos no mundo.

O *lugar de uma nova estética*: *o* Biossom

Nos dias atuais, as técnicas e as ciências reúnem sua imensa massa de dados como se essas informações não viessem de nossos corpos — como afirmava o antigo empirismo, quando o conhecimento emergia das sensações —, mas de um tipo de corpo global formado pela soma futura das espécies e dos reinos. Por meio das técnicas que aparelham nossos corpos, ampliamos nossas recepções em toda sua biocapacidade empírica possível. O velho empirismo encontra-se transformado: ele ultrapassa os cinco ou sete sentidos dos corpos individuais e amplia seu alcance às espécies vivas. Denomino Biossom esse corpo virtual, ativo no saber, sem que disso tenhamos verdadeiramente consciência.

Atingimos aqui um conceito global não apenas com a exatidão das chamadas ciências experimentais, mas respeitando todas as escalas de um possível mapa do mundo pontuado pelos nichos espaço-temporais das espécies. Vocês não consideram esse corpo em formação mais objetivo do que aquele que denominamos real apenas porque o sentimos como sendo nosso? Tradicionais ou contemporâneos, será que os empirismos levam em conta o fato de que não temos mais confiança nem em nosso próprio corpo, quanto mais em relação a esse Biossom? Vocês não acham esse corpo mais concreto do que o corpo do gordo animal imaginário que a tradição atribuía ao coletivo? Não é certo que vocês consideram esse corpo novo mas igualmente velho pelo fato de as ciências aplicarem sobre ele os antigos programas das *Fábulas*, que sabiam como nos metamorfosear em todas as espécies? Começamos a decifrar a linguagem, o tempo e o mundo dos golfinhos, das abelhas, do Carvalho e da Cigarra, da Raposa e da Formiga. Por esse tipo de soma ou de marchetaria em construção, do lado "sujeito" nossa tendência é construir peça a peça, disciplina a disciplina; do lado "objeto" nossa tendência é construir o mundo, nossa nova habitação comum. Ela reúne não apenas algumas espécies escolhidas, frágeis e domesticáveis, mas todo o conjunto dos seres vivos.

Esse Biossom tenta "sincronizar" os múltiplos tempos dos peixes e das bactérias, das baleias e dos espécimes efêmeros,[25] da rosa e da sequóia, do nascimento e das metamorfoses, da ninfa, da crisálida e da imago, da reprodução e da morte, da entropia e do renascimento. Se cada espécie no mundo reparte um espaço-tempo, um nicho, e nele sobrevive, e se, inversamente, as dimensões espaço-temporais de cada nicho fazem aparecer uma ou várias espécies, como se elas endossassem cada degrau ou escala ou cada escala de escala, o Biossom compõe o espaço-tempo global, complexo e entrecruzado do conjunto dos seres vivos deste mundo. Como descrever os observadores e os observados de hoje, a não ser como essas somas em devir?

A *inteligência e o mundo*

A esse Biossom, que poderia ser também chamado de Macróbio, para significar a maior das vidas, ousemos adicionar um Hylossom, corpo que também soma os elementos da matéria nos quais nossos aparelhos sabem mensurar os nanotempos durante os quais certas partículas subatômicas aparecem e desaparecem, assim como os gigatempos que nos separam do *big bang* e do *big crunch*, que representam o nascimento presumido e a morte suposta do universo, respectivamente. Não entramos apenas no nicho e no tempo dos micróbios efêmeros ou das sequóias milenares, mas na estatura e duração dos átomos e do mundo em sua totalidade. À sobreposição temporal do corpo dos observadores junta-se, por inúmeros equipamentos diferentes, o conjunto das sobreposições temporais da matéria que os forma. Ao manipularmos esses aparelhos, incorporamo-nos de algum modo ao conjunto de suas performances. Ao observarmos o que observam os outros observadores, completamos pouco a pouco o observado à medida que construímos essa soma. Ao que me parece, o empirismo

[25] Em biologia, espécimes cuja vida pode ter duração de um dia a três anos são denominados efemerídeos. (N.T.)

revisitado, segundo os funcionamentos reais dessas abordagens, inclina-se menos ao relativismo subjetivo ou ao mobilismo universal do que a uma integral ou a uma composição que se movimenta, de forma assintótica, em direção a um objeto global, o mundo, mais objetivo ainda do que todos os objetos até hoje conhecidos, porque foi observado por todos os observadores possíveis.

A existência e a atividade desse corpo em vias de integração que recebe torrentes de imagens emergentes dos bancos de dados requer, daqui para frente, a invenção de um entendimento novo, adequado a esse corpo sempre reinventado? Sob pena de afogamento nesse maremoto de dados, seria preciso adicionar a esse Biossom, construído etapa por etapa, com paciência e tecnologia, uma alma que ainda desconhecemos? O sujeito do pensamento generaliza-se a todos os seres vivos possíveis como o de um biocogito, mas também ao universo como o de um cosmocogito. Poderia prontamente dizer como as novas tecnologias da informação favorecem as novas "faculdades", mas será que a inteligência artificial já não preenche esse programa e essa função? Não pensemos na inteligência artificial apenas com referência ao cérebro e corpo humanos, mas a esse Biossom ou Macróbio.

Escalas e mapas: as superfícies de Riemann

A passagem para o global realiza-se pela arborescência ou interposição dos seres vivos e inertes sem que se perca nenhuma das etapas intermediárias. Representamos voluntariamente, pelo menos depois de Porfírio, o conjunto dos seres vivos por meio de um modelo de arborescência que tem a vantagem de sugerir a genealogia desses seres vivos, mas que apresenta o inconveniente de projetar as grandes divisões da natureza, os reinos animal, vegetal e animal unicamente sobre um deles.

Com efeito, por que a dinâmica vital em geral evoluiria para uma forma particular de vegetação? Por que não representar também os seres vivos por meio de uma superfície de Riemann, um tipo de mil-folhas ou empilhamento de mapas em escalas diferentes, conectadas transversalmente entre si? Esse modelo ofereceria o triplo benefício de perceber a integração mundial em formação, os biótopos e as biocenoses que se movimentam pelas escalas e, também, a genealogia ao longo das conexões.

Reprise histórica: sobre a observação

Volto ao observado. Os astrônomos gregos afirmavam que, mesmo sem ser demonstradas, as teorias de que o Sol gira ao redor da Terra ou de que a Terra gira ao redor do Sol protegem as aparências. Essa indiferença eles denominavam equivalência das hipóteses. Ao questionar o geocentrismo de Ptolomeu, Copérnico, sem prova nenhuma, decidiu colocar o Sol no centro dos movimentos celestes. Galileu primeiro meditou sobre essas decisões, concebendo a classe dos observadores equivalentes de tal modo, que as aparências que cada um eles atribuía aos outros se identificavam às suas próprias. Quer se trate de astronomia clássica, de mecânica racional, quântica ou de relatividade, o chamado observador vivo ou sensível reduz-se sempre a um olho em deslocamento, a uma cinestesia, a esse sétimo sentido do movimento, hoje bastante conhecido e descrito, que o livro *Os Cinco Sentidos*[26] chama de "Visita" ou visão em movimento. Será que esse observador, que às vezes afirmamos ser quem introduz vida ao pensamento, percebe as cores, nuanças e variedades sonoras que emergem do ruído de fundo ou as ondas caloríferas e táteis? A fria estátua de Condillac[27] foi substituída por esse olho que pode, por exemplo, captar sinais dentro de um trem em movimento. A física permanece mecanicista, e o saber, privado de sua biosfera. Para resumir, o empirismo refere-se a um corpo reduzido, truncado, castrado e abstrato.

Desde Locke e o Iluminismo, esse observador formal, cujos deslocamentos só ocorrem na teoria de grupos, desfruta dos sentidos e nada mais faz do que ver, degustar, tocar, ouvir e encantar-se com os perfumes. O conhecimento amplia os recursos desse corpo observador, que atribui à cinestesia a única possibilidade de uma estética. Não se trata apenas de filosofia especulativa ou de ciência cognitiva; as ciências experimentais fazem funcionar e avançar essa lição. No início do século XX, a astrofísica e a ampliação do mundo ao universo emergiram das cores frias ou quentes do espectro; devemos essa saída do sistema solar em direção às galáxias às franjas vermelhas e azuis das estrelas, que lhes revelam a idade e a tem-

---

[26] Michel Serres, *op. cit.* (N.T.)

[27] Condillac (1714-1780): filósofo e lógico francês que afirmava que as impressões exteriores obtidas pelos sentidos podem ser responsabilizadas por todas as idéias e operações mentais. (N.T.)

peratura. Nesse momento, os sinais da visão e da audição entram nas famílias das ondas em grupos de signos. A classe de observadores percebe que só enxerga janelas estreitas no interior das estrelas e que com freqüência permanece cega ao invisível, surda ao inaudível e nem sequer toca o táctil. Jamais se pergunta: invisível, inaudível para quem? A partir desse momento a classe de observadores passa continuamente a construir receptores cujas performances ultrapassam a categoria de ondas perceptíveis pela classe dos novos observadores, do antigo teodolito ao radiotelescópio; das velhas lentes polidas por Spinoza e montadas por Antony van Leuwenhoek passa-se aos microscópios eletrônicos, scanners e ciclotrons. Quem conseguiu perceber que esse conjunto ampliado de formas sensoriais já recobre parcialmente o conjunto das espécies vivas e que esses instrumentos de percepção já podem ser entendidos como biotecnologias?

O *antigo geometral*

Vimos que o observador percebe os movimentos das formas e das qualidades. Em relação à forma, os clássicos se deleitavam com o seguinte raciocínio, que na verdade é delicioso. Observemos esse recipiente; daqui de onde estou, eu o vejo inclinado; à medida que me aproximo ou me distancio, eu o percebo reto ou oblíquo e, se estiver numa posição mais alta ou mais baixa que ele, eu o percebo achatado ou suspenso. Vocês só o verão a partir de seu ponto de vista; os vizinhos da esquerda e da direita percebem-no de maneira diferente, e os espectadores afastados mais ainda. Nós todos percebemos apenas seu perfil, ninguém observa outra coisa além dessa silhueta, e cada um a vê de forma diferente. Pode-se até mesmo desenhar o cone de visão e demonstrar por meio da geometria que uma pessoa vê um círculo, outra vê uma elipse, uma parábola, uma hipérbole, etc. segundo a variação das seções desse cone; impossível dizer a forma da "verdadeira" seção. Pode-se observar, sobretudo no meio das ciências duras, os contornos da relatividade de pontos de vista. Montaigne e, depois, Blaise Pascal escreveram que essa relatividade de pontos de vista não atingiu apenas a diversidade dos meios, as instituições e as leis, e que o geômetra, sem dúvida, fez suas inferências a partir da variação das seções do cone. Sem cometer a estupidez de separar as ciências das humanidades, a filosofia descobre ao mesmo tempo a relatividade da percepção objetiva e cultural. O autor do *Tratado das seções cônicas*[28] faz variar a verdade das leis e dos costumes como as ondulações dos picos nos Pireneus, como o círculo e a parábola seguem os diferentes planos de corte do cone.

Alguém pode perceber a integralidade dos contornos do objeto como tal? Ninguém. Só vemos as figuras, jamais a transfiguração, ou seja, a soma das figuras. Dizem as escrituras que apenas alguns apóstolos escolhidos viram a última transfiguração de um corpo completamente cândido, "cuja face brilhava como o sol e cujas vestimentas tornavam-se luminosas como a neve", assim como a luz branca seria a soma de todas as cores. Os clássicos afirmavam que, a partir de então, surge a necessidade de um observador integral capaz de ver essa forma geometral, o objeto como tal, como se o vértice do cone de visão se inclinasse em direção ao infinito para transformá-lo em um cilindro. Chamaram Deus a esse limite visionário e mundo a esse geometral. A função cognitiva divina integra o conjunto global de todos os observadores oblíquos de uma mesma forma. Não importa o que se diga, na formação das noções do espaço e do tempo, esse Deus não se ausenta completamente nem das ciências duras, nem da classe global de observadores do movimento. Quem considera ambos absolutos de qualquer maneira designa a Deus, seja como Newton monoteísta ou Einstein panteísta, por exemplo.

Retorno aqui a um raciocínio semelhante, ao empirismo global generalizado, de um lado, a todas as funções da sensação e, de outro, à vida e à própria matéria. Em lugar de chegar diretamente ao limite de uma forma, eu me conduzo de maneira indutiva, passo a passo, etapa por etapa. Como não possuímos uma noção global da vida, não devemos nos surpreender em entendê-la como a integral das percepções de todos os seres vivos. As condições de exercício das ciências experimentais engajam-nos na reflexão sobre a integração das fontes de sinais e das capacidades de recepção. A classe de observadores insinua-se na árvore das espécies, nos tempos da matéria e da vida. O cientista contemporâneo não vive e existe apenas enquanto pensa, mas reconstrói seu corpo à medida que caminha em direção a essa somatória. Seu pensamento tem por objeto um mundo menos fragmentado do que se diz e mais integrado do que se crê. Seu trabalho efetivo consiste na construção paciente dessa somatória branca. Vejam como.

[28] Girard Desargues (1593-1662): matemático francês, considerado o fundador da geometria projetiva. Amigo de René Descartes, com quem se correspondia a respeito de questões científicas e filosóficas. (N.T.)

O *biocosmo e a função pré-cognitiva do* Biossom

Suponhamos que "observamos" o mundo a partir desse Biossom integral ou em vias de integração. Que mundo seria esse? Um mundo que os seres vivos reunidos perceberiam como uma integral na construção de seu respectivo mundo da vida (*Lebenswelt*). Cada ser vivo em seu mundo respectivo, mesmo quando Heidegger diz "pobre em mundo"; a riqueza de nosso mundo decorre dessa integral em vias de se tornar somatória ou reunião dessas pobrezas. O Biossom ainda recebe de forma sempre incompleta os sinais do mundo e nada mais. A co-domesticação se totaliza.

O conjunto dos "observadores" vive na habitação evolutiva que ele observa e observa evolutivamente a própria habitação em que vive. Esse sujeito em vias de globalização compromete-se com o caminho do conhecimento, não mais apenas com seu viveiro, mas com o próprio mundo em totalização crescente. Todos os reinos reais e possíveis confundidos, a vida se realiza por um tipo de dobra sobre o material, o conjunto de maneiras de apreender o mundo, de se comunicar com ele e de conhecê-lo. Como se o mundo evoluísse lentamente em direção ao conhecimento de si mesmo. Será que o aparecimento da vida representa um primeiro ato da própria emergência do conhecimento? Será que podemos admitir a idéia abstrata de uma capacidade de autocompreensão do mundo da qual nós funcionaríamos apenas como mediação?

O que é a vida em geral, a vida tal como a partilham os seres vivos em seu conjunto? Ela é o primeiro passo para o conhecimento do mundo. Mas de onde vem a vida? Do próprio mundo. O mundo produz o primeiro elo de seu autoconhecimento. Toda vida começa no mundo e por meio dele até ser perpetuada pela percepção de um de seus fragmentos, que lhe permite apenas sobreviver e lhe fornece um segmento de circularidade original no ciclo em feedback do mundo e do saber. Seguimos a rota de integração desses fragmentos. Questão: Se existe essa auto-alimentação, o mundo teria necessidade do saber para se perpetuar? Seria mais do que contingente, quase necessário, que o mundo produzisse a vida? Em contrapartida e de modo estranho, isso não esclarece a dupla emergência da vida e do conhecimento? O Biossom e o biocosmo fornecem os conceitos elementares e globais de uma teoria geral dos sinais.

Desde nossos tempos de hominescência, o Biossom não se refere apenas à percepção.

Pangênese

"O *Homo biologicus* acumulará as propriedades de se reproduzir sem o macho, como os pulgões, de fecundar sua fêmea a distância, como os moluscos náutilos, de mudar de sexo, como os peixes xifóides, que possuem o corpo em forma de espada, de se auto-regenerar, como as minhocas, de substituir as partes que lhe faltam, como o tritão, de se desenvolver fora do corpo materno como o canguru, de entrar em estado de hibernação, como o ouriço." A essa lista escrita em 1956 por Jean Rostand, Jacques Testard acrescentou que, ao imitarmos as bactérias sem sexo, substituiremos a procriação por uma reprodução feita por clonagem, uma duplicação repetida ao acaso dos encontros e das associações. Ambos reprovavam essas regressões na escala dos seres vivos, decadências imaginadas por um e realizadas parcialmente pelo outro.

Nenhuma objeção a essa pangênese quase universal e muito bem descrita, salvo pela repetição de costumes milenares. Nós nos alimentamos de ervas e saladas como os elefantes, gorilas, gazelas, vacas e carneiros, comemos carne como os leões, tigres e cães, grãos como canários e galináceos, peixes como as andorinhas, moluscos como os lagartos, frutas como os chimpanzés e mel como os ursos. O mais refinado dos gourmets devora trufas como um porco, sem nenhuma injúria às primeiras, de que gosto muito, e nem ao segundo, que respeito como se fosse quase meu irmão gêmeo. Nossas crianças adoram soluções açucaradas assim como, com certeza, o fazem as bactérias através de suas membranas multíparas, mas ainda onívoras. Além disso, andamos, corremos, saltamos, nadamos, mergulhamos e voamos, não tão bem como muitas espécies, mas às vezes melhor do que elas. A bordo de balões, satélites e batiscafos, conseguimos chegar até mesmo às espécies mais extraordinárias que se encontram no fundo dos oceanos, na estratosfera e nas cavernas subterrâneas. Comunicamo-nos a grandes distâncias como as baleias, as enguias e os salmões. Que bailarino ou mímico não seria capaz de imitar os gestos de muitos animais e quantos esportes nos ajudam a competir com as panteras e os linces? Qual a criança que nunca participou da brincadeira do Lobo e do Cordeiro? Nossas culturas e religiões originam-se de quais *Fábulas* e de que fetiches? Em nosso atos e por meio deles nossas obras, trabalhos, posturas, movimentos, técnicas, imaginações, poesias, enfim todas as nossas potencialidades se abrem à escala dos seres vivos. Nada há de surpreendente no fato de o percurso quase completo desses leques de possíveis dizer respeito à reprodução uma vez que, sem exceção, nossas outras funções são o testemunho dessa totipotência. Sim, somos todo-poderosos.

A *totipotência*[29]

Esse adjetivo não significa, de maneira alguma, que nossa força representa uma vantagem sobre o mundo inerte, existente e pensável, nem que retomamos o antigo lugar folclórico de obra-prima da natureza ou de senhor do universo. Não, poder aqui equivale à possibilidade; é desse modo que nossas capacidades se desdobram, pangênicas e onívoras certamente, mas, em resumo, onivalentes.

O poder, ao contrário, entendido no sentido da força, reduziu a abertura desse leque a uma única linha, retornou aos nichos especializados que os seres vivos ocupam e à ordem única cuja estupidez e crueldade continuamos a observar em todos os lugares. Hierarquia, excelência e dominância constituem os limites lineares, recursos das espécies monocelulares animais ou vegetais que continuam a existir, cada uma delas aprimorando um tipo de salto, corrida, vôo ou nado, para melhor adaptar-se a um determinado lugar de terra árida, de ar agitado ou de águas profundas. É necessária uma especialização refinada para dominar nichos pequenos, como o nicho de um réptil, um atleta, um universitário ou uma estrutura celular notocordal, um corredor ou um doutor, todos eles são fáceis de classificar, cada um exercendo papel dominante em seu pequeno departamento. Da mesma forma como fazem os animais, divididos por isso mesmo em reinos e gêneros, um corredor, um administrador ou um financista projetam a complexidade dos homens sobre a simplicidade do tempo, do dinheiro ou dos códigos, como faz o crocodilo sobre a imobilidade-velocidade ou a águia sobre a associação entre altura de vôo e a aterrissagem fulminante. Toda hierarquia desse gênero de poder, riqueza ou força obedece a uma lógica linear própria aos animais e aos vegetais e, em geral, também aos seres vivos, em busca do controle sobre um pequeno e preciso nicho. Não conheço melhor definição de especialidade e, por-

[29] Em biologia, totipotente refere-se aos blastômeros que podem ser embriões completos quando destacados da blástula. O autor emprega essa palavra com o sentido de um elemento cultural todo-poderoso.Trata-se de um neologismo que facilita a compreensão. (N.T.)

tanto, de espécie, do que essa projeção, essa redução linear, essa restrição a uma única variável.

Abandonando esse tipo de estreiteza, poderia afirmar que a humanidade e até mesmo o humanismo conseguiram atingir a abertura múltipla da capacidade. O momento da hominescência reabriu bruscamente esse leque do lado da gênese corporal, do mundo observado e da comunicação. Um retorno ao caminho usual dos seres vivos, sem dúvida imprevisível e do qual não conhecemos nem a causa, nem as circunstâncias, já nos havia aberto, e em muito boa hora, para essa totipotência: quer se movimente ou se alimente, o homem já alcançou o topo das espécies. Da mão não especializada ao corpo inteiro, das posturas aos movimentos, da alimentação à reprodução, das culturas às habilidades, percorremos famílias e ordens pelas quais a vida entra nas espécies. Nós "exercemos" nossa superioridade sobre quase todas e a exerceremos ainda sobre outras mais, sejam elas desaparecidas ou virtuais. De um dia para o outro você passou de marinheiro de dedos ocupados em tecer nós a pianista virtuose que percorre arpejos e pautas com dedos e palmas da mão, a mecânico debruçado sob o capô de seu automóvel, a alpinista de mãos fortes, a amante carinhoso. O conjunto de nossos aparelhos, eles mesmos aparelhados por nosso corpo, tem por efeito acentuar igualmente essa totipotência. Como a técnica poderia desumanizar o homem se ela extrapola suas melhores características corporais?

Monovalente e finalizada, cada técnica tradicional contribui para a formação do Biossom que se tornou totipotente pela somatória dessas técnicas. De modo oposto, as novas tecnologias tornaram-se onivalentes, assumiram a continuidade do processo, só que agora em perfeita harmonia com nosso corpo e com o Biossom. Assim como as antigas técnicas monovalentes, duras, vinculadas a Hércules ou a Prometeu, formaram, ao longo de um período compatível com o da hominização, o Biossom e o Hylossom, que nos aproximaram da dureza do mundo, as novas tecnologias totipotentes, doces, vinculadas a Hermes ou aos Anjos, facilitam, por sua vez, a rápida formação e criação de um Ethnossom que nos aproxima dos homens. Tudo isso constitui, sem dúvida, uma boa novidade para as ciências sociais.

Segunda origem de nossos conhecimentos

Sem essa série de onivalências inscritas nas funções de nossos corpos, depois extrapoladas por meio de performances técnicas diversas, o que conheceríamos nós? Adaptadas a seus nichos graças as suas qualidades orgânicas, cada espécie "pobre em mundo" examina detalhadamente o pequeno labirinto mergulhado num mundo sombrio, enquanto o animal se abre, ele também "capaz" e imaculado para um mundo mais claro, porque a luz comum adiciona todas as cores mesmo que elas não possam ser vistas. Cada ser vivo enxerga sua nuança, o humano torna-se cândido. Cada ser vivo vive em seu território, o homem vagueia pelo mundo. A origem do conhecimento reside na totipotência de nosso corpo, na relação com o mundo que essa totipotência permite e que funciona simultaneamente como causa e efeito: a onivalência confere à totipotência uma certa independência em relação a todos os nichos, uma acelera a outra. Vivemos dentro da somatória evolutiva desses lugares, vagamos de um lugar a outro e por essa razão viajamos descentralizados.

Contrariamente à vulgata que se estabeleceu sobre esse ponto, é preciso celebrar os famosos golpes dados ao narcisismo humano como, por exemplo, a descoberta da América, a revolução causada por Copérnico e outras, pois a distância entre o antigo centro perdido e o novo engrandeceu nosso mundo. A cada descentralização abandonamos a estreiteza e aumentamos nossa riqueza em mundo. O conhecimento dos seres vivos permanece, indefinidamente, como um conhecimento-de-qualquer-coisa; nossa compreensão de mundo continua a possuir, do começo ao fim, uma forma redonda e incessantemente dilatada de enciclopédia. As antigas celebrações de nosso corpo como microcosmo descreviam essa evidência. No passado, humilhado por múltiplas descentralizações e, segundo dizem, reduzido a nada, ao mesmo tempo que todos o consideravam um privilegiado, o homem-nada brilha hoje em razão das aparelhagens que emergiram de seu corpo e que se finalizam num circuito totipotente cuja circunferência reproduz a cavidade originária e fecunda de sua nulidade. Essa onipotência depara com o conjunto das coisas inertes e vivas, como um mundo-enciclopédia de existências, ações e pensamentos.

As ciências relêem as fábulas

A questão da origem, sempre tratada de maneira linear, segundo o tempo de uma gênese, ou seguindo um a um os canais sensoriais, esclarece-se no leque global dessa luz branca. Nada existe em nós, em nosso corpo, gestos, movimentos ou alimentação que não esteja sempre vinculado à totipotência, em que não demonstremos nossa onivalência. No início, uma certa onisciência exibe de forma fascinante seus totens e fetiches em parte humanos, em parte animais, nas fábulas e mitos nos quais as metamorfoses funcionam até a morte: percorremos, assim, todos os gêneros do mundo vivo como se cada um de nós imitasse por si só uma espécie, como se a humanidade entrasse em todas as espécies. Você touro, e eu raposa. Nesse sentido todos os nossos conhecimentos universais emanam, como de fontes perenes, dos fetichismos e totemismos, das fábulas e mitos sempre presentes entre nós como eram nos primeiros dias. Aprendemos nas ciências cognitivas coisas do mesmo gênero que nas fábulas: sobre os estádios em que os corpos treinados correm e saltam e como os deficientes que, para sobreviver, compensam suas imperfeições com gestos e posturas que lhes permitem explorar ainda mais todas as possibilidades; e tudo isso dentro dos laboratórios ou pelos computadores.

Por que então nos espantarmos com o fato de que, em contrapartida, nossos conhecimentos avançados não nos possibilitam revisitar o conjunto dessa escala vital pela função de reprodução, mesmo que isso já ocorra há duas décadas? Desde a aurora dos tempos, recitamos, salmodiamos e praticamos em tantos outros lugares as listagens autenticamente novas e hominescentes de Jean Rostand e de Testard: gestos, alimentos, posturas de caça, danças, ritos, esportes e receitas de cozinha, religiões ameríndias, aborígines, egípcias, Ovídio, Esopo ou La Fontaine, o humilde arsenal dos conhecimentos produzidos pelo mundo antigo ou pelo exótico. Frente ao horizonte da totipotência, nada distingue o aborígine australiano do prêmio Nobel de bioquímica. Conjuntamente, ciências e humanidades enraízam-se por meio desses movimentos bruscos de hominescência.

Diversidades diversas

A noção de diversidade, que já era forte desde os tempos de Montaigne e Pascal, aplica-se hoje sobretudo às culturas ou às línguas, como se essa expressão se relacionasse apenas às ciências humanas. Toda luta contra o imperialismo baseava-se primeiramente nesse tipo de exigência; não nos esqueçamos de sua lição. Devemos reconhecer que a medicina, a arte veterinária, a agricultura, a criação e a história natural conhecem e praticam a diversidade dos corpos há muito mais tempo do que nós reconhecemos a diversidade de costumes. Até mesmo o ser vivo passa, por excelência, pelo domínio do diverso. O criador de animais não conhece as vacas, mas reconhece as suas pelo nome que lhes deu, Toinon e Méchante; o médico cuida dos doentes e não apenas das doenças; antes que a anatomia tivesse nascido falava-se menos a respeito do corpo do que sobre o indivíduo, hoje fala-se dele novamente graças às precisas descobertas e aos algoritmos. Coloco em paralelo esse mosaico vital, fundamental, integrável, de que acabei de falar, e o mosaico cultural ou lingüístico das civilizações, talvez não integrável. Não que um possa ser entendido como sendo a causa do outro — sempre os defeitos da lógica linear —, mas que ambos participam de um mosaico semelhante. A diversidade das línguas encontra a não-especialização dos órgãos de fonação e audição da mesma forma que a pluralidade das artes se harmoniza com a onivalência da mão.

Com as cores das civilizações e dos saberes em mosaico, retiramos da totipotência um novo humanismo. Com efeito, a passagem para o possível resolve o paradoxo do *Impostor*, aplicável ao relativismo e a suas multiplicidades: se tudo é relativo, o relativismo também se relativiza. Eis de volta o grande Pã.

O *humanismo em mosaico*

Se não existe humano a não ser por essa onivalência e por esse modo não linear de primeiro viver e depois pensar, um novo humanismo surge dentro da mais ampla diversidade. A pluralidade das línguas e o multiculturalismo coabitam com a diversidade dos seres vivos, tão brilhantes nas variações dos corpos individuais como nas cadeias do ADN, nas quais a diversidade das línguas se reproduz em imagem, em um alfabeto de elementos simples e por meio dele.

Essas línguas escritas ou apenas orais declinam uma linguagem universal da mesma forma que cada indivíduo varia no código genético de todos os seres vivos? Até recentemente, não imaginávamos que as diversas famílias de línguas faladas na Eurásia poderiam reagrupar-se, o que hoje é uma reunião provável; nada parece rejeitar essa hipótese, até recentemente considerada mito. Os pixels certamente mudam: átomos de carbono ou de azoto, moléculas de ácidos aminos, células, às vezes também totipotentes, órgãos variáveis de corpos em evolução, consoantes ou vogais de uma língua, ritos religiosos, instrumentos e usos, compartilhamento do espaço, artes e Musas em novena, disciplinas das ciências enciclopedicamente agrupadas. Elas podem mudar de lugar as pequenas pedras que as compõem, mas a verdadeira forma da marchetaria da vida para o conhecimento e vice-versa, permanece estável. A ciência se afasta pouco desse humanismo totipotente em mosaico, mas muita ciência ali se restaura. Muito pouco humanismo se afasta da ciência, mas nela muito dele se restaura. O pensamento filosófico imita maravilhosamente a música, a primeira entre as belas-artes, outra pronúncia — essa harmônica — do vocábulo mosaico.

As ciências experimentais munidas de sua aparelhagem nos aproximam mais da integração, da fusão de limites, separando as peças do mosaico — como as conexões entre as camadas interpostas da superfície de Riemann, enquanto as ciências humanas, acentuando mais essas fragmentações, amam fazer-se guardiãs dessa marchetaria. As ciências brancas *à la* Pierrô; saber diversificado à moda de Arlequim. Para se metamorfosear em aborígine australiano ou marinheiro gascão, para aparecer como um *wasp* [protestante anglo-saxão branco] ou um Kwakiutl, não sei qual animal deveria desfrutar desse poder novamente totipotente e realmente corporal que substituiu a cultura. Os outros seres vivos mudam de corpo e espécie por mutação e seleção segundo os biótopos, embora milhões de anos sejam necessários para que isso ocorra. Mantemos estável uma certa onipotência somática e fazemos bifurcar fortemente usos, línguas, ritos e instrumentos, símbolos e representações.

De certa maneira poderosas, as diferenças observadas com fundamento pelas ciências humanas e por elas preciosamente conservadas são a prova *a contrario*, da unidade humana e de seu poder de integração, da unicidade do mundo observado pela somatória dos corpos. Diferenciada culturalmente, ela protege de modo invariante essa unidade não abstrata, mas presente em sua carne. Preguiçoso, Pierrô dorme por trás do turbulento Arlequim. Sob o asfalto, a praia; sob a marchetaria, a brancura.

A *finitude de novo*

Contrariamente ao que pretendia Leibniz, Kant ou os existencialistas, descobrimo-nos sem limites e sem fronteiras, no espaço, no tempo, no real e no virtual.

Somos virtuais e não reais. Somos infinitos, mas não somos perfeitos. Não sem razão os gregos associavam finitude e perfeição: como um obstáculo ou apoio, um limite define um espaço, reage a uma força e permite que se pense com precisão. Ele fornece sentido à História e direção única a um projeto, segurança e clareza, fundamento e exatidão, eficácia na ação e distinção na idéia. Falta-nos esse esboço, essa definição, essa constante de forças, essa linha e seu objetivo. Virtual e infinito, nosso tempo bifurca-se sem cessar, contingente, múltiplo, indefinido como nós mesmos, integrado também no branco dos possíveis. Só essa onivalência pode explicar o fato de que subitamente podemos desobedecer, de que raramente nos conformamos com o que outros dizem, pensam ou querem de nós. A não ser em caso de submissão voluntária ou passional, ninguém pode prever nossos comportamentos amorosos ou inteligentes. Basta apenas alguém me dizer quem sou para que, só a fim de contrariar, rapidamente eu me transforme em outro, animal ou herói.

Nem a finitude, nem as fronteiras aumentam a angústia, mas, ao contrário, a dissipam porque definem o ponto de entrada de uma casa, o muro do jardim, as fronteiras da tribo e de sua língua, o não-extremismo[30] dos dogmas e dos meios, a cabeça do martelo, a superfície da esfera e o fundamento dos pensamentos. A finitude tranqüiliza. O alto-mar onde a onda anuncia apenas a onda, o deserto de dunas recomeçadas, o espaço dos cosmonautas, o fluido, o aberto, a bolha livre dos possíveis, em resumo, a ausência de limites assusta. O real bem definido elimina a ansiedade; o virtual a faz nascer e adensar. Amamos viver em redes, em cruzamentos separados por caminhos de distâncias calculáveis; hoje, somos seres errantes num mundo edificável sem referências nem distâncias. Essa recente mudança de habitat assusta. A nova habitação-mundo nos amedronta. Além do mais, tudo depende de todos, nada pode ser mais aterrador do que isso. A totipotência ignora todo limite, e esse estatuto é inquietante. Sem definições nem amarguras, vagueamos pelo oceano do indefinido como fantasmas translúcidos e flutuantes.

Antropologia, teologia

Na História, só encontro menção precedente dessa onipotência na teologia dos atributos de Deus. Contrariamente às idéias recebidas, a história das religiões oferece sempre um dos mais eficazes e profundos motores da

[30] No original, *non plus ultra.* (N.T.)

história das ciências e mesmo do conhecimento em geral: placa tectônica cujo avanço lento provoca formidáveis convulsões sobre a superfície.

O termo francês *ordinateur* (ordenador), que se origina da teologia medieval, traduz de forma muito feliz o contra-senso inglês *computer*, para designar uma máquina cujas performances ultrapassam bastante o simples cálculo. Em plena época dos Iluministas, Diderot ainda zomba abertamente dos que "pensam que a causa universal, ordenadora e primeira é boa". A religião cristã conhece então dois "ordenadores": o próprio Deus, como causa universal e única, e o Cristo, como um iniciador, encarnado no tempo humano para colocar em ordem o que houvesse caído em desordem, e o sacerdote que presidia os ritos e cerimônias oriundos de seu precedente e do qual tinha recebido seu poder e sua dignidade. Essa tradução tão exata em língua francesa, do nome de uma máquina produtora de ordem, contribuiu para que chegasse até nós um dos atributos de Deus, o "ordenador" do mundo.

Este livro esboça o mesmo gesto de tradução para a onipotência. Essa totipotência, que uma religião e sua teologia designam como um dos atributos divinos, retorna ao homem como seu bem próprio não na eternidade, mas no devir temporal mediante uma infinidade de processos contingentes virtualmente integráveis. A ordenação contínua de seu destino, a ser escolhido em tempo real, define a liberdade humana aberta que hoje recebe, mas de outra forma, o conjunto de meios para escolher o que seu tempo acumulou. Sim, tornamo-nos todo-poderosos, nosso domínio foi-se estendendo ao mundo inerte, global, ao espaço, à extensão do tempo que está por vir, ao conjunto de nossa espécie aos demais seres vivos, ao horizonte do virtual. Eis a razão pela qual a angústia asfixia nossos contemporâneos, responsáveis pelas gerações futuras e obrigados, por isso mesmo, a construir a habitação evolutiva de suas crianças. Esse medo os aterroriza a ponto de eles mesmos quererem viver vidas com risco zero, sem se dar conta de que tudo que vale a pena viver, vale justamente o sacrifício da vida e de que existências de risco zero não têm nenhum valor. Sem dúvida correndo riscos vitais, a aventura humana agiu caoticamente durante milhões de anos, e a totipotência resultante desses atos contingentes subitamente aparece de maneira retroativa. Com brilhante clareza, ela passa a integrar o caos do tempo.

Aterrorizados há muito tempo por esse resultado, desejávamos com toda nossa angústia fazer voltar tudo às mãos de Deus, a hominescência incluída. Escondemos de nós mesmos essa totipotência porque ela implica não apenas uma teodicéia, mas uma antropodicéia, ou seja, o comparecimento do responsável humano de todos os males do mundo diante de um tribunal. Depositamos esse poder em nosso próprio corpo, inteligência e meios, e, ao mesmo tempo, a bomba atômica, as manipulações genéticas, a explosão demográfica, em resumo, nossa integração futura no mundo. Produzindo ou recebendo a totipotência, nosso destino metamórfico tem hoje a onirresponsabilidade. Atenção: iremos passar nosso tempo em busca dos culpados, a infelicidade histórica está por vir; já começamos mesmo a acusar nosso próprio saber.

O próprio Deus formava, ou ainda forma, o horizonte desse destino. Herdamos Dele esses atributos. Somos a causa ou, pelo menos, somos responsáveis pela própria hominização e pelo mundo que habitamos, exploramos e que, por conseqüência, criamos sob a forma da criação continuada; somos os titulares de todos os meios totipotentes de fazer isso. Deus herdou, inversamente, todos os atributos que no passado deixamos aos homens: a fragilidade, a vida de vítima inquieta, a errância e a perseguição. Infinitamente frágil e insignificante, talvez menos universal do que nós mesmos, temos toda liberdade de esquecê-Lo, ignorá-Lo e todo o direito de abandoná-Lo, de cuspir em Sua face, de sentir piedade d'Ele, de condená-Lo, até mesmo matá-Lo sem ser julgados. Ninguém se prive de pensar que não poderemos nunca abandonar nem esquecer essa totipotência que nos caracteriza e que se expande de maneira imperiosa. Coberto de opróbrios e de cusparadas, miserável e abandonado, Deus habita apenas o Terceiro Mundo e o Quarto. Nesse estranho cruzamento de legados nos quais a antropologia moderna permuta seus conceitos com a teologia tradicional, resta um e apenas um que ainda escapa dessa troca e frente ao qual não podemos e não devemos mais hesitar: é preciso aceitar todo o lote da herança ou não aceitar nada. Para nos tornarmos nossa própria causa, criadores contínuos de nosso mundo e de nós mesmos e ganhar a totalidade dos poderes eventuais, só nos resta nos tornarmos bons. A providência, a onipotência e a hominescência são velhos atributos do bom Deus, que apesar de infinitamente distante é quem nos falta e resta alcançar. A Teodicéia se reverte: quem é que deve ser julgado por haver preferido o mal ao bem? O Totipotente, de agora em diante condenado à paciência.

Sem a misericórdia, os outros legados não têm valor algum. Sim, a filosofia abasteceu-se plenamente na *sophia*, ciência e entendimento, mas ainda não começou a estabelecer relações eficazes com o amor, ou seja, com a *philia*. O saber e a totipotência não podem prescindir de uma infinita piedade. Sem essa infinita piedade eles se tornariam monstruosos, sem ela o novo Deus se tornaria mais ignóbil do que todos os demônios que a imaginação dos artistas já concebeu ou pintou. Vítima frágil, esse Deus desconcertado e pleno de amor que vejo a minha frente parece muito mais digno de veneração do que esse novo homem que assumiu todos os Seus atributos menos o último, a bondade. Coroa sem a qual, segundo a seqüência de que falei há pouco, os legados precedentes não têm sentido. O amor manifesta a última fagulha da totipotência porque ele "perdoa tudo, crê em tudo, espera tudo, suporta tudo".

A HABITAÇÃO EVOLUTIVA

Existência, tempo e vida

Como já disse, a ontologia, pensamento ou filosofia do ser, cede seu lugar ao pensamento modal; não somos, existimos dentro do seguinte quadrilátero: assujeitados pela necessidade, gravidade, frio, fome e sede, escolhemos e sofremos incessantemente entre centenas de *possíveis* esperados ou projetados, mas filtrados pela mesma quantidade de *impossibilidades,* um tempo, um futuro, uma existência *contingente.* Poderia não ter vivido assim, mas não posso retroceder: do presente para o passado, a contingência se transforma no necessário que ninguém poderá mais mudar; não conheço meu futuro inesperado, sobre o qual pesam muitas esperanças e preparativos, mas que não acalenta em mim sonhos irrealizáveis que embora, às vezes, por sorte ou milagre possam ocorrer. Do presente para o futuro o necessário se transforma em possível que, filtrado pelo impossível, emerge como contingente. Esses quatro modos esculpem a existência em tempo real e o próprio tempo. Pensado, por exemplo, pela teoria do caos ou da percolação, o tempo entra com elas nesse quadrilátero das modalidades.

Essas teorias modelam igualmente o ser vivo. Compatível com o inerte e composto por seus diferentes elementos, sujeitos como ele à atração e à termodinâmica, o ser vivo nasce das leis da física e da química, e do reino da necessidade. A vida nascente abre múltiplas vias possíveis: antes do próprio acontecimento quem poderia ter adivinhado a explosão do cambriano, do qual emergiram tantas espécies? Entre essas múltiplas escolhas, as constrições interditam com suas impossibilidades alguma via que se interrompe e se bifurca, podendo causar até mesmo a extinção de algum gênero. As espécies percolam-se pela barreira mutação-seleção ou dos possíveis-impossíveis. Toda singularidade viva poderia, enfim, não ter nascido e vive por contingência. A vida expande-se de acordo com o necessário em direção ao contingente, saltando barreiras construídas em meio aos possíveis já filtrados pelas impossibilidades. O quadrilátero das modalidades resume, assim, as ciências biológicas, clássicas e modernas, e lhes outorga credenciais de filosofia.

Em suma, a vida freqüenta o mesmo quadrilátero que a existência.

Biotecnologias

A teoria segue a prática. As biotecnologias trabalham dentro do mesmo quadrilátero do qual surgem os homens e todos os seres vivos, a existência e o tempo: seguindo e dominando as lei necessárias da física e da química do inerte através do genoma, elas têm acesso a um leque de possíveis filtrados pelo impossível, que termina finalmente com a morte, criando com isso uma contingência.

Nossa existência estava sujeita a essas modalidades da mesma forma que todos os seres vivos. Elas designavam nosso estado e determinavam nosso destino fatal, frágil, trágico e iluminado de esperanças, e que sofria constrições e males: hoje as dominamos em parte. Por quê? O velho adágio baconiano[31] de que para dominar a natureza é preciso obedecê-la referia-se apenas à necessidade do inerte e a sua lógica linear; esse simples esquema de ação/reação imita a mesma tática desses esportes de combate nos quais certos gestos do ataque do adversário são aproveitados para virar o jogo contra ele, utilizando-se de sua própria força: subitamente, a reação se desvia e reverte a ação. Ao aderir a uma lógica na qual as bifurcações ao redor dessa linha florescem, passamos a desfrutar de um espaço mais amplo em que existe possibilidade de retorno e no qual podemos ver esboçarem-se vias tão numerosas quanto escolhas possíveis.

Nossos laboratórios são construídos no interior desse quadrilátero como se se tratasse de seus muros. A partir de Darwin, em uma de suas extremidades encontra-se o impossível, a morte, ou seja, a seleção natural, agrícola e artificial desde o neolítico, artificial e não agrícola a partir de

---

[31] Relativo ao filósofo inglês Francis Bacon (1561-1626). Ligava o progresso humano ao progresso do saber. Desenvolveu uma classificação das ciências em *Novum Organum* (1620) e propôs concepções empiristas em *Instauratio Magna* (1623). (N.T.)

algumas décadas; as mutações do genótipo e suas relações com o fenótipo ocupam as extremidades do possível; o inerte, as leis da física e da bioquímica residem nas extremidades da necessidade; nas extremidades da contingência triunfa um ser vivo, frágil e singular. Os diversos darwinismos instalaram a diagonal possível-impossível sob o duplo nome mutação-seleção que, como um tipo de filtro, impede a passagem da outra diagonal que se estende da bioquímica necessária à emergência do ser vivo singular contingente. Uma atravessa a outra assim como o impulso vital brota das múltiplas constrições.

Ao longo de um dos lados desse quadrilátero, a necessidade material pilota a combinatória dos possíveis e codifica-lhe os algoritmos ao mesmo tempo que, do outro lado, interdita as exceções a suas leis, sancionando-as com a morte; ou seja, a metade "esquerda e baixa" do quadrilátero continua sob o domínio da bioquímica, à medida que avança em direção à originalidade do ser vivo; do outro lado, na segunda metade "alta e direita", da diagonal, abre-se o domínio da biologia e das ciências naturais, da evolução e da contingência, da unicidade singular do indivíduo em vida: do possível à contingência, emergem as novidades, lapidadas do lado do possível pelas supressões que lhe asseguram a excelência. Ao unir o que a antiga metafísica chamava de matéria e vida, o quadrilátero das modalidades resume a gênese dessa matéria. Se esse esquema reúne e articula a execução das leis materiais ao funcionamento evolutivo e as aquisições naturalistas do século XIX às descobertas bioquímicas do século XX, se simplesmente explica e faz compreender, ele também estabelece um conjunto de práticas.

Metafísica

Um dos infortúnios da filosofia tradicional consistia no fato de que uma linha direta opunha as matemáticas à existência, a necessidade à contingência e Aristóteles, que considerava a substância individual real, a Platão, que associava essa substância às Idéias. As leis gerais não alcançam de modo algum a singularidade, que permanece aquém ou além dessas leis. Por outro lado, se elas a alcançam, é preciso dizer como e mostrar o caminho, passo a passo. Leibniz inicialmente esboça e formaliza essa linha ao opor a *mathesis universalis* à mônada, substância regular, mas logo a coloca na diagonal do quadrilátero, cruzando-a com a linha que vai do possível ao impossível. Ele confia o conjunto do esquema a Deus, ao cruzamento entre Seu entendimento e Sua vontade. A metade baixa e esquerda do quadrilátero figura em primeiro lugar, e a outra, alta e direita, em segundo. O entendimento contém as verdades eternas e os possíveis, excluindo os "incompossíveis"; a vontade escolhe e cria o melhor entre os "compossíveis ", o traz à existência ou o faz viver em sua contingência de fato. No domínio da técnica, o mesmo Leibniz não se omite em nos legar, simultaneamente, a combinatória, a numeração binária e o pensamento algorítmico, cuja progressão se faz passo a passo, sem contar uma nova aplicação da máquina de calcular nos modos de Pascal. Todas essas operações e mecanismos conduzem esse quadrilátero abstrato à prática.

As biotecnologias atuais imitam o próprio processo que Leibniz descreveu como se tivesse assistido ao *fiat lux* da criação ou como se Deus o tivesse instalado em Seu glorioso conselho. Bossuet lhe reprova as "loucas antecipações da vida triunfante". Nossas explorações recentes aprimoram e aplicam os operadores preparados por ele, o código algorítmico e as máquinas necessárias para realizar o que parecia orgulhosamente inacessível ao Águia de Meaux.[32] Alguns intermediários foram certamente necessários: Buffon, Lamarck, depois Darwin, Mendel, De Vries, que inicialmente traduziram a diagonal possível-impossível em termos evolutivos mais bem adaptados aos seres vivos: mutações-seleção; Schrödinger e posteriormente Turing experimentaram o lado necessário-possível em termos de informação, e depois em algoritmos mais bem adaptados às máquinas. Darwin, seguido de Bergson, descreveu a emergência do contingente em meio ao leque de possíveis.

Em teoria, essas traduções preparavam, no mesmo quadrilátero e através dele, as práticas nas quais se encontram as mais recentes práticas da química e outras mais antigas e conhecidas, como as de Lamarck e Darwin, e as da agricultura e da criação. Enxergando apenas os fenótipos, o camponês matava os animais e queimava as plantações malformadas a fim de conservar as melhores variedades para a reprodução e para a alimentação; Darwin e seus sucessores afirmam que as mutações, superadas em número e qualidade por sua descendência, sobrevivem, enquanto outras morrem. Ao acessar o genótipo, os bioquímicos sucessores de

[32] A expressão refere-se a Jacques-Bénigne Bossuet (1627-1704), grande orador, pedagogo e prelado defensor do catolicismo contra o protestantismo. Foi nomeado bispo da cidade de Meaux em 1681. (N.T.)

Darwin descobriram as seqüências de seus elementos: a mutação torna-se uma permutação ou, pelo menos, uma reorganização. O processo natural da origem das espécies e a atuação artificial do criador resolvem-se na seqüência do ADN e de outras moléculas longas reunidas em uma combinatória em longas cadeias de razão simples e fáceis que os especialistas em algoritmos sempre usam para atingir as prodigiosas complexidades que caracterizam o ser vivo.

Combinatória: tudo é número

Desde a combinatória na qual aos 18 anos Leibniz descobriu a arte, desde esse algoritmo de notas aleatórias, a lógica linear da ciência tradicional abriu-se. Uma seqüência de elementos, notas ou números na qual atua a substituição cede lugar à cadeia dedutiva de Descartes. Como à substituição de uma nota por outra ou de um número por outro corresponde toda uma outra cadeia, a única linha necessária desaparece em favor de um buquê múltiplo aberto por essas substituições. Na própria ciência nasce o possível, como também nas técnicas e nas artes, mediante uma melodia que a mudança de uma única nota transforma pela fuga e pelo contraponto. Alguém sabe que, no dia de sua morte, Johann Sebastian Bach deixou sobre sua mesa um exemplar do livro *Dissertação sobre a arte combinatória*,[33] de Leibniz? As variações indefinidas do *Cravo bem temperado*, da *Arte da fuga* ou da *Chacona para violoncelo* foram inspiradas nessas permutações muito próximas das mutações que, por meio de nossas técnicas, produzem as variedades vivas na natureza.

Leibniz, o combinador, já sustentava que "enquanto Deus calculava, o mundo emergia"; Buffon tentava contar a idade do universo; Mendel enumerava as variedades de brotos das ervilhas; Darwin avaliava o número de descendentes dos mais aptos; Turing decodificava contando até chegarmos à explosão combinatória, cujos cálculos enormes dão conta dos seres

[33] Leibniz preocupou-se em vincular a filosofia às matemáticas escrevendo uma *Dissertação sobre a arte combinatória*. Nesse trabalho procurou encontrar para a filosofia leis tão certas quanto as matemáticas e esboçou as premissas do cálculo diferencial, que inventaria ao mesmo tempo que Newton. Por outro lado, no estudo da lógica aristotélica, Leibniz encontrou os elementos que o levaram à idéia de uma análise combinatória filosófica, vislumbrando a possibilidade de criar um alfabeto dos pensamentos humanos, com o qual tudo poderia ser descoberto. (N.T.)

vivos. Perrette podia calcular de cabeça seus bezerros, vacas e ninhadas. A prática decorre de tudo que aqui se refere ao numérico. Tudo é número, desde a necessidade de leis que podem ser mensuradas, pesadas e cifradas até o leque combinatório dos possíveis e sua filtragem por toda ordem de constrições, até a unicidade original e contingente do ser vivo, identificado individualmente por um código exclusivo; tudo é número. Esses cálculos tornam possível as práticas numéricas.

Uma filosofia unitária

Essa primeira abertura que as seqüências combinatórias operam sobre a linha original das lógicas tradicionais amplia o campo das ciências que elabora o quadrilátero dos modos, no qual o necessário acolhe o possível, o impossível e o contingente. Desse quadrilátero emergem um saber rigoroso e as técnicas exatas da contingência e das possibilidades. Ninguém suspeitava de que esse saber e essas técnicas um dia entrariam para o reino do cálculo e da supremacia da *mathesis* e da *praxis.* Certamente, na época de Leibniz, o ser vivo ainda se encontrava distante da álgebra combinatória, a não ser pelo fato de que os criadores há muito já cruzavam variedades da flora e da fauna, imitando Deus e atuando como combinadores. O famoso conselho de Voltaire contido na expressão "cultivar seu jardim" encontra-se, é claro, em Leibniz, embora o ironista ingênuo das Luzes compreenda tão pouco as permutações e o otimismo na escolha das variedades contingentes criadas pelo buquê de cruzamentos quanto um contemporâneo identifica nas biotecnologias a manutenção fiel dessas promessas de jardinagem ou o acontecimento humano de uma teologia transcendente. As biotecnologias completam, hoje, os trabalhos especializados de camponeses milenares por meio de práticas originadas de uma metafísica que Cândido[34] ridicularizava.

Essa metafísica serviu de alicerce para nossa habitação. No quadrilátero das modalidades encontramos hoje não apenas a existência e o tempo, a fragilidade e os indivíduos, cujo drama é lamentado ou exaltado pelas obras de arte e pelas humanidades, mas as ciências e as técnicas, nossas onipotências positivas e trágicas. Encontramos enfim o próprio desenrolar da história entendida como aquela que guia o buquê de possíveis desejáveis ou temidos em direção ao contingente imprevisível, através dos

34 Conhecido personagem de Voltaire. (N.T.)

diversos filtros do necessário e do impossível. Em resumo, esse quadrilátero das modalidades é habitado pela filosofia e pela enciclopédia, que lhe servem de apoio.

Será que precisamos de outra habitação-mundo?

Antropologia da clonagem: a filiação

Quem serão os habitantes dessa família nova e antiga? As biotecnologias conseguiram o acesso à clonagem das células, plantas e animais, embora a clonagem humana apresente um grande número de problemas. Aqui e ali alguns gêmeos e até mesmo alguns quadrigêmeos desfrutam abertamente de sua própria identidade; a cultura incumbe-se naturalmente de distinguir os organismos semelhantes. Entre os argumentos levantados contra essa reprodução artificial do idêntico, os melhores especialistas insistem sobre o importante papel da filiação na gênese do simbólico. Os antropólogos afirmam com razão que, sem a marca decisiva de um lugar dentro da família ou de seu equivalente, a reprogramação do humano para além da vida animal fracassa, ou seja, por meio do simbólico a filiação inaugura a cultura. A clonagem perturba esses laços: quem é o filho ou a filha de quem, não sabemos mais. Como resolver essa questão?

Os especialistas não conhecem nada mais além do Édipo ou dos Nhambiquara. Quem não ficaria feliz se tudo que tivesse sido perdido no tempo e no espaço se tornasse, novamente, vizinho e familiar? Em contrapartida, o completo esquecimento dos acontecimentos que inauguraram nossa era cristã possui hoje grande peso sobre os trabalhos contemporâneos, nos quais o próximo se afasta tanto quanto o distante se aproxima. Por isso vejo-me obrigado a recordar que essa era começou exatamente por um tratamento dessa questão que, de tão original, propõe soluções no próprio local no qual são encontrados apenas problemas.

A *Sagrada Família*

Consideremos a Sagrada Família: Jesus não nasceu de José, chamado de pai adotivo; considerado certamente filho de Deus Pai, está escrito que sua mãe o concebeu do Espírito Santo; as Escrituras dizem muito bem, filho do Homem. Pilatos grita durante a Paixão "de qual dos dois quereis que vos livre", Jesus ou Barrabás? Os três sinóticos aqui concordam com

João (Mateus XXVII, 16; Marcos, XV, 7; Lucas, XXIII, 18; João, XVIII, 40) ao relatar a decisão de crucificar Cristo e libertar Barrabás. Este último nome significa: o filho do pai; aquele que se distingue e que morreu não era o filho do pai.

Nada mais freqüente do que uma criança nascida de pai desconhecido que fugiu ou morreu antes de a criança nascer; por convenção ou por reconhecimento, a paternidade desconhece regra natural. A maternidade, ao contrário, tem parentesco com as leis universais da natureza que não sofrem nenhuma exceção: não se tem conhecimento de criança sem mãe. Como se fosse algo raro, a virgindade de Maria introduz uma ruptura nessa lei. Como e por que inventar esse oximoro: uma mãe que permaneceu virgem? Para que a maternidade deixe de ser completamente imprescindível como deixaram de ser a filiação e a paternidade. O pai não é de forma alguma o pai, e a mãe é muito menos a mãe, coisa bastante extraordinária. Melhor ainda, ao se considerar Maria mãe de Deus, *théotokos*, como fez um certo concílio papal, volta-se a conceder a essa mulher o título e a função de mãe de seu pai, coisa ainda mais extraordinária. O adjetivo "sagrada" na expressão "a Sagrada Família" significa, como foi dito, que ela desfaz os laços carnais, biológicos, sociais e estruturais: cada um a sua maneira, o pai não é o pai nem o filho é verdadeiramente o filho, nem a mãe absolutamente a mãe; não existem mais laços de sangue.

Antes mesmo da época dos iluministas, essas raridades provocaram risos nos racionalistas e, mais recentemente, fizeram as ciências humanas se deliciar em comparar essa história considerada mentirosa às excentricidades relatadas pelos mitos. O povo, mais sagaz e doce nessas práticas e crenças do que os doutores com seus argumentos, não se engana mais e, num registro totalmente diferente, reconhece como cristãos qualquer homem ou mulher que chame qualquer outra pessoa de irmão, pai, mãe ou irmã, mesmo que não seja seu parente de sangue, mas que quis livremente fazer-se como tal. Esse reconhecimento define o cristianismo como desconstrutor dos laços de parentesco consangüíneos.

As leis das ciências duras descrevem as necessidades físicas, enquanto as leis humanas derivam apenas de convenções. Salvo, sem dúvida, uma pelo menos: ninguém pode furtar-se de nascer de uma vulva, lugar natural de onde emanam todas as culturas. Os gregos chamavam-no mesmo de o lugar, a referência, o "lá" por excelência, em resumo, o "estar-lá". A favor ou contra, sobre essa lei biológica conhecida por todos sem exceção constroem-se as estruturas da família e as leis culturais e jurídicas do parentesco consangüíneo. O cristianismo substitui essa necessidade física, da qual ninguém escapa, pela liberdade paradoxal da escolha e pelos possíveis do amor. A dileção adotiva que os adiciona compõe ao gosto de cada um as estruturas do parentesco, incluída a estrutura maternal. Em face da necessidade, os dois dogmas da concepção virginal do Verbo e da Imaculada Concepção descobrem a origem da cultura na natureza e na liberdade.

A *herança da* Aliança: *o ponto de vista jurídico*

Esse não é simplesmente um caso de herança, trata-se do primeiro direito cristão. Sem a adoção do direito de herança só poderiam existir herdeiros por nascimento, excluindo-se qualquer outro. O cristianismo abre para a universalidade do gênero humano, *omnes gentes,* a herança da Aliança reservada pelo Antigo Testamento ao único povo eleito. Trazido pelo arcanjo Gabriel, o Novo Testamento estende esse legado a todos. Ele substitui a exclusão pela inclusão ou, melhor, generaliza uma singularidade. As Escrituras da era moderna são o legado universal deixado a todos os homens de todas as nações. Como isso pôde ser feito? Contra a genealogia e pela adoção.

Desde sua origem, o cristianismo desfaz e reprograma a concepção. Se quiserem, todos os homens podem tornar-se filhos adotivos de Deus e desfrutar da Aliança; todos os exemplos precedentes que a teologia canônica oferece testemunham a desconstrução das relações biológicas, carnais e consangüíneas da família por meio da afeição adotiva. "Mulher, o que existe de comum entre mim e vós?", disse Jesus, sua mãe nas bodas de Canaã (João II, 4). José, Jesus e Maria, pai, filho e mãe sem laços reais de sangue, compõem a família de adoção, palavra construída sobre a liberdade de escolha e que traduz de forma clara e jurídica o amor universal livre e santificado.

Para o cristianismo, a dileção adotiva desempenha o papel de estrutura elementar única, abstrata e formal do parentesco. O amor escolhido e livre torna-se o único átomo de relação, até nas ligações mais elementares da família. Daí decorre a ruptura das relações familiares e de seu novo caráter universal e racional construído sob a aparência do estranhamento. Além disso, as estruturas elementares comuns definem habitualmente as culturas locais; sua desconstrução, a possibilidade da escolha, a introdução da liberdade na necessidade do sangue abrem pela primeira vez a humanidade ao universal. O estranhamento tornou-se a condição racional desse universal.

A morte sangrenta pela violência e a família consangüínea criaram no passado as duas grandes fábricas de mitos antigos: a Paixão e a Ressurreição de Jesus Cristo encerram a primeira, e a Sagrada Família destrói completamente a segunda. Essa morte sangrenta instala as estruturas nulas, livres ou formais do parentesco: o cristianismo desconstrói a própria condição dos mitos. Longe de repeti-los, ele os destrói. Nietzsche se perguntava por que não inventamos mais os mitos: porque funcionava ou ainda funciona a crítica desconstrutiva implícita no cristianismo. Os mitos reaparecem, vimos exemplos disso, com o politeísmo, desde que o Novo Testamento foi esquecido.

Aplicação imediata: seu esquema familial resolve os problemas colocados às ciências humanas pela filiação, a partir da clonagem e das biotecnologias. Faz dois mil anos que zombamos da questão de saber quem é o pai, a mãe, o filho ou a filha de quem, uma vez que podemos decidir à vontade sobre isso, conforme amamos a Deus. Melhor ainda, a modernidade nos libera dos mitos cuja ferocidade deriva duplamente do sangue. As ciências e técnicas sabem ser executoras fiéis do Novo Testamento?

Retorno aos dizeres de Gabriel: nem natureza, nem cultura

A estrutura adotiva única do parentesco libera-se da fatalidade física e biológica dos corpos e do sangue, ou seja, da necessidade natural. Mas, por isso, ela não se tornou cultural, uma vez que a livre escolha do laço parental não depende nem das línguas nem das leis convencionais de uma determinada sociedade; na verdade ninguém impede que se escolha um pai, uma irmã ou um irmão em outros coletivos distantes. Quem é que não pode perceber que todo racismo se encontra erradicado por essa desconstrução radical das estruturas de parentesco fundados unicamente por laços de sangue?

O enviado do Senhor anuncia a Maria que ela iria conceber do Espírito Santo. Essa palavra designa uma concepção que não é nem natural, nem cultural, mas espiritual. O que significa este último termo? A soma dos dois outros ou sua negação: a adição do sobrenatural ao sobrecultural e, apesar de ninguém usar essa palavra, entendam por ela o universal. É assim que o cristianismo reconstrói o simbólico. A universalidade do Espírito extrai seus recursos dessa somatória.

O anúncio feito a Maria significou que, a partir do intervalo entre 25 de março e 25 de dezembro daquele ano, o tempo não mais se conta segundo a árvore genealógica ou as estruturas de parentesco: exceto pelos laços de sangue a genealogia passa a ser considerada universal. Um dos Evangelhos começa pela genealogia do Cristo (Mateus, 1, 1-16), a descrição seqüencial da árvore de Jessé, enquanto Jesus, ao morrer sobre a Cruz, transmite não a vida através do sangue, mas justamente essa escolha. Antes da paixão o povo já tinha identificado Barrabás como Filho do Pai; em seu momento final, suas derradeiras palavras foram dirigidas a Maria, sua "mãe": "Mulher, eis teu filho", e a João, seu discípulo preferido: "Eis tua mãe." (João, XIX, 25) No momento de expirar, aquele que havia sido distinguido como Filho do Pai transmite a seu discípulo bem-amado o laço adotivo móvel, formal, livre e deleitável ao anunciar em palavras o Novo Testamento.

SEGUNDO CIRCUITO DA HOMINESCÊNCIA

História do calor: os objetos-mundo

Vejam o mundo que se abriu por meio de nosso corpo global, percebam seus muros e seus habitantes. Vamos ver como construí-lo na prática?

Quando aquecemos líquidos e gás, os vapores dessas misturas se expandem de modo aleatório em todas as direções pelas chaminés. Com efeito, as recentes extrações de amostras das calotas glaciais puderam datar o início aproximado da idade do bronze, graças aos traços deixados na atmosfera pelos fornos arcaicos do Oriente Médio, cujos resíduos foram dispersados e arrastados com as neves que ocorreram sobre essas altas latitudes. Quem teria acreditado que, desde a pré-história, a mundialização já havia começado? Generalizadas e propagadas pela revolução industrial, as técnicas de aquecimento aceleraram a escalada do local para o global. Bem recentemente, nosso savoir-faire tem-se dedicado à elaboração dos objetos-mundo. Um satélite pela velocidade, uma bomba atômica pela energia, a internet pelo espaço, os resíduos nucleares pelo tempo constituem quatro exemplos de objetos-mundo. Podemos chamá-los ainda de objetos?

O que é um objeto?

O que seria um objeto? No sentido literal, "o que é colocado ou o que se coloca diante de". Os objetos-mundo jazem diante de nós? A dimensão global que os caracteriza suprime a distância entre nós e eles que no passado definia nossos objetos. Nós os habitamos, assim como o mundo. Denominamos nossas habitações objetos?

Artefatos tradicionais, instrumentos e máquinas formam conjuntos com raio de ação local no espaço e no tempo: o mandril fura o pedaço de couro, a marreta bate e introduz a tora de madeira no chão, a charrua abre o solo para a lavoura, e todos definem inteiramente o ambiente sobre o qual trabalham os homens das artes que os utilizam. Esse tipo de divisão do mundo em localidades quase corporativas, até mesmo específicas, torna possível uma filosofia do controle e da posse, pois sabemos definir o que dominamos e como o fazemos, da mesma forma que as espécies animais. Essa divisão estável contribuiu para definir e fixar a noção medieval de objeto *ob-jectus*, o que jaz a média distância diante da força do corpo, em nossas intervenções e pensamentos. Administrado por um sujeito, um objeto técnico age sobre outros objetos e, às vezes, até mesmo sobre outros sujeitos; todos esses elementos existem dentro de um subconjunto espaço-temporal estreito e relativamente invariante no tempo.

Iniciada com as técnicas de aquecimento e de aumento quantitativo desses objetos-mundo, aos poucos a globalização formou um novo universo: nós o vemos técnico e físico, o veremos humano e jurídico. Podemos dar o nome de objetos às coisas que o constituem e de sujeitos às pessoas que delas se servem? Nossas redes de comunicação são objetos? Com certeza elas não têm nem presença e nem realidade, pois canais e fibras óticas transportam cifras, símbolos e virtualidades. É aí que preferencialmente habitamos.

Dependência e possessão

Quanto maiores forem as possibilidades de dominar determinados lugares e logo tomar posse deles, pois no fim das contas a propriedade só pode ser entendida com a ocupação de um nicho delimitado, quase biológico, tanto mais ignoraremos as inclinações e os resultados de uma dominação global do mundo. Os filósofos atuais voltados para as diferenças calam-se sobre as categorias da totalidade, tão difíceis de manejar, uma vez que só sabemos definir com rigor e exatidão o local, através dos objetos, no sentido medieval do termo. O adágio cartesiano de posse sobre a natureza não define as condições de controle de um "objeto" tão vasto.

Essa mesma recomendação de controle inscreveu-se, por outro lado, no lento deslocamento histórico da velha partilha estóica, das coisas que dependiam e das coisas que não dependiam de nós. Novamente, que "coisas" e que "nós"? Nesse segundo ato, cartesiano, essas "coisas", que no passado não dependiam de nós, de repente, passaram a depender cada vez mais; vivemos, às vezes, com a certeza nem sempre ilusória de que tudo depende de nós; no terceiro ato começamos nós mesmos a depender de coisas que dependem de atitudes que tomamos, suscitadas, desencadeadas, nascidas de nossas ações como uma nova natureza. À primeira divisão estóica e à segunda supremacia cartesiana, sucede uma espiral na qual dominação e dependência interagem e retroagem, na qual desaparecem os sujeitos obsoletos — no passado, solitários —, misturados aos objetos antigos e fora de moda que se encontram localizados. É a mudança no estatuto dos objetos ou das coisas que comanda a transformação no regime da dependência ou da possessão? Trinta anos se passaram desde que escrevi que à dominação do mundo deve suceder-se, hoje, a dominação da dominação.

Os objetos-mundo nos colocam em presença de um mundo que não podemos mais tratar como um objeto: objetivo seguramente e, assim, evitamos qualquer animismo, mas não um animismo passivo porque ele retroage sobre as constrições globais de nossa sobrevivência. Devemos pensar nesse retorno.

O *segundo circuito da hominescência refere-se ao mundo*

Cada vez menos objetos, cada vez mais mundo, os objetos-mundo nos conduzem em direção ao mundo que não é um objeto como os objetos do mundo. Não conhecemos esse mundo da mesma forma. Não sabemos o que é feito dele; mal começamos a conhecê-lo, e esse conhecimento difere do conhecimento que temos sobre um objeto delimitado; mal começamos a executar ações sobre ele, e essa prática difere daquela pela qual agíamos sobre seus antigos objetos; mal começamos a saber quem age sobre ele ou o conhece. A quem chamar de "nós"?

O primeiro circuito da hominescência repercute sobre nossos corpos: o ambiente que produzimos e sobre o qual havíamos externado sua evolução influenciou-o para fazê-lo bifurcar sobre outra evolução. A segunda evolução refere-se ao mundo que modelamos a partir desses objetos-mundo. A filosofia clássica dizia que éramos naturados; e eu digo que nós nos tornamos naturantes: provocamos o nascimento, no sentido etimológico da palavra, de uma natureza totalmente nova produzida em parte por nós e que reage sobre nós. Tornamo-nos os homens que somos por ter esculpido tecnicamente nosso ambiente e nossa própria habitação a fim de nos proteger; formada agora por esses objetos-mundo, essa habitação evolutiva passou a agir sobre o próprio mundo para produzir essa nova natureza, mistura surpreendente daquele mundo com este ambiente que até agora era apenas protetor.

Qual o pensador antigo, hindu, medieval, propagador dos iluministas ou racionalista recente que teria adivinhado que um dia, sem a ajuda de um feiticeiro ou um mágico, desencadearíamos tempestades e aqueceríamos o planeta? O mundo se tecniciza e culturaliza em face de nossos objetos-mundo e por seu intermédio.

Conceitos e imagens

A filosofia reexaminou todos os seus velhos conceitos: o sujeito, os objetos, o conhecimento, a ação, construídos ao longo de milênios em localidades cujas divisões definiam uma distância sujeito-objeto ao longo da qual atuavam o conhecimento e a ação. A medida dessa distância condicionava-os. Divisões, vizinhanças, distância, medida, essas finitudes preliminares a nossas teorias e nossas práticas hoje se desfazem porque atuamos num grande teatro e perdemos nossa finitude. Antigas e tímidas categorias da totalidade como, por exemplo, o ser-no-mundo, entraram simultaneamente no conhecimento objetivo e na ação tecnicista. Passaram da metafísica à física, da especulação à ação, da ontologia à lógica modal, da contemplação à responsabilidade.

Já agimos bastante sobre as coisas, tentamos examinar seus objetos, é tempo de conhecer o mundo e descobrir a natureza não no sentido comum, mas no puro sentido etimológico, uma vez que ela nasceu sob nossos olhos, de nossas mãos e entre elas, completamente nova para nós, para nossos conhecimentos e nossos atos globalizados. Produzido o resultado, ela mesma retornou como condição de conhecimento, de ação e até mesmo de sobrevivência para novos sujeitos nela mergulhados desde o momento em que agiram sobre ela.

Reversão do relacionamento sujeito-objeto

Graça às fotografias tiradas pelos espaçonautas, vimos a Terra inteira renascida. Essa visão nada tem a ver com as percepções antigas que apenas faziam suposições sobre a Terra sem jamais tê-la visto. O ser-no-mundo não havia jamais visto o mundo. Por meio da internet e do correio eletrônico podemos nos comunicar imediatamente com essa globalidade construída e dada. Mediante nossas técnicas e suas derivações, agimos sobre o clima e o aquecimento da Terra. Desde que passamos a agir sobre ela, ela mudou e nos fez mudar. Não vivemos mais da mesma forma, apostamos sobre as conseqüências dessa reação em nossas vidas.

Sempre ocorre que a uma vantagem em um lugar corresponde uma perda em outro: por exemplo, o aquecimento global pode traduzir-se em alguns lugares por uma glaciação. Por outro lado, no sistema global do saber e das ações para o mundo e para a humanidade, novos "nós" se formaram da mesma forma globalizada, mas as ações e os pensamentos locais não podiam enxergar esse fato. O global resolvia-se, com freqüência, por meio da distribuição de perdas e ganhos sempre difíceis de prever. Novas comunidades aparecem, uma nova opinião mundial se forma, ambas homogêneas e, ao mesmo tempo, em mosaico. A Terra em sua totalidade corresponde à humanidade, não mais abstrata ou sentimental, como antes, mas agora potencial, atual e muito mais efetiva, excitante e heterogênea. Certamente, tudo depende de nós, mas mal começamos a compreender o que significam esse todo e esse nós. Por meio das ciências do mundo e dos homens reconstruímos um novo grande discurso que diz respeito a todos os homens e ao mundo em sua totalidade e que oferece esperança em um humanismo descentralizado e, pela primeira vez, autenticamente universal. Esse nós e esse todo interagem ao inverterem seus papéis.

Vítimas de nossas vitórias, enquanto sujeitos tornamo-nos objetos passivos de nossas ações. Correlativamente, o objeto global reage a nossas ações como um sujeito aliado. Nos encontros internacionais, o que os enviados dos Estados Unidos dizem sobre o aquecimento da Terra, por exemplo, tem menos importância do que a tomada de consciência sobre o assunto. Com certeza, isso se deve às novas tecnologias, mas também ao aparecimento da embarcação comum que, por suas reações inesperadas, converteu-se subitamente em parceira de nossos atos e inquietudes. De que falam cada vez mais nossos representantes? Dessa Terra global. No passado ela foi assujeitada por nós, velhos sujeitos; hoje ela foi transformada em sujeito de direito, com *O contrato natural* ela é sujeito político, coisa previsível. Proveniente das ciências duras, a Terra entra na história. Vejam, também, o que entendo por hominescência.

Poluição: o preço das coisas

A filosofia clássica jamais pôde calcular o custo do saber, do pensamento ou das ações: prejulgava-os gratuitos. Vivia no suave mundo da graça e da coisa dada. A partir do momento em que surgiu o trabalho, tudo começou a passar pela lei marcial do preço. De origem greco-romana, a filosofia presumia a existência de escravos que pagassem com o suor de seus corpos a liberdade de pensamento e de ação daqueles que viviam em permanente lazer. A previsão de preços era calculada a partir dos portões de saída do jardim do Éden, onde a questão do mal, do labor e da dor detalhava seu cálculo. Os rendimentos do trabalho jamais alcançavam a unidade porque havia sempre os resíduos, lixo, lama e sujeira, objetos excluídos da metafísica por Platão no *Parmênides*. Quanto maior a quantidade de escravos e servos mais o trabalho permanecia frio e local, e os preços variavam em lucros e perdas. A partir do momento em que a energia do calor entrou no trabalho foi preciso calcular o rendimento da máquina movida por essa energia. A partir do momento em que os objetos-mundo passaram a funcionar, os preços se tornaram comparáveis a uma dimensão do mundo: sobe o nível do mar, por exemplo.

Sobre esse ponto, poderíamos ter aprendido politicamente que um coletivo não se conduz como uma pessoa nem, tampouco, como uma família. Da mesma forma que cidades ou nações representam conjuntos que não podem ser reduzidos a grupos homogêneos, o mundo é um objeto que não tem o mesmo status que um objeto local. Mudar da escala local para a global implicava uma mudança das leis. Em antecipação ainda mais arcaica algumas tradições religiosas já anunciavam essas retroalimentações no global. Por exemplo, a cena primitiva do Dilúvio, presente em muitas tradições, talvez descreva uma certa transgressão física marinha, mas fala bastante de paz, de pombas e de ramos de oliveira para não advertir conscientemente que as rivalidades humanas podem colocar em perigo o planeta e a totalidade da vida, fato confirmado no Dilúvio pelo aumento universal das águas, risco que foi previsto pela reunião de todos os animais dentro da Arca. Longe de falar sobre culpabilidade ou interdições morais, essas cenas parecem advertir que um certo tipo de fim global nos torna objetos dependentes de nossos atos livres de sujeitos: o nível do mar sobe.

Sujeitos, objetos, conhecimento

Voltemos às próprias coisas: para o lingüista, assim como para o historiador, as causas precedem as coisas e o primeiro sujeito conhecido designa o sujeito de direito; um contrato precede o conhecimento e a ação. A palavra coisa, usada habitualmente para desmembrar uma objetividade, deriva com efeito do latim *causa*, termo jurídico próprio para designar aspectos de um processo jurídico ou o próprio processo. Em sua origem, a coisa designava algo sobre o qual ocorre um debate, uma decisão de tribunal, um contrato. Ao conhecimento da coisa segue seu estabelecimento por uma instância legal que designa simultaneamente um acordo e seu objeto. A palavra inglesa *thing* deriva igualmente de um termo do direito germânico. Em nossas línguas um contrato social sempre acompanha a emergência de uma coisa: não há dúvida de que jamais saberemos quem precede quem, se essa coisa constitui o grupo ou se o grupo a constitui. Em todo caso, uma objetividade surgiu ao mesmo tempo que um coletivo, e isso aconteceu dentro das condições de direito.

O primeiro sujeito conhecido designa igualmente o sujeito de direito. Como conseqüência disso o *Contrato natural* trata quase exclusivamente dessa questão: quem tem o direito de se tornar o sujeito de direito? A história do direito demonstra a universalização progressiva do direito de se tornar sujeito de direito: isso aconteceu, antigamente, com os escravos e, mais recentemente, com as crianças e as mulheres, decisão tão tardia, que envergonha a humanidade. No futuro, em relação à natureza raciocinaremos com a mesma vergonha que sentimos hoje pela demora em compreender, pelo menos desde a fundação do mundo, que nossos companheiros poderiam ter sido convertidos em nossos parceiros. Toda questão conduz inicialmente ao estatuto do sujeito e, em seguida, aos objetos. Para alguns pareceu uma loucura propor um Contrato que engajaria um objeto, e que seria engajado por ele: tanto quanto fazer de um cavalo senador ou considerar a natureza uma madrasta. Poesia ou loucura. Que eu saiba, as mesmas críticas foram feitas a Rousseau, uma vez que na História conhecida ou conhecível seu *Contrato social* jamais foi assinado por qualquer homem ou qualquer coletivo. Para o filósofo esse contrato designa a condição *sine qua non* ou transcendental da formação das sociedades. Poder-se-ia da mesma forma ter criticado Bacon: a quem se comanda e a quem se obedece em seu célebre adágio que diz que não se comanda a natureza a não ser obedecendo-a?

A globalização transforma os objetos em processos nos quais ação e conhecimento crescem em direção ao universal; o estatuto objetivo do sujeito coletivo varia porque, ativo que era no passado, torna-se um objeto global que sofre as ações decorrentes de suas próprias ações; o estatuto do objeto-mundo que, no passado, era passivo e determinado, agora volta novamente a ser ativo e nosso parceiro de fato. Vou definir mais precisamente como. Antes disso, não podemos mais descrever a cena do conhecimento por meio do par medieval sujeito-objeto, pois os próprios termos e suas relações mudam.

No que se refere a essas relações, não sei de nenhum conhecimento que não comece também pelas condições de direito, cujo impacto aumenta na história das ciências tão rapidamente quanto as condições da globalização. Todo saber exige um acordo ou consenso que só as instâncias de direito e de fato se incumbem de estabelecer. O ensino e a pesquisa apresentam-se diante de instâncias como júris, exames, concursos, prêmios ou publicações que, antes de decidir se alguma coisa é falsa, verdadeira ou provável, se é ou não objeto da ciência, deliberam e decidem sobre isso durante um processo largamente contraditório. Os sujeitos de direito formulam os direitos dos objetos.

Devemos hoje pensar num novo objeto que ultrapasse bastante o estatuto de objetos locais, uma vez que sob certos olhares nos tornamos objetos de algo que nem mesmo sabemos se é um objeto; se tratamos o mundo como um objeto seremos condenados por nós mesmos a nos tornar objetos desse objeto. Para pensar nessa nova situação, voltemos ao gesto jurídico de origem: esse objeto novo emerge no pensamento por um novo Contrato que estabelece simultaneamente esse novo objeto global e o novo grupo global que o pensa, que age sobre ele, cujos debates fazem com que ele apareça, cujas ações o fazem reagir e cujas reações, em contrapartida, condicionam a própria sobrevivência do coletivo que o pensa e que age sobre ele. Há mais de 20 anos não fazemos outra coisa a não ser falar dele e debater sobre ele, não fazemos outra coisa a não ser estabelecer as bases do que denominei o *contrato natural*.

O conhecimento e a troca: o dado

Prometi falar sobre o parceiro. A questão do relacionamento entre o sujeito do conhecimento e seu objeto jamais foi pensada no contexto da troca, como se estivesse subentendido que o sujeito ativo tivesse adquirido uma informação determinada pelo objeto passivo. A utilização na filosofia do termo dado revela que o mundo objetivo ou exterior dá e não pede e nem recebe nada em troca. Em conseqüência disso, os vínculos que se estabelecem no processo do conhecimento identificam-se aos do parasita, tal como o estudei no livro que tem esse título. O sujeito apossa-se de tudo e não dá nada, enquanto o objeto dá tudo e nada recebe. Gratuito, o conhecimento pode duplicar-se em ações não menos gratuitas. Em resumo, a relação ativa ou técnica com o mundo explora-o. Parasitismo ou predação: não sabíamos como nos conduzir. O que parecia normal, usual, comum no conhecimento transforma-se em escândalo e abuso no momento da troca. Se começamos a conhecer por meio de processos jurídicos é preciso que uma certa justiça tenha lugar nessa troca; razão da necessidade de um contrato.

Qualquer pedagogia consiste em fazer do pequeno homem um simbionte ou parceiro de uma troca equilibrada ou eqüitativa, mesmo que não possa deixar de ser o parasita que sempre foi desde sua origem. Ele pode apoderar-se, mas é preciso que dê em troca. De certa maneira, ele precisa assinar um contrato de troca com o meio circundante, como se, ao aprender um direito não escrito, ele debutasse na vida humana e civil. Com freqüência ele volta a cair no equilíbrio quase animal da relação parasitária. Prova disso é que um doador raramente dá a um donatário, mas quase sempre a um parasita que se ergue para interceptar sua dádiva. Toda pedagogia começa por esse Contrato. Com freqüência, precisamos educar o cientista, o técnico, o político e o usuário da mesma forma que, desde a origem de toda a pedagogia, passamos a educar nossos filhos. Tardiamente tornamo-nos os adultos do conhecimento e da ação. Hoje, a relação de conhecimento mudou por exigência da simbiose com o novo objeto.

Antes do conhecimento, a troca; para que a troca se torne eqüitativa é necessário um Contrato. O conhecimento começa com o direito, cujas leis precedem toda a descoberta das leis; o mesmo acontece com a ação técnica que começa pelo direito de troca. Inicia-se, então, a simbiose do objeto-mundo global e do sujeito-gênero humano global. Ao longo desse circuito de hominescência nasceu o *Homo universalis*.

QUEM, EGO?

Terra e mar, ser e relação

Na França rural de outrora, distantes entre si em média 30 quilômetros, as aglomerações sucediam-se segundo as condições possíveis de repouso e alimentação dos cavalos de atrelagem que puxavam as diligências. Na França, a velha divisão departamental conserva ainda sinais dessa rede, tecida por prefeituras, subprefeituras e prefeituras regionais. Podíamos, sem dúvida, caminhar a pé de fazenda em fazenda seguindo uma trama mais fechada de estradas municipais e caminhos de terra. As viagens para as grandes capitais precisavam ser preparadas em etapas. A disseminação dos portos ao longo da costa do Mediterrâneo ou da Europa atlântica dependia, primeiro, da vela e do remo, e, depois, da hélice e do vapor. Afastados, os habitantes da distante Copenhague e os de Bordeaux aproximam-se pelo mar, ao contrário dos vizinhos de La Rochelle a Sète, que não se conhecem por causa da terra: a água reúne aqueles que a terra separa.

Ao passar por albergues nos quais se realizava o revezamento das caravanas e por desembarcadouros situados nos cais, os meios de comunicação contribuíam para que fossem desenhados os mapas do habitat. Por quanto tempo o uso do cavalo e da vela influenciou a distribuição dos povos? Existem traços dessa distribuição anteriores à domesticação dos animais de carga, à agricultura e à navegação, antes da epopéia de Gilgamesh e antes mesmo da *Odisséia*, que tão bem ensina a distinguir os homens segundo o que equilibram sobre seus ombros, um remo ou uma pá de agricultor. Qual a distância que separava entre si as tribos que vagueavam ao acaso da caça e seguiam o amadurecer das frutas a serem colhidas? As malhas ou cruzamentos dessas diversas redes variam continuamente, segundo a velocidade de trânsito dos caminhos. A existência depende da relação.

Duro e doce, lento e rápido

A estrada de ferro e o vapor reestruturaram os mapas terrestres ou marítimos, mas por um curto tempo, porque, subitamente, os meios de comunicação se multiplicaram. As técnicas passaram da novidade única do cavalo ou da hélice para as várias novidades concomitantes: do mononeísmo ao polineísmo. Os automóveis e as estradas, as linhas aéreas para aviões a hélice e, depois, a jato, os telégrafos, o telefone fixo e móvel, rádio e televisão, analógico e digital, fax, internet subitamente se encontram e por sua vez tecem novas e múltiplas telas geminadas ou superpostas. Os lugares de convergência flutuam, as metrópoles se dilatam, as cidades de tamanho médio se despovoam. Por quanto tempo?

Essas novas malhas devem distinguir novamente o duro e o doce. Transportamos açúcar e areia em barquinhos ou caminhões de carga e através das fibras óticas transportamos as mensagens. É correto afirmar que habitamos segundo o fluxo de alimentos ou de materiais de construção duros, para construir nossos muros e nutrir nossa mesa, mas sem dúvida nenhuma seguindo também a transmissão das novidades doces. As características duras predominavam sobre as doces, porque, se ninguém sobrevive sem pão, todo mundo pode passar sem saber o que faz seu vizinho. Nossos jovens contemporâneos têm dificuldade em compreender um espaço no qual a informação circulava tão mal e lentamente quanto uma charrete de feno ou uma carroça de pedras, sempre em perigo de atolarem. Até a Segunda Guerra Mundial, e até durante seu curso, vivíamos num mundo relativamente heterogêneo e anisotrópico, onde as mensagens raramente alcançavam seu destino e, quando isso acontecia, com freqüência chegavam alteradas. Enquanto a habitação contemporânea instalava-se sobre uma extensão, em princípio pretensamente homogênea e isotrópica do ponto de vista da informação, ignorávamos tudo que se passava do outro lado do horizonte. Em conseqüência disso os historiadores de hoje tendem a acreditar que outrora todo mundo podia ter, como hoje, uma visão global, quase histórica, dos acontecimentos. Não; até a chegada do polineísmo dos meios instantâneos de informação habitávamos e nos alimentávamos em locais isolados. Nesse momento nasce a divisão comum da História, não antes disso, quando ela ainda permanecia apanágio dos grandes. Da mesma forma que nossa tendência era esquecer as redes de mensagens doces, temos hoje uma noção menor das estradas e caminhos duros. Será que daqui para a frente a humanidade vai nutrir-se apenas de signos e abrigar-se dentro dos *sites*?

É preciso distinguir o barco lento sob a pesada areia da palavra leve que voa fulgurante. Quando os sinais se propagam instantaneamente as comunicações desligam-se de suas condições de espaço e tempo: os lugares de habitação não mais dependerão delas. Amanhã nossas habitações se distribuirão, ao acaso ou a nossa vontade, no espaço que já terá perdido quaisquer traços pesados e duros da agricultura. Tendo alcançado seu *maximum* e seu *optimum*, as relações se estabelecem incondicionalmente e parecem desaparecer. Compreendemos que o que importa é a dificuldade e a raridade dessas relações. Retifiquemos nossas idéias: a existência depende menos da relação do que de sua falta, uma vez que os obstáculos devem ser ultrapassados. Quando não existem mais montanhas, não existem mais vales; quando não existem mais vales, por que construir um refúgio? Se não houver acesso a um lugar, para que construir albergues? Quando essas constrições desaparecem, para que construir uma casa, habitar, dormir e comer apenas nos lugares que as estradas permitem alcançar? Minha cidade natal está localizada na curva de um rio desviado por uma colina: sinto muito por isso. Com o desaparecimento dessas constrições não habitaremos mais não apenas no local, mas nessas singularidades de espaço e tempo.

O *próximo*

Ágeis e instantâneas, as novas comunicações não mudam apenas a forma das velhas malhas ou a densidade de seus entrelaçamentos, mas transformam a própria face da terra, espaço habitável que amanhã talvez seja abandonado pelas raízes das plantas e pelos nichos animais. Neste mesmo momento, em que não se fala de outra coisa a não ser de redes, já não existem mais redes, apenas esta nova extensão sem distância, sem nó físico ou cruzamento por onde os telefones celulares circulam. Como iremos habitá-la?

Entendam o forte eco moral desta questão: Quem é o meu próximo? De agora em diante, a quem chamar de vizinho? Indiferente ao que acontece frente ao limiar de minha porta ou na porta em frente à minha, comunico-me freqüentemente com o outro hemisfério segundo o trabalho, a especialidade, as línguas aprendidas e as amizades conquistadas no decorrer de algumas viagens, mas sobretudo o trabalho não depende mais do tamanho dos braços ou do raio de ação de máquinas simples, mas das informações vindas de bancos de dados dispersos no universo e que podem ser consultados a partir de um terminal doméstico. Não existe mais o aqui, uma vez que tudo reside aqui. Como outrora dizia Arlequim, Imperador da Lua, na comédia da arte: todo lugar é como aqui.

Os nós e cruzamentos sobre as diversas redes distribuíam-se num espaço dominado por suas concentrações constituídas por humanos, construções, riquezas, informação, bancos e capitais. Posso até mesmo imaginar que o poder, no sentido sociopolítico, não se podia definir a não ser num espaço em que tais centros se distribuíssem. De um cruzamento dado, até o subconjunto daqueles que se conectavam por um outro subconjunto de caminhos, recortava-se um tipo de tela que designava o lugar de referência, a posição e a força desse poder. Lutar contra ele propiciava duas estratégias, uma máxima e outra mínima: ou fazer como ele e construir um tecido de tramas equivalente e provocar guerras, conflitos, debates e desentendimentos de todo tipo, como, por exemplo, Atenas contra Esparta, Roma contra Alba, a França contra a Alemanha, a Inglaterra contra suas colônias, os Estados Unidos contra o resto do mundo, um pequeno reino qualquer contra o minúsculo potentado do outro lado do rio; ou viver de forma inversa e percorrer apenas o menor caminho possível, que dá acesso ao vizinho mais próximo perfeitamente definido entre as redes no espaço das relações e do habitat: não mais uma estrela, mas apenas o percurso mínimo e sem poder, o paraíso sempre ao alcance das mãos. Nesse novo espaço, o próximo, hoje indefinido, não se impõe segundo sua posição, mas depende de uma escolha que ocorre de acordo com as possibilidades de disseminação. Meu vizinho vive em Florença ou em Melbourne. Acabamos de adquirir a liberdade de escolher nosso próximo. Por que essa nova dileção adotiva?

Ubiqüidade: *não importa onde*

Porque o mais velho dos filósofos ou o ser mais recente ou o próprio enraizamento podem ser traduzidos em qualquer lugar. Não é por viver novamente na errância ou por habitar em qualquer lugar que estamos retornando à era nômade. O carneiro e o cavalo terminam seu reinado da mesma forma que o trigo ou a grama verde, porque a criação agora se pra tica em confinamento, e a agricultura, fora do solo. Também não estamos mais voltando à era da coleta ou da caça em que dependíamos das condições de floração ou dos amores animais. É certo que navegamos vindos de não importa onde, mas sem nos mover; aqui ou em qualquer lugar isso não define uma estabilidade clássica.

Habitamos sem distância dos outros, mas sobretudo não conseguimos mais calcular qualquer extensão, visto que não sabemos fazer uma estimativa do lugar por onde começar a medir. Quando Descartes inventa as coordenadas de sua geometria, a origem da medida no ponto zero assemelha-se fortemente a um nó, um cruzamento ou às fundações escavadas dentro da terra pacífica antes que, aqui ou em minha casa, fossem construídos os muros da habitação A extensão abstrata conserva ainda uma cavidade, um tipo de raiz pivotante, que eu ousaria dizer quase agrária, quase arquitetural, quase sedentária. A extensão formal refere-se ainda a esse marco como *a* cabra do senhor Seguin. Quando esse ponto fixo desaparece qualquer referência se apaga. Não existem mais ligações e nem servidão.

A crise das referências começou no espaço habitável por meio da velha questão: Onde? A partir de onde? *Ubi, unde*? Quando habitávamos geometricamente e o metro significava simultaneamente métrica e medida, nossa distância em relação à habitação e uma sabedoria composta de nomes egípcios, gregos e latinos traduziam mais ou menos essa mensuração. De agora em diante vivemos sem métrica como numa espécie de topologia. Nela iremos construir castelos na Espanha ou vilas de Utopia? Vivemos menos a uma distância nula de quem quer que esteja no mundo do que num espaço no qual a distância incalculável perde qualquer sentido. O que amedronta é essa extensão plana e sem ponto singular de apoio. Por quê?

Quem, eu?

Porque na antiga referência esse ponto fixo surgia de outro lugar, da Terra mãe, de nossos pais, da pátria, da fazenda, da vila, da fonte de alimentos ou do coletivo protetor. De onde vêm vocês? *Where're you from?* A pergunta identifica curiosamente o onde e o você, o *you* e o *from*, o lugar e o eu, o ser e o lá, o eu e o quadrilátero intensamente iluminado que ele representa. É da falta do aqui, do eu que os pobres ranzinzas têm medo: de não existirem mais, de não saberem mais onde colocar os pés. Como se o eu precisasse mergulhar num espaço, como se ele pertencesse a um subconjunto que não tivesse escolhido. A palavra sujeito contém em si mesma um pouco desse estranhamento, porque ela mesma admite que possui uma face oculta. Como o interior de uma cavidade. Como o ponto zero da medida cartesiana. Como debaixo de uma raiz. Como estar enterrada: o estar-lá ou o aqui jaz. Como estar numa tumba. Como estar sob uma lápide funerária esmagada por uma pedra entre os cadáveres dos ancestrais. Como na morte que outrora fez de nós os homens em que nos transformamos. Hoje, esse laço sobre o qual não se tinha nenhuma dúvida nos parece bizarro. Estranho, trágico, fatigante, desfeito. Causa de violência e guerra. Nossa base sangüinária. Não sou mais o lugar onde estou, o lugar de onde venho, nem aquele para onde vou, eu desconheço esse lugar, de outra forma eu seria não importa quem. Eu mesmo me liberto desse laço, dessa ligadura, dessa corrente. O eu não se identifica mais com o servo acorrentado à gleba, com o escravo atado por dívidas, com o degredado algemado à sua bola de ferro, com o avaro apegado a sua propriedade, com a vítima enterrada sob a terra, apenas com a cabeça para fora, exposta ao vôo dos urubus. O eu sem referência simultaneamente fixa e móvel, ondulante e diverso, muda de cor segundo os encontros no universo e não depende de ninguém a não ser de si mesmo, só pode ser definido pela tautologia plana e branca da identidade, jamais por qualquer laço de pertencimento. Sim, essa velha ligação me parece mais do que bizarra, inexata, mesmo criminosa, pois, ao fazer equivalerem pertencimento e identidade (o epsílon de pertencimento e as três pequenas barras da identidade), ela com certeza comete um erro de lógica e de matemática, mas também um crime contra a humanidade, uma vez que o racismo, que é a raiz de todo ódio, consiste em confundir a identidade: quem é você, com um de seus pertencimentos: com a origem local, familiar, sexual, tribal, nacional, religiosa ou outra. Você não é nada mais do que o lugar de onde vem. Não, eu sou quem sou, isso é tudo. Só quando eu morrer, vocês poderão contar o número imenso de meus pertencimentos: suas interseções falarão sobre a originalidade de meu cadáver.

Homo universalis: *o fim da nostalgia*

A universalidade do novo humanismo não se deve apenas ao poder que adquirimos de acesso ao global, pela energia do átomo ou pela informação dos sinais, ela não se deve tampouco ao reconhecimento de nosso corpo como todo-poderoso, no sentido da totipotência, e a nossa compreensão, mas, também, e, sobretudo, à extensão que, desde então, habitamos. O espaço sem distância implica um eu sem espaço. Não habitamos mais a geometria nem a Terra, nem a medida, mas uma topologia sem métrica nem distância, um espaço qualitativo.

Esse espaço atenua o sofrimento das viagens. Essa dor toda especial decorre do fato de termos deixado aqueles que amávamos não só a face querida com seus olhos luminosos, mas também os lugares e suas coisas familiares. A mulher do marinheiro que espera no cais, o marinheiro normando que vagueia por rios exóticos e encontra sua irmã em um bordel chinês. O antigo humanismo se coloria de nostalgia. Nos portos longínquos, não sentíamos apenas saudades do campanário de nossa infância. Todo homem sobre terra estrangeira lamentava o paraíso perdido, a Jerusalém celeste, o vale onde corria o leite e o mel, lugar de origem da verdadeira serenidade. A saudade de seu país constituía o humano. Sua existência dependia de sua relação única. Prova de que o lugar constituía o eu. Não qualquer lugar certamente, mas o jardim de minha mãe morta constitui a prova de que o espaço também podia produzir nostalgia. A saudade do país varia de acordo com o país. Ontologia, nostalgia: uma diz em palavras difíceis e extremas o que a outra faz compreender por meio de canções.

Não temos mais dificuldades com o espaço. De onde você é? Não importa de onde. Do Yang-Tseu, do Amazonas, da Garonne e dos leitos anastomosados do Amor. Circulo sem enraizar-me. *Where're you from?* Do Mar Negro ou do Amarelo, do Mar Vermelho e dos sete oceanos azuis, Arlequim mestiço de mil tons e cores brancas de água. Eu navego. Quem é você? Eu flutuo, percolo e não sou. Como todos, habito o mundo e seu tempo. As fazendas e as cidades, no passado estáveis e orgulhosas, descem pelos rios até chegar aos mares.

OS OUTROS

Argumento
O acontecimento da comunicação
O homem contemporâneo
Fim das redes: a habitação universal
Terceiro circuito da hominescência
Os outros e a morte do ego

O ACONTECIMENTO DA COMUNICAÇÃO

Sem comunicação, sem vida

Meu corpo procura nutrir-se sempre de um habitat e às vezes de uma companheira. Da mesma forma que a membrana celular porosa abre e fecha a célula para milhares de mudanças, desejadas ou não, minha pele me protege e se cobre de orifícios pelos quais me sustento, percebo os sons e a luz, o frio e os odores, excreto e me acasalo. Sem essa primeira comunicação nenhum ser vivo sobreviveria: ela mantém e caracteriza a vida, das bactérias à formação dos seres multicelulares, dos indivíduos a sua reprodução, dos nichos à biosfera inteira, nos quais vários milhões de espécies interferem.

Mediante trocas em diversos canais os seres vivos emitem, recebem e armazenam a energia dura e a informação doce, porque seus fluxos não ultrapassam a escala neguentrópica. Sem essas funções, eles morreriam. A biologia, no sentido amplo, ainda precisa de uma teoria geral dos sinais que trataria diretamente dessas questões, cujo conjunto a envolve.

Sem comunicação, não existe sociedade

Minha vida se reduziria às funções supramencionadas se a comunicação se limitasse a conservá-la ou perpetuá-la. Quando falo, por exemplo, não procuro apenas comer, beber ou acasalar-me. Por ser em parte um animal político, tenho deveres para com a família, o trabalho, a cidade, o público e a humanidade. Dedico-me ao ensino, às relações profissionais e, às vezes, chego até mesmo a votar. Evito o mais possível os confrontos de força, mas costuma-se dizer que o coletivo, ao nos obrigar a isso, acrescenta energia à informação. É compreensível a necessidade de organizar, gerenciar e administrar a sociedade; a segunda comunicação seria suficiente para isso? É realmente necessário que a violência, a morte, que a troca de energias duras acompanhem o esforço de organizar, gerenciar e administrar a sociedade que, em princípio, nada exige além da energia doce? Desde seu aparecimento, por meio de um circuito retroativo, os laços sociais se encarregam de certas relações vitais, e, por vezes, a segunda comunicação substitui a primeira de maneira quase tão perfeita, que a oculta: parasitas e chefes utilizando-se da voz ordenam que o jantar lhes seja oferecido ou que se lhes dê de beber. Assim, as ciências sociais raramente enxergam o fundamento vivo da comunicação.

A sociedade se constrói pela comunicação; pereceria sem ela. Quando Montesquieu afirma que as formas de governo dependem do tamanho dos Estados, entende com isso que elas variam segundo a propagação da força e da informação. Costuma-se dizer que a escrita, o cavalo, a estrada de ferro, o barco a vela, o telégrafo e o avião fizeram e desfizeram impérios.

Sem comunicação não existe o eu

Não sou apenas um conjunto de órgãos e papéis sociais. Gestos e palavras certamente ajudam os organismos e as coletividades a sobreviver. Misteriosamente, o verbo me constrói na meditação contínua de um monólogo interior e mediante centenas de conversações amigáveis cujo estilo evita com elegância as funções sociais e excretórias.

Os seres vivos trocam energia e informação; comunicam-se pelo duro e pelo doce; sem dúvida, o coletivo, para se organizar ou perdurar, não teria necessidade senão de informação, mas o poder, os conflitos e os debates agregam-lhe uma energia talvez inútil, uma violência sem a qual os animais e plantas não podem viver, porque lhes falta a linguagem; quando o duro se superpõe ao doce ele arrasta os homens para a infelicidade do mundo. Neste último caso a energia cede lugar à informação, mas o que ocorre então entre os dois interlocutores é que a energia se atenua em relação à informação, da mesma forma que a informação em relação à energia; só subsiste o doce do doce ou, como se diz, o fim do fim. Essa informação voa tão aérea, leve, viva e luminosa, que pessoas mais sábias que eu consideram-na espiritual: o vento[35] da Gênese cujo sopro planava

[35] *Ruagh* no original: no sentido natural, o nome *ruagh* quer dizer vento, possuindo outros significados correlatos, como respiração, expiração, coragem, virtude, movimento da alma etc. Optou-se pelo significado mais geral pelo sentido do texto. (N.T.)

sobre as primeiras águas, o Espírito Santo de sete dons dos cristãos ou esse vento grego tão sutil, que produz a alma latina. Ninguém tem necessidade de poder ou de glória sociais; todos procuram nutrir-se não apenas de pão, mas também da palavra.

Chamemos de comunhão esta última comunicação rara e improvável, mas tão vital para o eu como as duas primeiras para o corpo e o grupo. Ninguém nasce antes que outro lhe diga: eu o amo. Ninguém sobrevive à falta de amor. O amor propicia e salva a existência.

Quem?

Falar a respeito de comunicação em geral, de televisão, de rádio, mesmo de linguagem ou da internet em particular, continua a ser algo abstrato se não se fizer a pergunta: Quem, indivíduo ou coletivo, se comunica? Respostas como o ser vivo, que sem ela morreria, o espírito, que dela se alimenta, permanecem ainda bastante amplas e abstratas, uma vez que se referem a todas as coisas. Observem quem se contenta ou não com o silêncio e a obscuridade, quem encontra vantagens nas duas condutas. A comunicação cresce com o poder, e este às vezes cresce com as mensagens, freqüentemente com o ruído, mas sobretudo com as interrupções. Como no ser vivo, muitos dos fenômenos sociais se explicam por simples operações parasitárias, por desvios do conjunto de mensagens em favor do interceptador.

Toda comunicação faz propaganda de quem a emite. Por essa própria metalinguagem, quando a propaganda se anuncia como tal, parece-me mais honesta e verídica do que quando a emissão se dedica à publicidade, mas oculta isso. Sob o vocábulo publicidade oculta-se ainda um sentido poderoso, o da essência do público. A quem é dirigida a comunicação? Ela é dirigida a um público. Quanto mais esse público se restringe, melhor é a aproximação com o eu, com o você, com o que denominei o doce do doce. Quanto mais cresce o público mais se reforça o poder e mais se multiplicam os parasitas. As tecnologias passam então a intervir: o Stentor,[36] o canto tirolês, o porta-voz ou o tambor só alcançam a tripulação espacial, a

[36] Stentor: sigla para Satélite de Telecomunicações Experimental para as Novas Tecnologias em Órbita, lançado em 2002 para qualificar em órbita as mais inovadoras tecnologias oriundas dos programas R&T do CNES, da França Telecom e da DGA, parceiros nesse projeto. (N.T.)

aldeia ou o vale; a face da moeda já permite ao rei propagar a imagem de seu retrato, de perfil ou de frente, e de se fazer conhecer pelos numerosos indivíduos que desejam a moeda de ouro ou por outros, mais raros, que a ganhavam; os fogos acesos pelas armadas cartaginesas sobre a ilha de Pantelleria transmitiam as mensagens da África até a Sicília e a Itália do sul; do telégrafo de Chappe[37] à internet, o público interessado cresceu pelo menos em número. Conceitos abstratos como, por exemplo, a opinião pública e a vontade geral entraram para a prática: as tecnologias passaram a manipulá-los. No final de maio de 1968, alguns poucos gendarmes cercavam a Sorbonne, o Odéon e mesmo a Assembléia nacional, mas o governo enviou regimentos para defender o acesso à mais importante estação de rádio local, a Maison de la Radio. Encontrando-me lá, fiquei contente que os encarregados das decisões em minha sociedade soubessem, pelo menos na prática, que já tinham inclinação para viver sob o reinado de Hermes. Quem leva o nome desse Deus, quem detém essas tecnologias no cotidiano? E quem, ao detê-las, exclui os outros desse posto? Nada mais fácil do que responder a essa questão.

Resposta

Se se dividir a informação comunicada sob forma de linguagem em sua aura de sedução, seu caráter performático e seu valor de verdade, as mídias para o primeiro, a administração e o judiciário para o segundo título, as ciências fazem parte dos três segmentos. Não estamos assim enunciando os três poderes soberanos desses coletivos ocidentais, considerando com isso que eles não encontram seus contrapoderes em nenhum lugar? Quem desejar criticar as mídias deve passar por elas, quem se opõe ao direito e à ciência ou se engana, ou deveria estar preso. Quem é que pode mudar sua vida? O jornalista, o administrador ou o cientista.

Visto que a sedução sempre predomina sobre o direito e a verdade, vamos dar prioridade ao direito: depois de ter cedido a palavra aos políticos, mas sem teste de eleição; a especialização aos cientistas, mas sem o conhecimento; a educação aos pais e aos professores, mas sem a deontologia, o ataque aos procuradores, a defesa aos advogados e o veredicto aos juízes, mas sem a qualidade jurídica; as investigações aos policiais, ao obri-

[37] Claude Chappe, médico (1763-1805), foi o inventor do Telégrafo Chappe, um novo meio de comunicação que apareceu em abril de 1793. (N.T.)

gar cada um a responder, mas sem o dever de responder a qualquer pergunta; depois de ter conquistado o lugar de todo homem de decisão, mas sem responsabilidade, em resumo depois de ter conseguido todas as glórias, mas sem obrigação nem julgamento, assim como todos os poderes sem jamais ter que pagar por eles com um contrapoder, o direito, ao perseguir qualquer desobediência à moral, rouba a tarefa de confissão dos padres, mesmo que sem segredo ou perdão. Quando o parasita ou interceptador universal se apropria dessa maneira de todos os lugares como, mediante essa ubiqüidade, ele não inventaria todo o real social?

O *Quê*?

Mesma abstração sem a análise precisa dos emissores, canais, memórias e receptores da informação. O mensageiro de Maratona, D'Artagnan a cavalo, a Besta humana a vapor, os transatlânticos da linha Cunard e os Airbus não transportam mais as mesmas mensagens, ao longo dos mesmos caminhos, com a mesma velocidade e destinadas ao mesmo número de pessoas como o fazem o rádio, a televisão, a internet e seus navegadores. Não importa o que se diga, seus efeitos não produzem mais a mesma sociedade, mesmo que essa sociedade contribua para construí-los. A partir disso, um circuito de causalidade retroativa provoca duas causas e dois resultados. Abstrair as variadas técnicas faz com que essas diferenças consideráveis sejam esquecidas, mas sobretudo leva a ignorar que os objetos distinguem o homem — os outros seres vivos não possuem objetos —, a desconhecer que o coletivo depende em grande parte de suas técnicas objetivas que, por sua vez, dependem pelo menos hoje das ciências duras, mesmo que a sociedade contribua com elas. As ciências doces dependem delas. A estrada transporta apenas as mensagens da rainha, mas sobretudo as carroças cheias de pedregulhos sem os quais seu leito se encheria de buracos.

Nos coletivos de que participo desde há quase um século, não conheço nenhuma mudança significativa que não tenha brotado dessa fonte dura. O novo corpo nasce das sulfamidas e dos antálgicos, a liberação das mulheres nasce da pílula, a indústria agroalimentar da bioquímica, as comunicações modernas do elétron e das fibras óticas; o Ocidente deve sua longa paz, tão rara no tempo e no espaço, aos teoremas anteriores ao terror nuclear? A explosão demográfica depende também da física e da farmacologia. Citem um único problema de ética que não tenha nascido nessas ciências. Nenhuma decisão política pôde, nesse mesmo tempo, fornecer efeitos comparáveis. De preferência ela os teria reprimido.

Se é necessário denominar de "grandes intelectuais" as mulheres e homens que, no decorrer do século, transformaram a sociedade, citem de preferência aquelas e aqueles que dentro dos laboratórios trabalharam na química, na agronomia ou na eletrônica em vez dos filósofos tão pouco "engajados" num tempo cujos fatores de mudança eles ignoravam. Honestamente não vejo o que Jean-Paul Sartre, Malraux ou seus epígonos regressivos mudaram em nossas condições de vida mas, com certeza, vivemos de outra forma, e talvez melhor, depois de Fleming em relação ao bem-estar do corpo e desde Shannon ou Turing com respeito a nossas relações interpessoais. As ciências da natureza mudaram a natureza, o corpo e o mundo e, por vezes, até mesmo minha cultura e a dos outros, enquanto os saberes da sociedade as descrevem sem no entanto as transformar. Eis a razão pela qual este livro freqüentemente escava sob a História antes de, em certos momentos, unir-se a ela.

Como?

Como a audiência recebe a mensagem emitida? Como circula essa mensagem dentro do canal escolhido? Já havíamos respondido à questão de quem a intercepta. Dois ideais muito diferentes da comunicação se opõem: a recepção perfeita e a ausência de filtragem. O ideal político de igualdade implica a exigência de mensagens bastante claras para que todo mundo as entenda. Todos têm o direito de compreender o mundo, seu corpo, o universo e os outros. Desde minha infância defendo essa bandeira, pois a igualdade política depende disso.

Mas a comunicação, da forma que os profissionais a praticam, confunde essa igualdade com a recepção e a filtragem maximizada. "Nós lhe damos um minuto e 10 segundos para explicar ao grande público a transcrição inversa dos retrovírus: seja claro e sobretudo concreto." Eis o exemplo de uma frase que tenho ouvido há algumas décadas. Ninguém pode vencer tal *tour de force* sem mentir; não vulgarizar, de modo algum, mas enganar sobre a mercadoria. A igualdade não implica a interdição de dizer a verdade. Esse fato coloca uma questão impossível de evitar.

Generalização do teorema de Esopo

Se chamarmos de técnicos os instrumentos que funcionam na escala entrópica dura e de tecnológicas as máquinas que permitem trocar a informação doce, o que acrescentam ou suprimem essas tecnologias com relação às três comunicações já definidas no corpo, na vida, nos coletivos, na saúde pessoal e nas delícias culturais? As tecnologias vão transformá-las?

Sim e não. Mais antiga do que a escrita, a velha formulação de Esopo considerava a língua a melhor e a pior das coisas. Com ela eu o posso nutrir ou deixar com fome, posso elogiá-lo ou caluniá-lo, colocar alguém no alto do Capitólio ou precipitá-lo nos penhascos da rocha Tarpéia, dizer que o amo ou que o odeio. A duplicidade dessa primeira via de comunicação que passa pela língua, acima de tudo um órgão de troca que come, bebe, beija, fala e comanda, generaliza-se a todos os meios de comunicação que podem inicialmente ser considerados vias independentes de seu conteúdo ou neutros em relação às mensagens que encaminham. O telefone salvou vidas, mas pode também matar; ele ajuda, de qualquer forma, mas algumas vezes se transforma em pesadelo. Sobre essa auto-estrada ou ninguém passa e o caminho sempre aberto permanece sendo o melhor, ou ela rapidamente se congestiona e se torna o pior caminho. Podemos aprender de tudo pela internet, das ciências à medicina, do nazismo à pornografia. Nenhuma tecnologia escapa dessa dupla lógica que se situa além do bem e do mal, do falso e do verdadeiro, da vida e da morte.

A ambigüidade desse teorema generalizado de Esopo aplica-se também na ausência de tecnologia: tornei-me um razoável algebrista porque meu professor de cálculo tensorial gostava de mim, tesouro inestimável que eu proveitosamente lhe retribuía. Pela razão inversa, continuo tendo uma atuação medíocre quanto às línguas vivas porque minha professora de inglês me odiava, ignomínia que eu lhe devolvia em dobro. O ensino presencial vive sob a mesma dualidade que as tecnologias; não devemos acusar as máquinas por situações estabelecidas antes delas e sem elas. Evitemos a tentação de considerar o "natural bom" e o artificial ruim: aqui a derrota ou a vitória têm peso igual e, com sua controvérsia, equilibram muito bem tanto a presença viva quanto o ensino a distância.

Essa dupla lógica explica, enfim, os desacordos que não cessam de opor os que julgam as tecnologias e seu relacionamento com a comunicação viva, social ou cultural. Antes de julgar ou decidir o que parece bom ou mau, antes de partir para a disputa, observemos, expliquemos e compreendamos. O combate de Dom Quixote contra os moinhos de vento colocava em cena o homem do livro, modelo Heidegger, já encolerizado contra as altas tecnologias. Naquela época, esses moinhos, *nec plus ultra* da modernidade prática, alteravam com a exibição de suas hélices as paisagens agrárias e as pradarias pastorais onde os romances cavalheirescos mostravam suas maravilhas virtuais.

Apesar de toda estrada permanecer indiferente a quem por ela transita pode-se estender o mesmo teorema às transferências de energia dura? Claro, uma vez que os instrumentos auxiliam e as armas matam. Da mesma forma que o coletivo se protege com fronteiras e aduanas, o ser vivo mune-se de um sistema imunológico e de estratégias diversas de filtragem. Como podemos morrer por causa de uma mentira, odeio com toda minha alma a trapaça e os trapaceiros, que considero muito mais maléficos do que os ingênuos guardas dos guichês, mas apaixono-me pelos parasitas e seu duplo jogo de intercepção.

O *parasita*

A mesma antinomia se aplica ao parasita, o principal interceptador de qualquer comunicação "natural" ou técnica. Como terceiro interveniente em cada relação, ele consegue para si um habitat, nutrição e freqüentemente reprodução dentro e através de um hospedeiro, precipitando-se por vezes em direção à morte; quem intercepta a informação engorda e enriquece; mas, inversamente, ao pôr em desordem os hábitos, pode fazer bifurcar sobre novas formas de vida o par formado por ele e o hospedeiro, forçando-o a inventar uma simbiose. Os especialistas descobrem exemplos disso quase todos os dias. Se em biologia possuíssemos uma boa teoria geral de sinais e da comunicação ficaria evidente o fato de que não existe vida sem comunicação, todos sabemos disso, mas seria muito mais evidente, de maneira sutil e profunda, que não existe ser vivo, mono ou pluricelular, espécie, reprodução de linhagem, de desenvolvimento nem de evolução, sem uma multiplicidade sempre decisiva de operações parasitárias. Além das rupturas, por vezes letais, que o parasita produz em qualquer canal de comunicação, ele às vezes restabelece outras e, com isso, anuncia o novo, seja na organização ou na evolução. O parasita controla a vida e a morte, a origem e o fim, a troca e o dom, o tempo e a composição, o bem e o mal, o falso e o verdadeiro, a ordem e a desordem. Tentem encontrar um poder ou algum dominador que não se conduza de maneira parasitária.

Intervenção das tecnologias sobre os três fronts

Tanto por meio do uso da língua como do telefone, tanto pela internet como por um gesto posso igualmente encontrar o endereço do padeiro, entendido em sua função societária de fornecer pão, assim como o endereço da bem-amada. Dito de outra forma, todas as tecnologias intervêm nas comunicações vitais, coletivas e culturais. O correio, ao contrário, faz com que se conheça a letra de alguém, e o telefone permite ouvir sua voz. Isso muda tudo. A escrita pode mentir, mas a entonação muito segura ou trêmula demonstra, sem o dizer, a fadiga ou a indiferença. Quantas vezes percebi na televisão a honestidade inteiramente objetiva de uma imagem ao vivo: nela um mau-caráter esconde mal sua ignomínia, um assassino superexpõe sua insensibilidade, mas a lealdade raramente engana. Pelo menos nesse ponto a mídia pode ser verdadeira! Nenhuma tecnologia se lhe equivale.

Os diálogos amigáveis e os amores sutis, cujas delícias contribuem para construir a identidade de cada um, escapam às tecnologias? Dito de outra forma, as tecnologias matam nossas melhores comunhões? Quem nunca amou as vedetes da canção, do cinema ou do futebol deveria pelo menos maravilhar-se com as vocações provocadas pelas imagens. Permanecemos virtuais em três quartos de nossas ações. Por que o amor não passaria pelo fio do telefone? O sucesso do telefone parece advir do fato de ele nos obsequiar com seus sinais sonoros e suas delícias, pelo menos tanto quanto a Bolsa e os negócios favorecem as trapaças e as ameaças.

As tecnologias tornam-se então coadjuvantes e obstáculos para os três gêneros de comunicação, cada uma com seu estilo, vantagens e inconvenientes. Elas transformam para o melhor e para o pior.

Os *extrema*

Já explorei essa lógica (*Feux et signaux de brume: Zola: 295-303*).[38] O dinheiro pode ser o melhor e o pior de tudo, pode ser o próprio Deus e

[38] Michel Serres, *Feux et signaux de brume: Zola*, Grasset. (N.T.)

uma grande quantidade de diabos, a exploração feroz e a caridade angelical, a morte e a vida, a destruição e a construção, pode ser precioso e excrementício, real e simbólico, ser e nada; quem, entretanto, não aprecia e não despreza o dinheiro? Por ocupar o intervalo global entre esses *extrema* o dinheiro invadiu a ética e o falível, o religioso e o ateu, a violência e a paz, o coletivo e o individual, a política e o ser vivo, a teoria e a prática, o estoque e o fluxo, o acaso e a causalidade, o sólido, o líquido e até o volátil, o necessário e o virtual, a ontologia e o cognitivo, em resumo, todos os espectros possíveis. O conjunto desses avatares forneceu-lhe o estatuto de equivalente geral. Em seu reino não existem outros valores, ele substitui todos. Inodoro, o dinheiro branqueia tudo que toca, como se ele fosse a soma de todas as cores.

Com a comunicação, colocamos a mão sobre um novo equivalente geral? Uma vez que as vias "naturais" ou tecnológicas, os fluxos energéticos ou informacionais e os núcleos freqüentemente parasitários obedecem a essa lógica multivalente, o tecido que formam tende a uma equivalência global que será alcançada quando uma unidade monetária que tenha valor sobre a internet tiver substituído todas as moedas mundiais. Nesse momento o valor desse bem vai variar mais ou menos de acordo com a informação que vocês puderem encontrar sobre ele: todos terão sua conta no banco de dados. Será que o dinheiro irá assumir um papel secundário e irá ceder lugar frente a um equivalente mais imaculado e mais geral do que ele? Apegamo-nos aos termos da informação cujo caráter multivalente pode assumir todos os sentidos porque é privado de sentido. Apegamo-nos à comunicação porque ela é tão geral, que pode querer dizer tudo.

Poder imaculado do virtual

Que papéis as redes midiáticas desempenham, por exemplo, nas sociedades de hoje? Resposta já evocada: Todos. Político, sim; judiciário, cada vez mais; ideológico e policial, certamente; educativo, em superabundância; de distração: sua origem; moral: cotidianamente, não se trata de um quarto poder, no sentido de Montesquieu, mas do equivalente geral, do poder de todos os poderes. A totipotência. Esse poder procura destruir até mesmo os outros poderes que nem sequer excepcionalmente ele pode exercer: por exemplo, o poder das ciências e das religiões, certamente as que lhe estão mais próximas, visto que também transmitem as verdades sobre o real tal como ele é. Por sua dinâmica interna, essas redes constroem outro real, outra sociedade, uma nova ideologia, outra educação, outra política, e assim consecutivamente; finalmente, outro modo de ser e de verdade, outro gênero de dinheiro. Ao abandonarem o papel de representar um real já existente, assumem o papel de criar seu próprio real. Não forçosamente por seu estatuto ou por suas qualidades tecnológicas, mas pela equivalência geral da comunicação. Não existem mais do que dois lugares comuns em que todas as pessoas se encontram sem nenhuma diferença e nos quais todas as coisas, sem distinção, têm o mesmo valor: o dinheiro e as mídias, senhores dos *extrema*. Nesse momento a luta atinge o auge da violência e se multiplicam as alianças entre eles, e cada um tenta atacar o outro pelas costas. Como na vida, os parasitas tudo dominam.

Cognitivo: a questão da verdade

Em minha juventude, lembro-me do dia em que abandonei as matemáticas para me dedicar às letras e troquei o duro pelo doce; a experiência dessa passagem das ciências do objeto aos discursos dos sujeitos permanece ainda viva em mim; de um lado, todas as manhãs eu devia me esforçar violentamente para compreender; do outro, eu entendia tudo fácil e rapidamente. Pelo menos, eu acreditava nisso. Essa distância me fascinava e me fascina agora. Nas ciências sociais não se requer grande esforço para compreender que os ricos se distinguem dos pobres de várias formas ou que as descobertas científicas pressupõem dinheiro e poder. Mas quem não tem alguma dificuldade em entender a teoria das supercordas? Essa distinção não teria grande importância se essas verdades, mais ou menos acessíveis, tivessem o mesmo impacto sobre a evolução das sociedades. Nem de longe elas têm o mesmo efeito.

O espaço igualitário da comunicação se parece hoje com o espaço da rua, onde ninguém mais distingue, como há 50 anos, o padre do militar, o operário do estudante. Não estou me queixando, ao contrário, mas tudo tem seu preço. Esse espaço público, homogêneo, copia por sua vez o espaço do discurso ou das ciências sociais no qual se confunde o verdadeiro e o imediatamente acessível. Não. Certas verdades distorcem o bom senso, tanto as do bom Deus e de sua ubiqüidade quanto as da mecânica quântica e suas probabilidades de presença. Sim, os dois espaços, o que tende para a ideal democracia e o que é construído pelas mídias, ambos louváveis por terem realizado o reencontro, copiam esse estado de compreensão próprio aos discursos ou às ciências sociais, que não abandonam jamais as intuições comuns. Por um efeito que não entendo muito bem, mas que, no entanto, não deixa de acontecer, essas realidades sociais tão rapidamente entendidas têm apenas um pequeno impacto sobre a própria sociedade, enquanto as mais difíceis, referentes às partículas atômicas ou à transcriptase reversa, desencadeiam terrores ou curas que, por sua vez, levam a convulsões sociais que fazem bifurcar o tempo. Paradoxo: se a sociedade muda com as verdades não sociais, por que elas permanecem ocultas? Os sujeitos mudam com as verdades do objeto que permanecem muito pouco acessíveis.

Contrariamente ao que supõem os que dominam a comunicação, essa distância residual e dura, que em nome do público eles procuram apagar, o próprio público vê, compreende e respeita. O povo do lugar de onde venho vive e pensa de forma mais arcaica, mais antiga e mais enraizada nos objetos do que as elites; estas acreditam que só existem a seu redor sujeitos individuais e coletivos, e que tudo se estabelece por relacionamentos de força. Elas pecam por "acosmismo", crença estranha que a sociedade subtrai do mundo e que vive fora dele. "Tudo é política", eis uma palavra de dominadores, pois, para aqueles que decidem, tudo depende das forças que se manifestam nos relacionamentos de dominação. Quanto aos dominados, excelentes especialistas em perceber por si mesmos, em seu próprio corpo e de modo transparente o funcionamento das sociedades, eles sabem que, desde a fundação do mundo, existe inicialmente a necessidade mais forte de objetos, dadas suas constrições de impossibilidade, do que caprichos possíveis e exigências contingentes de sujeitos individuais e coletivos; sabem, até mesmo de maneira obscura, que só existe sociedade porque existem objetos. Apenas eles nos reúnem. Os dominadores vivem dentro da moda, e os dominados, dentro das modalidades. Esse problema da Verdade que se perde dentro da comunicação tornou-se hoje mais decisivo do que se possa crer para o futuro de nossa sociedade, pois a História subjetiva ou coletiva se bifurca segundo a verdade das mutações objetivas.

Exemplos que dizem respeito a questões tão importantes como a energia e a saúde: é necessário temer os resíduos dos reatores nucleares ou a expansão dos OGM? Se sim, fechemos os laboratórios e as centrais atômicas. Os medos causados pelas novidade das mortes e doenças que espalham o terror e a piedade se opõem aos especialistas prudentes e com freqüência otimistas. De que se proteger? O que decidir? Os indivíduos e a opinião pública encontram-se em presença de vários interlocutores pessoais e coletivos: os cientistas ou a Ciências, as empresas ou a Engenharia, os capitalistas ou as Finanças, os jornalistas ou as Mídias, os administradores ou o Direito, os representantes do povo e os homens de decisão ou a Política.

Pessoal ou globalmente, eles formam uma rede metastável, fervilhante de comunicação parcialmente objetivada na internet, na qual as mensagens e o ruído circulam. Em que e em quem confiar em meio a esse turbilhão fluido de informações contraditórias? Em que se transformou a verdade? Contrariamente às aparências, discursa-se muito mais sobre o grande medo que sentimos frente aos objetos míticos transformados em fantasmas aterrorizantes do que se debate a Verdade. Mas quem está interessado no crescimento dessa angústia? Uma nova idade das sombras está por vir?

Arqueologia da verdade

Essa questão da Verdade não pode ser resolvida sem que nos recordemos de sua antiga história. Vejamos. A maior parte de nossos ancestrais morreu sem deixar traços de sua passagem. Os primeiros criadores de milho, de bois e ovelhas, os inventores do pão e do vinho, da forja e do alfabeto, a quem devemos os maiores reconhecimentos, a morte mergulhou numa perda sem retorno. Ignoramos seus nomes. Diziam os antigos gregos que eles atravessaram o rio do Letes,[39] cujo nome significa o esquecimento definitivo, até chegar aos Infernos. Uma vez cruzada essa passagem intermediária ninguém mais retomava seus passos. Salvo algumas raras exceções, dois ou três por geração: Aquiles, cuja cólera abalou as muralhas de Tróia, Ulisses, cujas viagens exploraram ilhas desconhecidas, permanecem em nossa memória porque atravessaram o rio infernal em sentido inverso. Por quê? Porque, por acaso, Homero, um poeta genial — será que ele existiu mesmo? — cantou suas conquistas na *Ilíada* e na *Odisséia*, cujos versos os jovens de outrora sabiam de cor. Ao dizer *aléthéia*, os mesmos gregos inverteram ou negaram o nome do Letes — chamaram de "privativo" esse *a* que precede a palavra — para exprimir com exatidão a volta de dois heróis cuja glória transformou em imortais; *aléthéia* descreve a viagem, raramente reversível, ao longo do rio e a lembrança encontrada do outro lado do esquecimento. Hoje traduzimos *aléthéia* por verdade quando, no passado, essa palavra representava a famosa história cantada por Homero, cujos textos encenavam a astúcia do marinheiro e a coragem do guerreiro. Nessa era arcaica, a poesia épica difundida nas escolas e praças públicas era a melhor via de comunicação conhecida, e nela a verdade não se distinguia da glória adquirida.

[39] Um dos cinco rios do inferno mitológico. (N.T.)

Hoje imaginam-se mal os esforços dos primeiros astrônomos, dos médicos denominados pré-socráticos, dos que demonstraram teoremas de geometria ou de aritmética e substitui-se, pela fidelidade aos fatos observados e pela necessidade do raciocínio justo, essa glória social cuja auréola tornava imortais os homens que talvez nunca haviam combatido ou navegado. Era suficiente que um escritor afirmasse algo para todo mundo acreditar. Imaginam-se mal os esforços dos cientistas e filósofos para repatriar a verdade para a casa que em seguida ela passou a habitar; quase todos tiveram que enfrentar os tribunais, únicas instâncias que já exigiam que os fatos fossem estabelecidos. Quase todos foram condenados e pagaram com suas vidas a invenção da verdade, no sentido moderno da palavra. A construção lenta e penosa da prova teve lugar diante da justiça. A nova verdade opunha-se à antiga *aléthéia*, ou seja, à glória coletiva, à crença do público no resultado das explorações de alguns desses filósofos e cientistas circundados por fatos dramáticos, densos dos aspectos sensacionais, de terror e piedade. Como a glória sempre predomina, admiramos sem reserva esse raro e verdadeiro milagre grego no decorrer do qual a verdade, no sentido contemporâneo das ciências, predominou em um curto lapso de tempo sobre a comunicação que, como faz hoje, relatava os horrores trágicos, os massacres, pilhagens, violações, incêndios, a guerra de Tróia, os discursos mágicos de viagens distantes em que Ulisses, como um repórter, descobria as paisagens estranhas por onde circulavam monstros. Quem admira, por seu justo valor, a inigualável aventura da vitória da verdade sobre a glória?

Teologia da verdade

Uma história parecida desenvolveu-se do lado das religiões e abalou de maneira bastante violenta o Crescente Fértil. Conjunto de cultos sociais, o politeísmo fabricou seus deuses por meio do sacrifício humano; a luz de sua glória alimentou o brilho de seus fogos acesos para degolar as vítimas e o horror de suas mortes. Um raio rasgou essa história sangüinária e repetitiva: o monoteísmo considerava falsos esses deuses arcaicos porque, com razão, ao matar o homem pela glória, o próprio homem fabricava esses deuses a sua imagem e semelhança. Invertendo o politeísmo, ele fez de um Deus único e ausente o produtor do homem, do mundo e da Verdade, e jamais o inverso. Essa verdade nasceu da crítica justa daqueles que ele com razão denominava falsos deuses. Ao Deus único, transcendente e inacessível, e a Ele apenas, toda honra e toda glória.

A *glória: o que quer dizer contemporâneo?*

Em todo lugar, a verdade sempre se opôs à glória, que, porém, inevitavelmente conseguiu predominar, a não ser nessas duas exceções manifestas que por acaso herdamos. A mesma oposição continua, mas, se a esquecermos, arriscamo-nos a perder uma das mais preciosas heranças. Sim, do lado do monoteísmo e da ciência grega arriscamos-nos sempre a voltar à época em que ninguém sabia a Verdade, no sentido moderno. No lugar de Homero, poeta múltiplo a quem centenas de aedos emprestavam a voz, e no lugar dos numerosos deuses nascidos de mortes em série, centenas de milhares de mensageiros comunicam nos dias de hoje mortes, guerras e tragédias, fazendo novamente brilhar essa glória universal cujo ruído recobre amplamente a verdade. Por que hoje? Porque, nada tendo mudado sobre esse ponto, todos, de religiões a candidatos a prêmios Nobel, querem ser ouvidos em busca de glória semelhante.

A verdade estabelece o laço social. Ela constrói o espaço público a cujo volume transparente acrescenta o político, o midiático, o judiciário e o ético, uma mistura desordenada de ciências e práticas sociais. Seu cimento sustenta as democracias, consideradas os novos reinados deste mundo. Sutil, a verdade assumiu o lugar do Deus único e posicionou-se contra o preceito bastante prudente de não pertencer senão a Ele, a fim de nos preservar de uma querela inútil. Ela ressoa como a nota alta que unifica e domina a informação. Não importam o conteúdo, a forma dos discursos, a música, o ruído dos combates e suas vítimas; importa apenas o estonteante faiscar de sua tonalidade imaculada.

Mais uma coisa ainda: o que quer dizer contemporâneo? A sociedade de comunicação se constrói sobre a glória, como faziam as sociedades arcaicas nas épocas homéricas e politeístas. Nenhuma voz predomina sobre seu tom monotônico, cujo acorde, no sentido acústico, parece propiciar o acordo no sentido social. As luzes da verdade, diferenciadas, rutilantes, mosaicas, arlequíneas, hesitantes, frágeis, desaparecem totalmente sob o efeito translúcido que produzem.

A *dúvida*

Se quiséssemos apresentar uma dúvida contemporânea, tão eficaz quanto a que usou Descartes quando procurava a verdade, seria necessário que o Gênio do Mal cujo encantamento abalou o filósofo se parecesse com o Gênio do Mal que tentou Jesus quando este terminava seu jejum no deserto. "Mostrando a ele todos os reinos do mundo e toda a glória que os acompanhava, o gênio Lhe disse: 'Eu lhe daria todas essas coisas se você se prosternasse diante de mim e me adorasse.'" (Mateus, IV, 89) As ciências, a filosofia e a religião não se tornarão as fontes da construção e da paciente difusão da Verdade a não ser sob a condição de renunciar à glória. É preciso que partam de novo para o deserto.

Pelo menos por 40 dias. Não poderemos jamais nos livrar completamente dessa glória que se adere a nós pelas razões global e local: sua marca única inunda doravante o universo físico, técnico, político e social e até mesmo o democrático; todos nós precisamos dela, pelo menos de uma pequena dose. A sabedoria negocia pacientemente os encorajamentos vagos que a glória fornece e as peças graves que ela prega. Mais uma vez ela se parece com o dinheiro, sem o qual nenhuma vida se perpetua, nenhum projeto se constrói, embora ele semeie a morte a seu redor.

A verdade nasce um pouco e, por vezes, dos colóquios, dos encontros, do debate. De modo oposto, o poder e a glória dependem muito freqüentemente deles. A novidade nasce raramente da comunicação em geral que comumente tende à vitrificação monótona. Proporcional à raridade, a informação verdadeira, tímida e oculta aparece com mais freqüência aos solitários e aos silenciosos. A diferença brota das singularidades; mas essas desaparecem sem um pano de fundo global, único e transparente. Um pouco de glória favorece um pouco da verdade, mas o excesso de glória dissolve-a totalmente.

O HOMEM CONTEMPORÂNEO

Novas tecnologias

Nosso corpo ouve, grita e se lembra. Da mesma forma, bactérias, algas, cogumelos, plantas e animais marcam sua presença e, cada um a sua maneira, percebem o ambiente; sem essa troca de energia e de informação nenhum organismo sobreviveria. Antes de se fazer humana, a comunicação caracteriza o ser humano como sistema aberto: as células comunicam-se entre si dentro dos corpos, que se comunicam entre si de seu nicho ecológico. As reações químicas nas pequenas escalas e as tempestades e as galáxias nas grandes escalas trocam energia e informação ainda no núcleo da matéria inerte.

Como homens, agregamos a essas performances, puramente fisiológicas ou físicas, um panóplia de artefatos destinados a substituir nossos corpos em suas atividades de comunicação; esse arsenal de serviços de mensagens e de semáforos varia no decorrer do tempo. Bem recentemente, as tecnologias eletrônicas afetaram outra vez o conjunto de equipamentos encarregados de receber, armazenar, conservar, emitir e transmitir informação.

Essa transformação recente refere-se ao tempo, ao espaço e à relação entre os homens.

O *tempo*

Já conhecemos pelo menos duas revoluções do mesmo gênero: a invenção da escrita e a da imprensa. Gravada sobre a pedra, bronze ou em tábuas de cera, antes que a pudéssemos ler sobre os papiros ou o papel, a escrita contribuiu de maneira decisiva para a criação das primeiras cidades no Crescente fértil, grandes Estados organizados sob as regras de um direito escrito — código de Hamurabi, lei de Moisés —, tornou mais simples e rápidas as trocas comerciais graças à cunhagem de moedas, impulsionou as ciências abstratas e a pedagogia na Grécia antiga, assim como as religiões monoteístas que podem ser definidas como cultos da Escrita. Melhor ainda, hoje dividimos o tempo humano em duas partes distintas, a pré-história e a História que começa, precisamente, a partir do aparecimento dos primeiros textos gravados. As grandes estabilidades políticas, religiosas, econômicas e científicas que chegaram até nós procedem de equipamentos apropriados ao tratamento das informações que, como já disse, variam menos na história do que a comandam, pois foi a escrita que a fez nascer.

Desde que aparece a imprensa, primeira produção em cadeia e em série na Renascença, as trocas comerciais no Mediterrâneo se transformam. Os bancos italianos substituem a moeda pelas letras de câmbio e introduzem, em conseqüência disso, o primeiro capitalismo; a circulação dos livros favorece a independência individual louvada pela Reforma protestante, pela democracia política e pelo direito civil; a estocagem desses livros em bibliotecas diminui a importância das doxografias e, ao exigir menos da memória e colocar o observador frente à instantaneidade dos fatos, contribui para a eclosão da experimentação mecânica e física; em suma, a imprensa gera a ciência moderna; Montaigne, Erasmo, Rabelais, retiram as inusitadas concepções da pedagogia de todas essas novidades. As duas transformações apresentam perfis semelhantes.

O impacto diferente das técnicas e das tecnologias

Por sua leveza, velocidade e capacidade de expansão as transformações dos suportes da informação — tecnologias "doces" na escala neguentrópica — parecem influir mais fortemente sobre as condutas individuais e a organização social do que as revoluções produzidas pelas técnicas "duras" na escala entrópica, como a revolução industrial. Quanto mais a mecânica e a termodinâmica nos introduziam a um conhecimento mais preciso das técnicas duras, de suas leis, constantes de energia e rendimento dos motores, mais amplamente ignorávamos as leis da mecânica, bastante distintas em suas ordens de grandeza e aplicações. Na língua francesa mantenho o anglicismo tecnologia para o conjunto de artefatos que manipulam os signos, ou seja, o *logos*, e o opõe às técnicas cujo campo de ação energética difere do primeiro por um fator 10 elevado à potência 16.

Novo exemplo: nas últimas décadas, sutis filósofos nos faziam aprender nos livros a importância decisiva das técnicas que só se aprendem na prática dentro das minas, usinas e oficinas; idealistas, de fato, que se pretendiam materialistas não consideravam tecnologias as páginas transparentes que escreviam. Oriundas das ações necessárias dos seres vivos e, sem dúvida, mais longinquamente das trocas com o inerte, as diversas maneiras de acumular ou trocar informação governam as mudanças menos visíveis e impactantes do que aquelas que parecem determinar as altas energias. Minha geração assistiu ao desastre: o aço, o carvão e os altos-fornos de outrora, sobre os quais meus pais acreditavam construir a Europa, logo fizeram parte da mesma perseguição feita aos moinhos de vento e aos teares do passado, enquanto o computador passou a multiplicar as impressoras e a fazer triunfar a antiga gravura de signos. Longe de eliminar seus precedentes, a invenção de um suporte os reaviva e os faz expandir-se. Teria valido mais a pena construir a Comunidade a partir do ensino!

Se essa retificação de nossa visão sobre a História tiver sentido e, coisa mais difícil de controlar, se as novas tecnologias inovam muito mais do que as precedentes, é preciso que estejamos preparados para grandes transformações e até mesmo para rupturas de extensão, pelo menos equivalentes àquelas que os dois acontecimentos provocaram no passado.

De fato, a economia transforma-se sob nossos olhos ao se difundir na internet, ao tornar a moeda volátil sem antes exigir uma unidade monetária única; as ciências já mudaram de paradigma sob o efeito do computador; os espaços urbanos e rurais se redistribuem rapidamente, as religiões entram em crise umas perante as outras; alguns de nós buscam um novo direito, porque a internet e a ciência passaram a indicar atualmente inúmeros lugares de não-direito, e todos lamentam que a política caia sob a dominação das mulheres e continue a esperar consultas diretas. Tanto as sociedades avançadas como as em desenvolvimento projetam o ensino a distância em favor de uma juventude que continua sem compreender e nem admitir o ressentimento dos antigos em relação à nova cultura: acredita-se ouvir o eco de Sócrates, que se recusa a escrever e que repete o elogio à transmissão oral, ou dos professores da Sorbonne medieval, loucamente apaixonados pelo latim, frente ao riso de Rabelais. De maneiras rápida e concisa, o perfil das transformações antigas se reproduz.

O *espaço*

Resumamos novamente e por meio de uma palavra o mundo antigo: vivíamos em um espaço dominado pela concentração. Uma cidade reúne famílias e uma rua, um bairro ou uma praça agrupam lares ou negócios; uma empresa combina os meios de produção e de comunicação; uma fazenda acumula sementes e cruza os animais; um banco, uma biblioteca, um museu reúnem bens, livros e obras; um campus agrega laboratórios, dormitórios e salas de aula; um anfiteatro agrupa os estudantes, um livro alinha milhares de palavras, e o conceito de círculo inclui uma infinidade de objetos de forma arredondada. Levei anos para compreender que a compreensão, a intelecção, a cognição e o próprio pensamento obedeciam, como casos singulares, a esse gesto amplo de capitalização, indissoluvelmente material, energético e informacional, alimentar e vital, demográfico, coletivo e social, prático e financeiro, político e científico, mnemônico e cognitivo. No eu, habitam algumas idéias; na idéia, uma multiplicidade de casos; no livro, milhões de signos; na biblioteca, milhares de livros; na cidade, as bibliotecas; no espaço, as cidades, as fazendas e os caminhos. A estocagem precede e condiciona as trocas. Teria ela começado pelos depósitos de grãos da Mesopotâmia ou pelas reservas de caça, tais como as preservam os aborígines da Austrália há dezenas de milhares de anos? Seria a estocagem uma condição para as técnicas puramente energéticas?

Desde que somos homens, habitamos um espaço polarizado ao redor de lugares de concentração como casas, cidades e tesouros diversos e, em particular, o próprio lugar em que vivo e que indico como meu endereço: e como caminhos de toda natureza os interligavam, vivíamos em um espaço em rede, pois construí-lo o formava, habitá-lo o consolidava e pensar consistia em reproduzi-lo. A espécie estoca, o indivíduo pensa; trata-se do mesmo processo. Não podíamos sobreviver sem essas concentrações e circulações que infatigavelmente condicionavam a vida, o indivíduo, o coletivo, as práticas e a teoria; não cessávamos de inventar novas redes.

Os computadores vieram completar esse segmento da hominização. Se essas máquinas podem ser chamadas de universais, elas merecem esse título justamente porque se encontram sob a égide da concentração. Por que temos necessidade de reunir livros, signos, bens, alunos, casas ou atividades, já que o computador sempre fez isso? O problema geral da estocagem, que buscamos resolver, e sobre a qual trabalhamos desesperadamente desde nossa própria emergência, encontrou uma solução não apenas real, mas virtual: toda questão desse gênero encontra múltiplas respostas possíveis, segundo suas próprias condições e constrições.

As novas tecnologias tornam obsoleta a concentração atual, ou seja, transformam-na aqui e agora em uma aglomeração trivial. A rapidez das comunicações concentra *ad libitum,* virtualmente tudo, o todo ou a parte das conexões disponíveis. Ao contrário das antigas, as novas máquinas, por meio de transmissões rápidas, substituem a função de conservar. O conjunto dos caminhos é suficiente para permitir a síntese. Não mais armazenamos coisas, mas relações. A troca relativiza a estocagem. É necessário repensar o capitalismo?

Durante muitos anos, diverti-me ao ver elevar-se sobre o cais do Rio Sena, em Paris, a Grande Biblioteca,[40] no mesmo momento em que a estocagem que ela concretizava se tornava inútil e absurda. Na construção dessa biblioteca, os faraônicos homens de decisão que desprezaram o pobre povo e dissiparam tanto dinheiro em suas quatro torres lembram os marajás que, no século XVII, erigiram em Deli os quadrantes solares gigantes para observar o céu com melhor precisão, no mesmo momento em que Galileu apontava sua luneta em direção a Júpiter e ali descobria seus satélites. Como não entender aqueles príncipes hindus e desculpá-los por seu atraso em virtude dos milhares de quilômetros que os separavam da Florença renascentista? O Eliseu[41] estava certamente surdo, pois se encontrava extremamente próximo, como todos, da mais ruidosa e ubiqüitária forma de comunicação mundial. Um presidente mal assessorado equipou Paris com quatro quadrantes solares quando a qualquer momento e de qualquer lugar alguém pode acessar um portal conectado à internet onde não existe nem um livro sequer. Qual a vantagem em acumulá-los?

Esse gesto ancestral reconduz as décadas precedentes a uma segunda pré-história, quando a memória precisava de lugares, os tesouros de depósito e os homens de endereço. Quando as estradas se multiplicam, as cidades se estreitam, quanto mais neurônios, menos engramas; as relações crescem em detrimento do que a Idade Média chamava de substância.

---

40 Referência à construção da Grande Biblioteca de França, durante o Governo François Mitterrand. Por ser toda construída em vidro, sofre a intensa ação dos raios solares, que estraga os livros. Foi preciso construir um sistema de tapumes para impedir o amarelamento dos livros. Os livros são guardados em quatro torres, de onde devem ser retirados para serem consultados numa sala de leitura subterrânea. É uma operação complicadíssima, inviável, que só dificulta a operação da biblioteca. (N.T.)

41 Sede da Presidência da República Francesa. (N.T.)

A concentração foi substituída pela distribuição. A partir do momento em que dispomos de um terminal de computador portátil, de um telefone móvel e de todos os acessos possíveis aos bens e às pessoas, temos menos necessidade de constelações expressas. Para que anfiteatros, classes, reuniões e colóquios em lugares determinados, até mesmo para que uma sede social, uma vez que cursos e encontros podem ser realizados a distância? Esses exemplos culminam no exemplo do endereço: no transcorrer dos tempos, o endereço se referia a um lugar, de moradia ou de trabalho; hoje, os programas de educação e distância o adele[42] ou o número do telefone celular não mais designam um lugar determinado: pura e simplesmente, um código ou um número são suficientes. Quando todos os pontos do mundo desfrutam de um tipo de equivalência, entra em crise a dupla aqui-agora. Quando Heidegger, o filósofo mais lido no mundo na atualidade, denomina a existência humana "*ser-aí*",[43] ele designa um modo de habitar ou de pensar em vias de desaparecimento. A noção teológica de ubiqüidade — capacidade divina de estar em todos os lugares — descreve melhor nossas possibilidades do que esse fúnebre aqui-jaz.

Digressão a propósito do endereço

A partir do instante em que a mulher genial de um caçador ancestral vestido de peles cultivou pela primeira vez um campo de cevada, o casal agrário fixou-se ao redor da moradia que erigiu ao lado desse tesouro de alimento abundante. Os animais passam também a não se afastar muito de seu nicho, ninho, território, caverna ou abrigo.

O que é um endereço? Uma coisa e um nome ambos dotados de raízes precisas. Notificação exata desse habitat, o endereço fornecia a direção correta e fixa sobre o destino de uma mensagem enviada a uma residência. Esse termo também se origina do rei que, de seu reinado, definia as fronteiras locais de seu poder e de seu direito, que, costuma-se dizer, não se transfere a não ser depois que se ultrapassam os vales e as montanhas. Declarado o endereço rural ou urbano, o carteiro, os mensageiros, o gen-

---

[42] Adele: sigla de Agent for Distance Learning Environments (Agente de Aprendizagem e Distância). (N.T.)

[43] "*Être là*" no original: categoria central do pensamento que Martin Heidegger expõe em *Ser e tempo* e que evoca o processo da constituição ontológica do Homem. (N.T.)

darme e também o juiz podiam intimar qualquer pessoa em nome do rei e do direito. Mesmo *As regras para a direção do espírito,* de René Descartes, supõem um espaço dotado de orientação e de sentido, repleto de lugares descobertos pela geometria e do qual falarei mais adiante. Habitat, poder ou jurisdição, retidão de método e de pensamento, o endereço anunciava a riqueza do lugar enumerando suas características. Mesmo os nômades, que conduziam as tropas a sua frente, sabiam reconhecer a barraca, a tenda, seus endereços móveis. Mesmo o programa de educação a distância realizado por correio eletrônico refere-se ao lugar ocupado por um aparelho muito pesado para ser facilmente transportado.

Pela primeira vez, o telefone celular e o computador portátil liberam o endereço do lugar. Não o chamo somente em sua casa, em seu escritório ou no alqueire de alfafa, mas em qualquer lugar que você estiver, no mar, no topo do Cervin,[44] dentro do trem ou do avião, a quatro passos de onde eu estiver ou em qualquer outra longitude. Você me responde sem saber de onde estou chamando, e eu o escuto ignorando de onde vem a resposta, a não ser que um número indique a origem da emissão. Conversamos com o auxílio de códigos: a geometria ou a topografia de superfície cedem lugar à aritmética e à criptografia dos números. Ausentes do local, estamos presentes no espaço global. Transeuntes, errantes ou ultrapassados?

Se o endereço carrega consigo essa rede semântica fundada na correção, na probidade e no sentido, o desaparecimento da correção apaga a pregnância de qualquer regra. Alguns desejam regulamentar a internet: como o rei e o direito encontram-se implicados no endereço, eles têm medo de perder simultaneamente a lei, o lugar e seu destino. Prefiro sonhar com a velha história de Robin da Floresta que vagueava pelas matas e florestas de Sherwood por onde as pessoas honradas transitavam e temiam expor-se aos ataques dos salteadores. Lugar de não-direito como a própria internet, onde todos navegam à vontade e sem nenhuma vigilância, aquele bosque servia de refúgio aos proscritos, aos piratas e aos fora-da-lei. Incapazes de sobreviver nos limites de sua própria desordem, eles mesmos terminaram por eleger um chefe cujo nome contraditório evocava simultaneamente a própria floresta, um lugar de não-direito e o homem vestido como jurista ou magistrado que, naquela época, era chamado de Robin por causa dessa roupa: Robin das Florestas era a alegoria de um direito origina-

[44] O Cervin (4.478m), considerado o mais belo cume dos Alpes pela singularidade extraordinária de sua forma. (N.T.)

do do próprio lugar em que nenhum direito era assegurado; o nome desse herói evocava a roupa do juiz. Quem consegue perceber que esse nome é um oximoro? Quem pode criar um magistrado entre os marginais, um homem da lei entre os fora-da-lei? Robin das Florestas: o segredo codificado de uma história mais verdadeira do que a história e que, sem o dizer, relata a invenção de um novo direito em um lugar tradicionalmente de não-direito. Como surge uma regra, por que ela se impõe mesmo às pessoas cotidianamente dedicadas às exações selvagens? Resposta: eles elegeram um chefe. Essa lenda, repleta de túnicas verdes, relata com dinamismo o processo que transita da violência ao contrato, o mesmo que Hobbes, Rousseau e seus sucessores refizeram por meio de uma linguagem rígida repleta de estereótipos e fórmulas fixas. Tito Lívio contava também outra história a respeito da floresta onde os futuros reis de Roma, Rômulo e Remo, nasceram de uma loba-puta, companheira de malandros, canalhas e bandidos. Um novo direito nasce todos os dias de um lugar de não-direito; ele não pode vir de fora, pois deve resolver uma questão totalmente nova: como penetrar diretamente o interior de um espaço impenetrável?

Não-lugar

Como caracterizar esse novo espaço? Nesse espaço se anulam as concentrações e suas necessidades, os afastamentos e suas constrições, e, com isso, desaparece a rede ancestral, forma sempre recuperada, reconstruída e tecida por centros e caminhos, que se apaga ao mesmo tempo em que não se fala de outra coisa a não ser de redes. De agora em diante não habitamos mais essa forma entrelaçada, mas um espaço qualitativo sem distância, sem referência pontual ou polar. Estamos voltando para as florestas de origem? É preciso repensar o espaço, o habitat, o aqui e o agora, os objetos coletados, os sujeitos coletivos, a filosofia inteira, o direito e, em particular, a cognição. Hoje, ao rememorar nossa origem nós a revivemos e revisitamos no mesmo lugar em que alguns tentam descobrir como fazer para legislar sobre a internet. Nesses lugares virtuais quem pode atualmente definir um sujeito de direito, os objetos do crime, as condições espaço-temporais de aplicação das regras editadas, enfim, o público a quem se endereçará esse direito? Sem endereço, sem fronteiras: não-lugar. Neste momento a internet revela um lugar de não-direito; é possível formular um direito sobre um não-lugar?

Supondo-se, até os limites do impossível, que essa legislação se concretize, ela deverá vigiar, em tempo real, nossos gestos, nossas frases e nossas intenções em um grau tal de sutileza e exatidão, que as polícias mais insuportáveis da História pareceriam lazeres lúdicos em relação a tais sujeições. O direito atual continua sem ter acesso à virtualidade da internet, mas, se ele conseguir atuar sobre ela, eliminará toda liberdade. Robin das Florestas nos ensina que, nos lugares de não-direito, às vezes residem fontes imprevisíveis de novidades. Com o tempo, novos contratos e, depois, um novo direito emergirão sem dúvida das mensagens, das trocas e dos usos da internet; as novas leis dependerão da própria internet da mesma forma que a partir do código de Hamurabi ou da lei de Moisés, durante muito tempo, o antigo direito dependeu da invenção dos signos da escrita. Velhas lembranças que quase valem uma demonstração, a palavra código designa simultaneamente o direito, os símbolos e as regras da própria escrita. Um direito prévio não regula apenas um suporte emergente, ele mesmo emerge dos suportes. Não confundamos o efeito com a causa. O suporte predomina sobre os vestígios que produz. Sem a necessidade das velas, os navios a vapor zombam da rosa dos ventos.

Cognição: o exemplo da memória

Mudar de tempo histórico, de lugar, de habitat e de direito não deixa o homem invariante. Outra maneira de interpretar a ação de estocar: depositar a informação sobre um pergaminho, sobre papel impresso ou num suporte eletrônico consiste em construir uma memória que representa ainda uma concentração. Nossos ancestrais pareciam-se com os atores de hoje que podem recitar de cor milhares de versos ou de réplicas. Desde então tais experiências ultrapassam nossas capacidades. À medida que construímos as memórias performativas perdemos nossa própria memória, que os filósofos chamavam de faculdade. Podemos realmente dizer: perder? De maneira nenhuma, pois pouco a pouco o corpo deposita essa antiga faculdade em seus suportes cambiantes; de cervical e subjetiva, ela se objetiva e se coletiviza. Um monólito de pedra, um rolo de papiro, uma folha de papel, memórias materiais próprias para aliviar nossa memória corporal. Se isso já é verdadeiro para as bibliotecas, tornou-se muito mais verdadeiro ainda para a internet, memória global e enciclopédia coletiva da humanidade.

Há alguns séculos, os griôs,[45] os aedos, os interlocutores de um diálogo de Platão, os apóstolos de Jesus ou até mesmo um estudante da Sorbonne na Idade Média podiam anos depois repetir, e sem omitir uma sílaba, as proposições de um mestre ou de um palestrante ouvidas durante a juventude. Salvo erros dos inteligentes copistas, a tradição oral traçava um caminho muito mais seguro do que a transmissão escrita. Nossos predecessores cultivavam suas memórias e dispunham de finíssimas estratégias mnemotécnicas. À medida que tomávamos notas ou líamos coisas impressas, perdíamos menos essa faculdade do que se as depuséssemos sobre os livros e as páginas. Assim como as membranas da articulação aparelham o corpo com calcanhares e rótulas que giram quando se anda, a estocagem de informação aparelha antigas funções cognitivas. Contrariamente aos animais presos a organismos sem secreções desse tipo, não cessamos de demonstrar nossas performances corporais em equipamentos produzidos a partir delas. Perdemos a memória porque construímos múltiplas memórias.

Perder, ganhar?

Juntemos de novo aqui sujeitos antigos e modernos cujos discursos e textos lamuriantes deploram a perda da oralidade, da memória, da conceitualização e de tantas outras coisas preciosas a nossos antepassados.

Se voltarmos às neves de antanho, não deveremos hesitar em colocar em cena o próprio processo de hominização, tal como o descreveu o pré-historiador Leroi-Gourhan, por exemplo. Ele dizia que, à medida que os ancestrais distantes se elevavam da posição quadrúpede à posição vertical, evolução que durou sem dúvida milhares de anos, seus membros anteriores perdiam a locomoção. Certo, mas a mão ganha com isso novas performances: a preensão supõe um retorno ao estado anterior graças ao qual esse órgão, aos poucos, torna-se responsável pela arte dos nós de marinheiro, da carpintaria, da técnica cirúrgica, do piano, da régua, do compasso e da prestidigitação. A partir do momento em que as duas mãos se dedicaram a essa preensão refinada que condiciona a compreensão, a

[45] No Sudão, e em parte da zona guineense, nome atribuído aos poetas, cantores e músicos ambulantes pertencentes a uma casta especial, que, além de cronistas e detentores da tradição oral do grupo, freqüentemente exerciam atribuições mágico-religiosas. (N.T.)

boca, até então prognata, porque os dentes proeminentes favoreciam a preensão, perde essa função, se retrai e muda o angulo facial; o crânio se remodela e libera espaços anteriores nos quais o cérebro pôde desenvolver os lóbulos frontais: e a boca começou a falar.

O balanço dessas mudanças faz com que apareçam pequenas perdas, como a locomoção sobre os dois membros anteriores, a preensão pelos dois lábios e pela mandíbula, relacionadas a ganhos que não tinham nenhuma relação com as perdas, como fabricações múltiplas pelas mãos, linguagens diversas e refinadas, diálogos e objetos. Conseqüentemente, os braços liberaram-se da extenuante obrigação de carregar, a boca livrou-se da desgastante necessidade de prender, a mão especializou-se, e o cérebro passou a refletir. Quando um empobrecimento conduz a um avanço, a privação de uma função tem um significado muito maior do que quando se libera ou se inventa o novo.

A perda da memória, na época que se seguiu àquela em que se recitava de cor os poemas de Homero, liberou as funções cognitivas da carga impiedosa de milhões de versos; em sua simplicidade abstrata, a geometria, filha da escrita, apareceu. Da mesma forma, na Renascença, uma perda mais forte ainda atingiu os cientistas com a extenuante obrigação de proceder à documentação, chamada então de doxografia, e os conduziu bruscamente à crua observação, que propiciou o nascimento das ciências experimentais, filhas da imprensa. No final das contas, os benefícios superam de maneira transcendente os prejuízos, pois, nessas circunstâncias, nasceram duas ciências que permitiram que se compreendesse o mundo. O saber consiste não mais no lembrar-se, mas em objetivar a memória, em depositá-la nos objetos, em fazê-la deslizar do corpo para os artefatos, deixando a cabeça livre para mil descobertas.

Levei muito tempo para compreender o que Montaigne queria dizer quando meus professores me obrigavam a dissertar sobre sua famosa frase: mais vale "uma cabeça bem-feita do que uma cabeça bem cheia". Antes de poder arrumar os livros em sua biblioteca, Montaigne e seus eruditos ancestrais deviam aprender de cor a *Ilíada* e Plutarco, a *Eneida* e Tácito, se deles quisessem dispor para meditar. O autor dos *Ensaios* cita os clássicos e para consultá-los precisa apenas recordar-se de seu lugar nas prateleiras: quanta economia! Em conseqüência, a pedagogia a que a Renascença aspirava esvaziava a cabeça anteriormente cheia e modelava suas formas sem se preocupar com o conteúdo, doravante inútil, porque disponível nos livros. Liberado da necessidade da memória o entendimento bem-feito se voltará para a observação dos fatos do mundo e da sociedade. Na realidade, Montaigne louva nessa sentença a invenção da imprensa e dela tira lições educativas.

Como os velhos caducos, as crianças de hoje não se recordam nem mesmo da transmissão assistida ontem à noite na televisão. Que grande ciência essa outra perda irá promover? Esse saber recente vocês já podem aprender ou, ao menos, visitar na internet, tal como foi modelado pelo novo esquecimento. Sim, sob o efeito da nova liberação, a enciclopédia inundada de informações singulares pela rede mundial acaba de mudar de paradigma. Nosso aparelho cognitivo liberou-se de todas as lembranças possíveis para dar lugar à invenção. Aqui estamos todos nus, libertos para um destino assustador: livres de toda citação, libertos da estafante obrigação das notas no fim da página, aqui estamos reduzidos a nos tornar inteligentes.

O *homem sem faculdades*

Esse longo raciocínio remete-se de modo invariante a outras funções cognitivas. Calculadoras e milhares de computadores *ad hoc* liberam igualmente inúmeras funções operacionais. O antigo imaginário desliza parcialmente para o mosaico virtual ondulado de pixels de nossos monitores. As novas tecnologias tornam coletivas e objetivas as antigas faculdades cognitivas que acreditávamos pessoais e subjetivas. Perdemos estas (e como é possível que sempre nos restem algumas delas?) e ganhamos aquelas. O próprio processo de hominização consiste nesse contínuo deslizar, nessa passagem, nessa perda, nessa transubstanciação inesgotável, corporal para a roda e os equipamentos, cognitiva para os suportes da memória, da razão e da imaginação. Não raciocinamos mais como se a psicologia das faculdades permanecesse verdadeira. Esse momento de hominescências provoca para sempre uma ruptura nessas faculdades. De que espelho mágico, lâmpada frontal de alpinista ou de mineiro dispunham os filósofos que as inventaram ao desejar explorar em detalhes os picos e corredores obscuros do entendimento humano? Parodiando Robert Musil, denomino voluntariamente aquele que nasce nesta manhã: o homem sem faculdades.

Retomo um exemplo já citado: pelo menos desde Galileu até minha juventude, uma pessoa dedicada a uma disciplina da física, da química ou da biologia mensurava no transcorrer de um experimento uma variável de um fenômeno exatamente decomposto, com o objetivo de tirar de alguns desses dados, em resumo raros, conseqüências gerais, cujo caráter teórico assegurava sua aplicação a outros múltiplos casos. Funcionava ali um tipo de princípio do mínimo e do máximo: poucos dados para muitos resultados. Oriunda de um pequeno número de observações, a lei da gravitação aplica-se ao universo. Automatizados, os aparelhos de exame e de medida multiplicam na física nuclear ou na bioquímica os dados que crescem enormemente e alcançam os grandes números da escala de gigas à escala dos tera (10 elevado à potência 12) e futuramente, sem dúvida, a 10 elevado à potência 15. Quilômetros de CD-ROMs empilhados não seriam suficientes para armazenar esses dados. Encontramo-nos diante de uma parte da biblioteca do mundo ou pelo menos de alguns balbucios de sua língua. No lugar do experimentador que recolhe algumas centenas de medidas, no lugar de sua faculdade de lembrar, temos agora um Everest de imagens objetivas, de memórias e, agora, de operações. Quem tratará essa massa imensa de signos? Resposta: milhões de computadores conectados entre si, trabalhando em um projeto comum, poderiam fazer isso sozinhos. A questão: Quem? Requer respostas novas. Quem se lembra? Quem escreve? Quem trata e calcula? As "fazendas" inteiras feitas de computadores. Tudo desliza do subjetivo para o objetivo. Adoro ouvir os especialistas em informática chamarem de fazendas, à moda antiga, esses parques e sua conexões: o fazendeiro, então, trabalha em quê?

Ao *cogito* na primeira pessoa, juntam-se, hoje, duas declinações do mesmo verbo pensar: o *cogitamus* na segunda pessoa dos físicos de que trata a sociologia das ciências e o *cogitat* na terceira pessoa dos computadores. A antiga faculdade cognitiva descentra-se por um jogo a três: eu, tu, aquilo; nós, vós, eles. A filosofia havia esquecido que nossas línguas dispõem de pelo menos três sujeitos, que o próprio objeto e a outra pessoa dispõem cada um de um pronome que lhes permite acesso ao estatuto de sujeito? Vocês podem ver os três trabalhando. Desde então, quem consegue pensar no mundo sem o socorro dos outros e a ajuda dos computadores? Dito isso, resta ao ego o poder soberano de se retirar do jogo. Quem sou eu? Um aposentado em potencial. Posso não jogar. Minha consciência às vezes me aconselha a retirada sem me importar com o preço a pagar. Trago em mim minha própria renúncia.

Da mesma forma como ocorreu na Renascença surgem uma nova ciência e outra cultura cujas narrativas produzem uma cognição que as reproduz e, em contrapartida, as enriquece. Essa mudança de entendimento aconteceu várias vezes, por exemplo, quando os modelos abstratos da geometria ou os experimentos em física apareceram por ocasião das mudanças das tecnologias. Assim, a História acompanha esses suportes.

O *suplício de* São *Dênis*

Quando os soldados furiosos lhe cortaram a cabeça e esta caiu por terra ele se debruçou, completamente decapitado, para recolhê-la e depois segurá-la por um momento em seus braços levantados. Diz-se que esse gesto fantástico fez recuarem até mesmo seus perseguidores. Os atos legendários que aconteceram depois de Gregório de Tours relatam esse martírio ocorrido por volta do ano 250. Vocês podem ver essa cena representada no Panteão em 1888, pelo pintor bombeiro Léon Bonnat.

Às vezes nos acontece colher flores ou recolher do solo com a mão rochas ou torrões de terra para serem examinados. Suponham que primeiro percebamos isso e que depois notemos que o corpo se agacha, se alonga e que o braço aproxima esses objetos dos olhos; que a cabeça, sede do olhar, da audição, do olfato, do gosto, da língua que fala e do cérebro, faz a triagem e decide. A cabeça serve como referência suprema para tudo, pois parece que é ela que dá o comando para abaixar, segurar e aproximar de si mesma tudo que lhe interessa. O juiz, o chefe são instâncias que a filosofia denomina sujeito. O que se recolhe da terra e que os dedos seguram denomina-se objeto. Objeto que a mão segura e o sujeito compreende, se ambos puderem fazer isso. O suplício aqui relatado, figura tão comum no exercício da percepção e do conhecimento, transforma-se extraordinariamente, pois o objeto a recolher, a aproximar do tribunal para ser examinado torna-se ele mesmo o próprio juiz, mais exatamente o chefe que os dedos que o seguram apresentam a uma autoridade acéfala. Que tipo de santidade permitiu ao degolado Dênis recolher sua cabeça do chão?

Mal reconhecido pela assembléia aterrorizada, o objeto se eleva subitamente sob os olhares assassinos e fascinados: sim, a própria cabeça da vítima sustentada por suas mãos elevadas acima de seu próprio cadáver, sem chefe, continua ainda um sujeito. Mas, que outra cabeça ausente a vê sem os olhos, cheira sem o olfato e, sem a audição, ouve-a ranger os dentes e soluçar de sofrimento, quem sem o cérebro a julga e sem a boca a proclama? Cega, a cabeça-fantasma olha a cabeça real separada do corpo depois da degolação. Vocês vêem, enfim, diante do cognitivo objetivo, o sujeito nu, vazio, sem faculdades, que Bonnat pintou dentro de uma auréola de radiosa transparência?

A que ou a quem comparar o terminal de seu computador, sua memória imensa, seu monitor, sua poderosa rapidez de cálculo, a classificação instantânea de seus dados, a que cabeça bem cheia e bem-feita, totalmente densa e genialmente fabricada? A qual luz transparente comparar sua própria cabeça vazia, em face dessas faculdades materializadas sob vidro e plástico, em silício e fibras óticas? Desde então, transformamo-nos todos em santos Dênis; percebemos todos os dias que nos servimos dessa cabeça cheia e bem-feita diante de nós, portadores de uma cabeça vazia e inventiva que repousa sobre o pescoço.

O *outro sentido do verbo perder*

Estranho poder do corpo humano de se transformar parcialmente em objeto! Povoamos o mundo com equipamentos em forma de punho: maça ou martelo; cotovelo: alavanca ou polia; olho: lupa ou telescópio; todos eles envolvem milhares de combinações de funções que se tornaram exteriormente desconhecidas; nós as medimos até mesmo com polegares, cotovelos e braços, sem jamais nos perguntar como essas máquinas saíram de nossos organismos. Que eu saiba, nenhuma explicação consegue dar conta dessa perda entendida num segundo sentido; felizmente, mitos ou hagiografias supriram essa falta de teoria racional. O corpo perde como se fosse um velho tonel furado. Como o corpo do bispo que perde sua cabeça, antes de recolhê-la ele deixa sair de si os fragmentos, membros dispersos que rapidamente se transubstanciam em objetos técnicos ou em seus substitutos. Antes que se expliquem as funções corporais e o organismo por meio das máquinas, os próprios aparelhos aparelham o corpo; esse circuito interminável alimenta-se a si mesmo. Únicos animais cujo corpo perde, os homens produziram as técnicas que os hominizaram no tempo. A irrupção de novas tecnologias assinala um momento de hominescência, muda o conhecimento e, mais além, a reprodução. Por meio dessas perdas forma-se um mundo que evolui fora dos corpos, nossas performances físicas e cognitivas transformam-se quando se trata de energia comum e de informação. Em conseqüência disso, os indivíduos mudam, assim como mudam as trocas necessárias a suas vidas e as transmissões que se efetivaram entre as coletividades.

O *ensinamento do próximo*

Entre os fluxos de informação, um dos mais decisivos para a seqüência do tempo transmite a tradição de uma geração à outra que, certamente, desobedece às precedentes acentuando com felicidade a contingência de nosso destino. A pedagogia transforma-se sempre e ao mesmo tempo que os suportes da informação; foi assim que a *Paideia* grega e a educação da Renascença emergiram em seu tempo.

Atualmente, o investimento que demanda a instalação de um centro universitário, outra concentração de prédios, bibliotecas, anfiteatros, laboratórios, restaurantes e moradias consome 100 vezes mais o dinheiro exigido para a distribuição de um mesmo tipo de ensino por intermédio das novas tecnologias. Em razão dos preços módicos isso ocorre por um efeito multiplicado, uma vez que as redes só conhecem as fronteiras criadas pelas línguas. Por isso elas oferecem oportunidades às pessoas e às coletividades desprovidas de dinheiro que não possuem acesso bom e fácil às fontes de conhecimento. O que significa, aliás, o nome universidade se ela não atinge o universal?

Quem é meu próximo? A mulher, a criança e o homem em risco de morte precoce. Se eles sofrem eu os considero de antemão irmãs e irmãos, filhos e filhas de minha santa família. Sabemos que o saber condiciona a supressão da fome e da miséria e, às vezes, da dor. Se alguém pudesse escolher, para seus filhos pequenos e para seu próximo em perigo, entre a formação e a fortuna, quem não escolheria a primeira, menos lábil do que a outra, às vezes corruptora, embora mais promissora e, algumas vezes, criadora?

Enfim, um projeto na superabundância

Na atualidade, se existe um projeto digno desse nome é este: colocar à disposição das pessoas mais miseráveis, segundo seus desejos e não o nosso, fontes gratuitas de conhecimento que sejam mais emancipadoras do que gratuitas. O que significa esta última expressão? Que o saber não equivale a nenhum bem, nem ao dinheiro, nem à troca, mas a uma dádiva especial cujo mistério ainda não descobrimos: se você me der 10 euros ou um pedaço do pão, eu fico com eles e você fica sem nada; um jogo de soma nula; mas se você me ensinar um teorema ou um poema, eu os recebo, mas você continua com eles; em conseqüência disso, uma adição toma o lugar da subtração; melhor ainda, ao recitar o poema ou explicar o teorema, você não deixa de fazê-los crescer dentro de si; esse é um tipo de abundância sem limites, que nenhuma troca pode produzir. No mundo encantado dessa miraculosa superabundância, praticamos junto com o próximo uma partilha multiplicativa: um jogo em que todo mundo ganha.

Essa é a razão pela qual trabalhei mais de 10 anos promovendo o ensino a distância para oferecê-lo a todos, sobretudo ao Terceiro Mundo e ao Quarto. Inevitável seqüência pedagógica do novo dado cognitivo, ele distribuirá mais igualdade em uma democracia mundial ainda inexistente, uma vez que esse nome hoje oculta o mais implacável dos imperialismos, energético, informacional e financeiro.

FIM DAS REDES: A HABITAÇÃO UNIVERSAL

Filosofia do endereço: desenvolvimento da digressão

Sem lugar fixo não era possível existir endereço. Esse era o estado das coisas desde o Neolítico até hoje pela manhã, mas, com o aparecimento do computador portátil e do telefone celular, tudo mudou. As palavras direção e correção, já utilizadas anteriormente, pertencem à mesma família que o termo endereço, originam-se do adjetivo latino *rectus*, que significa linha reta e bom caminho: esses caminhos dirigem-se para um lugar determinado. Há pouco eu contava uma de nossas histórias mais antigas: depois da invenção da agricultura e da criação de animais o grupo humano abandonou a errância implicada na caça e na coleta. Os humanos sedentários passaram a habitar ao redor da nova fonte de alimento, os costumes se tornaram estáveis e fornecer o endereço de alguém era suficiente para que ele fosse encontrado por qualquer pessoa. À estreita relação entre a pessoa e seu nome junta-se a que a liga ao domicílio. Os humanos se fixam no lugar.

Acabo de dizer que a palavra endereço origina-se de rei (o *rectus* se transforma em *rex*) que, ao reinar, delimita os lugares, direções e fronteiras locais de seu poder; dessa maneira, a polícia real pode sempre encontrar e capturar alguém. A palavra repete a coisa indefinidamente: o rei identifica o endereço de seus súditos no cadastro correto e pode enviar seus agentes e coletores de impostos sem o perigo de que estes errem o caminho. O mesmo termo reaparece nas regras do direito. Devido a suas raízes, o endereço assume um tom real e legal, político e jurídico. Esses termos são os primeiros de uma família de palavras cuja rede de relações indica os sentidos que na linguagem corrente o termo endereço, por si só, não reconstitui necessariamente.

Deslocalização das vizinhanças e dos valores cognitivos

O endereço faz coisas ainda melhores. Quanto mais o fornecemos mais atraímos o mundo para nossa habitação privada situada no coração de uma estrela onde se entrelaçam os caminhos públicos que a ela se dirigem. Os moradores habitam o interior e o exterior de suas casas e dos lugares. Tanto quanto os sedentários, os próprios nômades reconheciam em suas errâncias as tendas de seu clã ou as de seus inimigos limitadas a uma quantidade finita e conhecida. O lugar começa a se expandir em direção ao conjunto de suas vizinhanças. Mesmo no passado as letras de um código claro designavam o bairro da cidade em que o usuário morava. Quem era considerado o próximo? O grupo de vizinhos, cujo endereço você conhecia.

As *Regras para a orientação do espírito*,[46] ao passarem do espaço às atividades cognitivas e ao repetirem dois termos de mesma família, inventam a relação cartesiana que une a superfície e suas coordenadas. O que eu denominava direção correta passou da localização camponesa e do poder político ou legal ao endereço tecnicista e à precisão do pensamento. O endereço declina a riqueza do lugar em que proliferam as raízes do habitat, do poder, da jurisdição e da retidão no método cujo substrato é geométrico. O lugar e o aqui influem muito mais sobre nossas ações e condutas exteriores e íntimas do que podemos acreditar. Gradualmente passamos a pensar em amar o próximo.

Com efeito, pela primeira vez as novas tecnologias móveis desenraízam o endereço desse lugar. O endereço não desaparece apenas no sentido humano e lingüístico, ele também se desenraíza: a palavra, como nós mesmos, perde raízes e origens. Paradoxalmente, a maior parte das pessoas que utilizam o telefone celular em público ou nos transportes coletivos iniciam seu diálogo dizendo a seu interlocutor: "Eu estou no metrô, em tal cruzamento ou em tal lugar, a caminho da escola", como se os hábitos antigos arrastassem consigo um rastro de inércia; tudo acontece como se os telefones celulares reconstituíssem o lugar ausente, como se o local por

[46] Descartes. (N.T.)

onde essas pessoas estavam passando permanecesse fixo. Na verdade, as pessoas não possuem nada além de códigos e números que substituem as letras que designam o quarteirão.

Novos *objetos-mundo*

Sem cometer nenhum erro, será que posso chamar essa nova "situação" de lugar de puro deslocamento? Creio que vale a pena nos determos nesse assunto. Sem lugar, sem raízes locais não podemos mais responder às velhas questões: "Onde você está, de onde você está falando?" Muitas vezes sabemos aonde (*quo*) vamos, nunca por onde (*qua*) passamos, talvez de onde (*unde*) viemos e para onde nosso lugar se desloca (*ubi*). Essas últimas indicações regulavam nossos pensamentos e fortaleciam nossas antigas certezas. Quantos foram os filósofos arcaicos que começaram a analisar a situação?

Deixamos o local para nos juntar ao global? Qual o significado desse novo habitat? Nosso nicho e nossa habitação invadem a Terra em sua totalidade? É preciso compreender que nossa presença ocupa universalmente o espaço? Tornamo-nos caminhantes à maneira amável de Rousseau, viajantes à moda patética de Pascal, ou nos sentimos tragicamente errantes, perdidos, desenraizados? Será que o rei e o direito não conseguirão mais nos encontrar? Já não temos mais regras para dirigir nosso espírito? Essas novas tecnologias fazem-nos habitar e pensar de outra maneira.

Se denomino objeto-mundo um instrumento construído do qual pelo menos uma dimensão atinge a extensão de uma das dimensões do mundo, o computador portátil e o telefone celular são objetos-mundo, pois permitem o acesso ao espaço global e ao tempo real. Conectados a um conjunto de pontos eqüidistantes de todos os lugares do mundo podemos nos comunicar à velocidade da luz. Quem é o meu vizinho, o meu próximo? Virtualmente, a população humana inteira. Em número, espaço, tempo e velocidade esses objetos-mundo nos levam a viver e a pensar fora do lugar e além dele, a nos situar em um universo que também não tem endereço.

Mais uma vez o direito, o rei e a retidão

Se o endereço carrega consigo essa rede de raízes profundas que se referem ao sentido, ao rei e ao direito, à correção do método ou à conduta íntegra, será que esse súbito desaparecimento do lugar e das direções espaciais irá eliminar todas as regras? A resposta a essa questão continua indefinida. Se não fosse assim ainda seria possível recuperar nossa presença, não importa onde. Como aqui, a maioria das liberdades freqüentemente se paga pelas mais rígidas constrições. Um criminoso pode fugir de sua habitação utilizando todo o espaço exterior a seu endereço. Muitas vezes a polícia não consegue mais encontrar o fugitivo que emigrou para o exterior e já se encontra bem longe do lugar do crime. Só Deus, por sua invisível ubiqüidade, tinha o poder de encontrar o errante Caim onde quer que ele estivesse escondido, até dentro de um túmulo. Hoje seria suficiente dispor do código cifrado de seu telefone celular para descobrir pistas de onde ele poderia estar. Nesse novo espaço todo mundo se transforma em Deus, ou seja, fica dotado de ubiqüidade? Será que negligenciamos o rei e o direito para que, em contrapartida, eles retornem quase divinos, mais poderosos do que antes? Ainda não conhecemos o tipo de direito a que se dirigem nossas atividades na internet, um espaço eminentemente de não-direito em que com freqüência começam as grandes mudanças. Mesmo que surja um novo direito, praticável ou não, precisamos repensar o espaço, o local, o lugar, o habitat e suas relações, os objetos coletados, os sujeitos coletivos, a totalidade do pensamento, o conhecimento em particular, a conduta e a ética. Tudo começa de maneira diferente desde o momento em que se deixa o aqui e o agora.

O *endereço referido a lugares muito antigos*

Como? Se ficarmos reduzidos a recitar fábulas inverossímeis, jamais saberemos como uma primeira mulher imaginária inventou a agricultura; desde que encontramos algumas pistas relativas a essas condutas sabemos que o lugar, o local, o nicho ou a habitação foram fundados sobre os túmulos dos antigos ancestrais. Onde se refugiou Caim, um fugitivo sem eira nem beira, quando perdeu o direito a qualquer lugar? Segundo Vitor Hugo, na localidade inicial e vital em que o lugar foi recriado: no túmulo. "O olho estava dentro da tumba e olhava para Caim." *Le Laboureur et ses enfants* [O trabalhador e seus filhos], livro de Jean de La Fontaine, relata ainda melhor essa cena literalmente fundadora; o velho paternal que ensina como trabalhar a terra identifica-se com aquele que jaz abaixo dela. Ao pronunciar essas palavras de dentro de sua própria casa ele se prepara para reencontrar sua própria origem. Cultivar, enterrar, fundar o lugar e habitar exibem um mesmo e único gesto ancestral. Os próximos, o lugar e o corpo encontram-se na morte: circuito deste livro.

A palavra latina *pagus*, terreno lavrado, refere-se a esses atos e suas coisas: velhas palavras cuja origem indo-européia designa a estaca de madeira que se introduz na terra para delimitar o terreno, a pedra funerária da qual procede a tumba e a moradia construídas ao redor da casa e das estátuas dos santos protetores, deuses pagãos ou ancestrais camponeses a quem se consagrava a habitação, as plantações, a paz serena que envolve a paisagem como uma auréola e, finalmente, a página da internet em que anteontem eu escrevia essa venerável pré-história, a mesma que juntamente com o *pagus* acabamos de abandonar pela tela de um monitor. O endereço dirige-se para esse lugar pesadamente sobrecarregado bem antes que o direito e o rei se ergam na direção desse "ser aí"[47] enraizado no *aqui jaz.*

Ao contemplar agora nesses lugares o tipo de agricultura iniciada pelo corpo e suas condutas funerárias, e por essa forma de habitat em comum, percebemos que vivemos o fim do lugar, da localização, o fim do aqui e agora. Não habitamos mais no sentido pertinente a essa palavra e a essa conduta desde que, no neolítico, aquela mulher genial e imaginária teve a idéia de cultivar os campos sobre a tumba de seus ancestrais. Não habitamos mais da mesma maneira. A maioria de nós não cultiva mais nada, não enterramos mais nossos pais com os mesmos rituais, não sabemos mais o que foi feito do lugar. Não permanecemos mais instalados no mesmo lugar, presos pela gleba cultivada e pela morte, como ocorria no passado; acabamos de nos desapegar. Observe a terra a seu redor até o horizonte e verá até que ponto nossos administradores, apressados em tomar o próximo avião, esquecem a agricultura e permitem que a terra perca sua beleza e seja invadida por um ruído caótico. A *paisagem* abandona para sempre o antigo *pagus* e o conjunto de sentidos que essa palavra envolvia.

---

[47] *Dasein*, no original: categoria central do pensamento de M. Heidegger explicitada em *Ser e tempo.* (N.T.)

Os *imortais não possuem endereço*

Fim da agricultura e do endereço, fim do lugar e da habitação, fim do lugar e da paisagem, contra todas as aparências será necessário anunciar também o fim da morte? O que fazer com os restos de nossos desaparecidos se não cultivamos mais a terra, sua arcaica morada? Sim, o novo homem global que se comunica com os quatro cantos do horizonte e com o outro lado dos mares e das terras submersas, a quem seu próximo responde do outro hemisfério, cujas condutas repercutem sobre o buraco de ozônio situado a milhares de quilômetros de altura, cujas atividades nucleares provocam conseqüências que perdurarão por milhões de anos, esse novo homem global só possui um projeto antes que suas cinzas se dissolvam na leveza do ar: a imortalidade.

Abandonamos a terra, o lugar e a morada. Perdemos o mármore funerário sob o qual dormem nossos pais. Quem de nós acompanhou o ranger lento dos arados, quem ainda sabe demarcar o *pagus*, a paisagem e sua arcaica beleza? Nossos animais domésticos também não habitam mais seus estábulos fedidos. Num só movimento esquecemos o aqui-jaz e o endereço. Adeus ao lugar, adeus à morte. Um filósofo da geração precedente, antropólogo de uma civilização desaparecida, tinha razão em associar o *ser-aí* e o ser-para-morte. A morte aterroriza o lugar, domina, vigia, delimita, define e circunda o espaço e o tempo. Você não ultrapassará esse limite, você não ultrapassará esse intervalo de tempo.

Como podemos acreditar que só hoje descobrimos nossa finitude se a carregamos sobre nossos ombros desde que esboçamos as fundações de nossas casas e de nossas culturas agrícolas? Contrariamente a isso, pela primeira vez acabamos de ultrapassar os antigos limites do lugar e de nos desapegar do *pagus*. Se antigamente vivíamos atados aos postes como cabras, hoje nossos atos, trabalhos, porte e estatura atingem o universo, e isso porque produzimos objetos-mundo que ecoaram pelo espaço global e porque, pela primeira vez, o próximo se separa do próximo. Se isso aconteceu com a dimensão do espaço, o que dizer do sujeito e do tempo? Ultrapassamos limites antes considerados inacessíveis. A esperança de vida alonga-se progressivamente em escalas que nossos predecessores jamais poderiam ter imaginado. Saberemos decifrar os sinais da apoptose? Conheceremos alguns outonos originais sem a queda de folhas mortas? Em meio à repartição ancestral das coisas que dependiam de nós e daquelas que não dependiam, a morte retinha o papel principal. Inabalável até esta manhã, será que ela vai mudar de campo? Além de termos conquistado parcialmente a responsabilidade por nossa saúde e pelos riscos mortais que corremos, será que no dia em que os sinais da morte forem mais compreensíveis, teremos que escolher nós mesmos a hora solene?

Muitas culturas definem o homem pelo húmus: autóctone, vindo da terra, nutrido por ela e que retorna a ela para nutri-la. Mal acabamos de sair do húmus que fragmentamos para nos alimentar, no qual apoiamos nossa morada e que acolhe nossos corpos ao término de sua aventura. Deixamos o homem por essas mesmas razões? Sim e não, pois todos esses acontecimentos marcam um momento decisivo da hominização. Não seremos mais os homens que fomos, vamos nos tornar os homens que nossos filhos compreenderão. Tornamo-nos autóctones ao esperar nosso próprio rei e nosso próprio direito; talvez sejamos livres no tempo e no espaço globais pelo qual vagamos, para um dia, talvez, dar nosso próprio endereço à morte.

De longe, essa nova relação com a morte decorre da vitória sobre ela celebrada por São Marcos (XVI, 6-7) na aurora desta era. Maria Madalena, Maria, mãe de Tiago e Salomé, as mulheres santas que carregam as ânforas de aromas chegam ao nascer do sol, defronte da pedra que se encontra sobre a tumba aberta e vazia em cuja entrada encontra-se um homem vestido com uma túnica branca. "Ele ressuscitou", ele lhes diz. "*Non est hic, ecce locus ubi posuerunt eum.*" "Ele não está aqui; vejam o lugar em que eles o colocaram." O local estava vazio, não havia mais um lugar. A morte já estava ausente do espaço e do tempo. Vocês sempre encontrarão o filho do homem em toda parte. O agenciamento do não-lugar foi liberado para todos os humanos: sem endereço, perdoados, estamos salvos. Da morte?

Paisagem e preço dos lugares

A passagem relativamente brusca do lugar ao não-lugar, do local ao global, do terreno de alfafa ao horizonte mundial, da tumba onde tudo é esquecido às cinzas dispersas aos quatro ventos e do próximo ao muito próximo faz com que se dissolva a nosso redor o que nossos pais chamavam de paisagem construída e compreendida como a propagação do *pagus*: ao lado do fragmento cultivado desenvolvem-se outras criações culturais proporcionais à força dos homens e animais que trabalham nas vizinhanças. Essa colcha de retalhos, composta de elementos de formas diversas e de tonalidades multicromáticas, que se espalha por terras inóspitas encontra-se há muito tempo representada pela preciosa marchetaria da Eurásia, da África e da América Latina, países eletivos da agricultura, salvo em suas montanhas, desertos ou pântanos. Tentei recentemente recolher do conjunto das condutas antropológicas compostas de mulheres, homens, trabalhos, ferramentas, direitos, ritos e paz, em resumo, do próprio termo *pagus* do qual emana a beleza pacífica da paisagem, um canto fúnebre que só aquele que viveu e sofreu nesses lugares distantes pode compor. Os artistas Potter[48] e Ruysdael,[49] camponeses autênticos, ao pintarem touros e riachos fizeram com que seu país alcançasse a paz extática enquanto a história das chamadas eras clássicas guerreava em torno deles e propagava a carnificina, a feiúra e o caos.

Essa paisagem lentamente construída a partir do período neolítico desapareceu, precisamente porque os trabalhos ligados a ela, relacionados à eliminação da população rural por meio dos preços de revenda e dos imperativos de rentabilidade, destruíram as cercas e aterraram os fossos, as antigas e frágeis barreiras fronteiriças do *pagus.* Imensas planícies recobriram vales e montanhas com as cores estonteantes do milho e do sorgo, enterrando para sempre sob sua monotonia a antiga paisagem. O crescimento dessas planícies, exigido pelos tratores, reduziu a densidade rural ao ampliar as áreas de semeadura: a paisagem foi devorada ao mesmo tempo que os camponeses, doravante condenados à solidão e ao celibato.

Em segundo lugar a antiga paisagem rural se reduz aos comportamentos urbanos, e isso porque essa paisagem de que falam os habitantes da cidade, sem saber realmente o que dizem, permanece num contexto agrário de pensamento, de proximidade humana, de conduta e estética que pressupõem uma cultura camponesa; quando essa cultura ainda era dominante, existiam em meio ao mar algumas ilhas esparsas e paisagísticas denominadas aldeias e cidades, habitadas pelos dominadores políticos; apesar de serem os detentores do poder, para comer ainda tinham necessidade da paisagem dispersa em que seu habitat mergulhara. Um golpe brusco provocado pela hominescência, já descrito nestas páginas, inverte completamente o estado das coisas: a cidade devora o espaço agrícola e, muito mais do que propagar-se por ele, invade-o esquecida do verdadeiro sentido desse verbo. Literalmente ela se politiza; sim, assim como Potter ou Ruysdael, os camponeses viviam não apenas alheios à política, o que, convenhamos, se poderia reduzir à formulação tautológica de habitarem

48 Paulus Potter, pintor holandês (1625-1654). (N.T.)

49 Ruysdael Salomon van Dutch, pintor holandês (1600-1670). (N.T.)

fora da cidade, mas viviam também e sobretudo fora da História. Inventores dessa história e fortemente politizados, pelo menos os habitantes das cidades ocidentais, pois só posso falar de minha experiência, precisavam ainda comer. Hoje eles ditam regras alimentares e impõem uma nutrição abundante, não muito cara, asséptica, sem proveniência, risco ou gosto.

Páginas de paz

As regras são prescritas por eles de modo tão preciso, que elas preenchem o espaços de suas escrituras. A calma paisagem de outrora, e mesmo de épocas recentes, entrelaçada de *pagi,* conservava duplamente o silêncio: sem som nem voz esse silêncio era, em raros momentos, entrecortado por relinchos, latidos, gritos infantis ou pelo badalar do sinos na hora do ângelus; a paisagem ignorava a escrita. Nela ouvia-se apenas o próximo: trechos de conversas, alguns gritos das crianças, o mugir dos bois. Ao redor, o povo iletrado reinava em um espaço mudo: o texto escrito ainda não poluía o mundo. Ele permanecia na cidade, na propaganda em frente às tendas dos comerciantes e nas insígnias de comando das corporações. Desde então, o volume de sua expansão emporcalha o horizonte de excremento; da altura do tornozelo ao pico das montanhas o olhar não pode mais perceber a forma do relevo nem as tonalidades da aurora, pois a irresistível atração de ler o submete incessantemente às mensagens publicitárias enfáticas e vazias. No momento em que não lemos mais livros o mundo inteiro se coloca em frente às páginas da internet. No momento em que os camponeses não esculpem mais meticulosamente a paisagem, a escrita dominante impede que se veja o mal que ela faz ao espaço, ao desviar dele todos os olhares: absorvidos pelas letras de um texto contínuo, não percebemos nem suas formas nem suas cores. Eu não suspeitava até onde literalmente podia chegar a feiúra antes de ver a França, meu lindo país, imitar as ruas americanas ao iluminar palavras gigantes em meio a cores hediondas. Esse movimento que veio das cidades, essa propagação sem *pagus,* mas com página na internet, destrói seus contornos entregues agora às piores degradações e invade o que resta do ambiente rural. Mais ainda, as formas e relevos perdem a terceira dimensão em benefício das superfícies planas que servem de suporte a essas palavras. Testemunhos da incultura das novas classes dominantes, esses lixos sonoros enchem cada vez mais as latas de lixo visuais. Mérimée narra que quando passava de trem pelo local que um século atrás chamávamos de Côte d'Azur, o perfume das damas desaparecia nos compartimentos em razão do poder das fragrâncias que emanavam da paisagem.

Assim como a eletricidade fez o olho esquecer a percepção das mais delicadas tonalidades do crepúsculo, os motores excluem da audição e do olfato as funções mais refinadas. Os escapamentos e os gazes tóxicos erradicam a possibilidade de ouvir mensagens em voz baixa e de sentir a fragrância das plantas. A economia das cidades paralisa os cinco sentidos do *Homo sapiens*, termo cuja tradução já esquecida significa uma pessoa de gosto refinado. Sufocada pelas sensações, essa pessoa agoniza, dando lugar ao *Homo clarinans* que, para evitar o ruído desagradável dos motores, conecta-se às músicas do mundo como uma vaca ao sino em seu pescoço. Se agora caísse uma tempestade sobre essa paisagem ninguém poderia pagar pela limpeza das florestas atravancadas por troncos e galhos. Mesmo afirmando que a paisagem não existe sem o camponês, os habitantes das cidades que vivem à custa de sua escravidão e de sua miséria não querem pagar pela paisagem preços tão altos quanto os salários que recebem nas cidades. Em conseqüência, instala-se num país, que não tem mais o direito de usar esse nome, uma desordem caótica sobre os mesmos lugares em que o trabalho milenar e meticuloso havia instaurado a ordem, a calma e a beleza.

Os altos preços da recente passagem do local para o global expressam-se na propagação das grandes feridas, ocorridas nos antigos lugares. Os perdedores sempre pagam pela vitória dos poderosos. Ninguém poderá cuidar dessas feridas, pois os homens de decisão não dispõem mais dos cinco sentidos necessários para compreender e perceber as dores locais. Eles vêem apenas o global. Se assistirem pela televisão a alguns deles sobrevoarem de avião ou helicóptero o teatro dessas catástrofes, as imagens talvez possam permitir que vocês contemplem o mesmo que eles. Os subalternos que os acompanham, administradores diplomados, escreverão relatórios cujo destino será uma gaveta.

Ninguém mais vive num lugar. Ninguém mais tem um lugar. O poder de uma pessoa é avaliado pelo número e distância de seus deslocamentos. Ela ocupa o espaço de acordo com a velocidade e o roncar dos motores. A glória de uma pessoa se mede pelo barulho que ela faz: não se entende mais essa frase no sentido figurado, mas em seu sentido textual: seu poder é medido pela quantidade de sujeira que deixa atrás de si, pelas poluições gasosas, sonoras e textuais. Da mesma maneira que alguns animais delimitam seu território urinando sobre ele, o poder toma posse do espaço global espalhando sobre ele suas imundícies. A essa invasão urbana corresponde o fim da propagação da paisagem, uma agonia que continuará até o momento em que finalmente a hominescência transformar a opinião geral e, em seguida, a dos dirigentes.

Retorno ao Contrato natural

Como? Isso só acontecerá por meio de uma nova e extensa educação política e social que, anteriormente, denominei a Terceira Instrução.[50] Talvez seja necessário que se cesse de dar nome às políticas de trabalho, pensamentos, condutas e atos que não podem e nem devem mais se limitar à cidade ou que não levam em conta a deflagração da cidade no espaço mundial. Quando nove décimos dos homens e mulheres morrem de fome, quando a água se torna rara, e o ar, irrespirável, e os produtos de nossas indústrias perturbam a temperatura global, é necessário que políticas e avaliações comprovadas se juntem para ultrapassar a ascendência única da colméia encasulada na qual os grupos convivem. Do lado das ciências, a sociologia não é mais suficiente sem a geografia nem a economia sem a climatologia; em resumo, os saberes humanos devem mesclar-se às ciências duras para compreender e administrar um jogo perigoso, cujos participantes devem enfrentar muito mais as próprias condições de existência e de oposição de seus parceiros do que propriamente uma equipe adversária: toda guerra ocorre sobre a Terra. O terceiro-instruído equilibra seu saber, seus atos e suas condutas. Na filosofia de língua francesa, essa disposição de espírito inspira-se em saberes antigos que, no passado, colocavam os discípulos de Rousseau contra os de Montesquieu, cujas obras levavam em conta as latitudes e os climas do mundo, que ainda era um lugar e que, hoje, é um espaço em que os homens não vivem mais sozinhos, mas em meio a animais e plantas, sem contar as bactérias e as massas inertes de terra, de ar, de fogo e de água. Em filosofia, em pedagogia e sobretudo em política, o acosmismo tornou-se perigoso hoje para os próprios homens. Se continuarem a viver e acreditar que estão sós no mundo, arriscam-se a que o próprio mundo lhes tire a vida. Suas ações como sujeitos os transformam em objetos passivos, subitamente submetidos às forças de um

---

50 Michel Serres expõe essa noção no livro *Le Tiers Instruit*, Paris, Ed. François Bourin, 1991. A tradução brasileira manteve o título em francês, antepondo-lhe a expressão Filosofia Mestiça. Ver *Filosofia Mestiça, Le Tiers Instruit*, Nova Fronteira, 1993. (N.T.)

mundo que, em contrapartida, segundo o circuito já descrito, se transforma em sujeito dessa ação. Qual a origem do estranho Contrato natural por mim proposto e pouco compreendido, apesar de visível em todos os lugares? Como fazer para lê-lo ou subscrevê-lo?

Onde e como ler esse Contrato?

Como um sinete que carimba, que escarifica, que imprime na terra as práticas camponesas, a paisagem indica e marca o contrato que o cultivador assina incessantemente com as localidades da terra, e sobre elas, desde que surgiram as primeiras domesticações. Ele é escrito em linhas — nas cercas vivas, nos canais de irrigação, nas ranhuras feitas pelo arado e nos terraços das vinhas — e em pontos: na árvore isolada, nos pastos, poços e postes de demarcação, em páginas tão adequadamente denominadas de *pagus*. Essas não são comparações ou imagens que você poderia menosprezar acusando-as de serem poéticas, mas características concretas, pois todo viajante ou turista, qualquer que seja sua cultura e sua língua, sabe distinguir um terreno selvagem de um cultivado, reconhecer, decifrar e ler o lugar desse contrato, mesmo que seja analfabeto ou que nunca tenha estudado sobre a página filha do *pagus*, sobre as linhas filhas do sulco, escritas com a caneta ou com o lápis filho da relha; todo mundo vê e lê no trabalho a primeira escrita, imitada da escrita natural e sem intervenção humana, que os ventos, torrentes, vulcões e glaciares cavam no solo. Cada um lê e vê sobre a paisagem o desenho ou a designação, a marca e a assinatura desse primeiro contrato, redigido em múltiplas línguas asiáticas nos arrozais da China ou da Malásia, em indo-europeu sobre as terras aradas da planície dos rios Pó ou da Garona ou em qualquer língua ameríndia nos altos planaltos da Bolívia e do Peru. À medida que essas paisagens desaparecem, múltiplas em suas declinações, embora únicas no sentido acima referido, o contrato, escrito dessa forma e aceito sem resistências pelo campesinato desaparecido, não mais se renova e é substituído por uma nova representação, a do contrato global ou natural modelado atualmente de uma forma mais negativa pelos buracos de ozônio, pela fragmentação dos icebergs antárticos, pelo recuo dos glaciares alpinos ou pela lenta elevação do nível dos mares. Encontramo-nos diante do rascunho de um contrato que literalmente deverá ser redigido sob pena de morte.

Esse Contrato natural tem pelo menos uma vantagem sobre seu ancestral, o tão louvado Contrato social, mas também virtual, de poder ser lido e decifrado no espaço do mundo por qualquer um, mesmo inculto ou iletrado; contrato esse tão visível e evidente, que é necessário ter estudado muito nos livros para não mais o enxergar; tão transcendental como seu predecessor e, não obstante, concreto, tendo sido desenvolvido no espaço físico em fase de humanização, ele jaz na origem da própria escrita. Pode-se sonhar com algo melhor do que um texto de leitura compreensível que exista antes de qualquer língua escrita, mesmo que venha depois das pistas e marcas diversas deixadas pelos elementos sobre os elementos, leitos de rio sobre a terra, canais, escarificações sobre as rochas provocadas pelo gelo, fendas, acúmulo de lavas, areias de erosão e mesmo de fósseis e memórias. Nossa escrita, pontanto, só chega na terceira geração, porque as próprias coisas o fazem tão bem quanto nós e entre elas mesmas a tal ponto que devemos utilizar as coisas para escrever sobre as coisas.

A *hominescência renova a face da terra*

No lugar em que o velho texto agrário e primitivo permanece desenhado sobre a terra trabalhada em família, com a ajuda de vizinhos e de ferramentas manuais, vocês podem identificar e ler a velha redação desse antigo contrato; são páginas escritas, paisagens esboçadas, propagações locais sobre o solo superficial. Tentem decifrar o que denominei rascunho do novo contrato, redigido por meio de nossos objetos-mundo e dos caminhos traçados pelas fibras óticas e novas redes, pelo volume de populações inteiras situadas sobre o planeta. De um texto ao outro a relação humana com o mundo se transforma mediante um contrato diferente feito entre dois sócios, entre nós e o ambiente que muda de escala. Cada um desses estados escreve positivamente sobre a Terra a nova etapa do processo de hominização.

Não inventei o momento hominescente. Cada um de vocês pode e poderá lê-lo sobre a própria face do planeta: "E vocês renovarão a face da terra." (Salmo 104, v. 30).[51]

[51] Na edição brasileira, o salmo 104, v. 30, traduz-se assim: "Envias o teu espírito, e são criados e assim renovas a face da terra." (A Bíblia Sagrada, trad. João Ferreira de Almeida, São Paulo, Sociedade Bíblica do Brasil, 1993, p. 610.) (N.T.)

O saber, os cuidados e as leis

No antigo espaço das concentrações o aluno ou o estudante, o doente ou o acidentado, o cidadão ou o administrado constituem três exemplos usuais que deviam deslocar-se em direção a escolas, hospitais e escritórios para ter acesso ao saber, aos cuidados e às leis, todos agrupados em centros *ad hoc*. Esses pólos e mais os caminhos de saída das cidades e os portos formavam uma ou mais redes cujas diversas configurações recobriam e humanizavam a face selvagem da terra: andrajos do *pagus*, entrelaçamentos múltiplos formados de caminhos vicinais, rotas terrestres, marítimas, aéreas, postais e telegráficas...

Ainda recentemente os três usuários em questão precisavam sempre deslocar-se pelo menos até seus computadores que, descentralizados mas ainda fixos, tinham assumido a função de centro ou de repetidores de outros pólos. Tratava-se certamente apenas de outra rede mais fechada, porém mais confiável, mais bem organizada, mais rápida e com a mesma forma. Nada havia mudado desde que os homens passaram a ocupar o mundo. Mesmo a internet ainda apresentava dificuldades para adaptar-se ao ensino, à medicina e aos serviços públicos. Restavam ainda tantos centros fixos, que aprendizes, pacientes e sujeitos, utilizando-se de seus terminais, continuavam a recorrer a eles em busca de saberes, remédios e serviços em geral. Até pouco tempo o espaço só se distribuía de acordo com o ponto de vista das fontes e não no interesse dos usuários, que ainda permaneciam ligados aos lugares ocupados por seus computadores; não sem razão esses lugares ainda resistiam valentemente às novas tecnologias, pois os discos duros e os pesados monitores não ofereciam nenhuma mobilidade, e as estradas de informação, ainda não adaptadas às necessidades, nem sempre ultrapassavam os obstáculos ou intercepções. Dito de outra forma, esses instrumentos formavam ainda uma rede ponto a ponto ao longo de caminhos difíceis e discretos. O termo inglês *web* designa uma teia de aranha centralizada globalmente sobre a qual uma predadora temível vigia todo ser vivo que por ela passa. Confissão?

Passível de exploração por todo o espaço, o telefone celular de terceira geração, por exemplo, ao proporcionar mobilidade aos usuários promete construir uma superfície densa e contínua. Aqui está uma diferença decisiva, em princípio pelo menos. Não existem mais lugares de onde um indivíduo não possa acessar tudo; em qualquer lugar onde estiver o estudante pode viajar, o paciente cair de um ataque do coração, sofrer um acidente ou o cidadão desejar votar; de onde estiverem, os três têm acesso aos saberes de que necessitam, aos cuidados de que precisam, à urna de votação, à administração e às leis. Reciprocamente, se os fluxos de informação a serviço da inteligência, do corpo e do coletivo pretendem verdadeiramente deslocar-se em direção aos que formam, cuidam ou federam, eles devem também poder circular não importa onde. No futuro, à medida que exigirmos de nossas tecnologias performances que elas ainda não podem realizar, será necessário criar novos caminhos e melhorá-los cada vez mais. A mobilidade mudou os espaços.

O *corpo*

Até pouco tempo atrás, quando o diretor da escola colocava os alunos frente aos monitores, eles fatalmente viravam as costas ao professor e acabavam por perder o contato corporal considerado tão benéfico pela pedagogia. A partir do momento em que cada um passa ter em sua mão um receptor móvel, os aprendizes voltam seus rostos para o educador, que pode novamente olhar para eles. O diálogo se renova. Face, costas, mão, o corpo inteiro muda de atitude. Jean-Louis Gassée sutilmente afirmava que ler um livro proporciona ao corpo uma atitude passiva comparável à do passageiro dentro de um automóvel no qual eu embarcaria se fosse dirigido por Montaigne ou Flaubert. Contrariamente a isso, frente ao computador, o corpo, ligeiramente curvado para a frente, assume a atitude atenta e reativa do próprio motorista; eu assumo o lugar do autor. Quem condena as novas tecnologias sob a acusação de passividade o faz porque nunca se utilizou delas. Sua coluna vertebral lhe teria impedido essas tolices. Não é menos verdade que a inclinação das costas demarca uma localidade particular, quase narcísica, definida pela superfície do corpo e pela tela do monitor. Conectados igualmente ao mundo inteiro, como pretendíamos, encerramo-nos sobre nós mesmos e nos tornamos insensíveis a nossos vizinhos. Muitas vezes os defensores dos povos mais infelizes da terra ignoram seus próximos. Não vemos mais nosso próximo.

Retomo o exemplo do telefone celular de terceira geração. O corpo se libera: de pé, sentado e até mesmo andando, eu manipulo esse novo instrumento que exige apenas a palma e os 10 dedos de minha mão. Ergonomicamente econômico, se não para a leitura, pelo menos para a mão, ele não mais mobiliza o corpo inteiro. Não me fecho mais no espaço seguro entre a tela do computador e meu dorso privado do sentido da visão; mesmo distraído por meus movimentos, reservo um olhar para o que acontece ao meu redor. Até agora, nada de novo em relação ao telefone celular; mas pela internet tenho acesso, pelo menos em princípio, a toda a enciclopédia do mundo: informações, jogos, música, cuidados, leis, administrações, ciências, imagens e paisagens. Mesmo aqueles que falam correntemente a língua francesa esqueceram há muito tempo o que significa, atualmente, ter nas mãos. O presente, o imediato, essa fração evanescente do tempo, esse momento extraordinário louvado por todas as sabedorias desde que se ouve falar delas: minha língua diz que eu o tenho nas mãos. Talvez eu nunca tenha tido mais nada nas mãos além do presente, além de meu próximo, além de presente próximo. Por que então inventar nomes em tempo real se dispomos de uma expressão melhor, mais simples, mais concreta? Por meio do UMTS,[52] o global se projeta completamente para todos, em todas as localidades possíveis e a todo instante. Neste momento, cada um passa a ter o mundo nas mãos.

Indiferenciada, a mão esbofeteia, acaricia, disseca ou segura; segurando o cabo de um instrumento, ela intensifica o efeito de suas preensões e de suas operações: bate, destrincha, corta, pilota... agrícola, industrial, artesã, cirúrgica, pianista... escritora e semáfora também, pois pode chamar e fazer sinais, como os surdos-mudos. Órgão universal da energia, da enxada à direção do automóvel, a mão faz a transição para os instrumentos informáticos, da caneta ao terminal. Admirem-na como uma das obras-primas da evolução. Ao se fazer a soma das mídias disponíveis, o UMTS adquire, pelo menos dentro de nossos projetos, o estatuto de instrumento universal da informação, fazendo também a transição com a energia que pode acionar a distância qualquer dispositivo motor. Podem qualificar esse aparelho de obra-prima da habilidade humana ou da evolução exodarwiniana. Ato de notável inovação, ter nas mãos o UMTS significa o mesmo que apoiar um instrumento universal sobre um órgão universal. Vida e técnica tendem ambas à totipotência.

Novamente, o relacionamento com o mundo: o fim das redes

Conclusão: quando os gestos do corpo mudam, quando se abandona o discreto pelo contínuo, a fixidez pela mobilidade, a cegueira pelo face-a-face, o próprio corpo muda de espaço. Surgem novos estudantes, novos

[52] Universal Mobile Telephonic System (Sistema Universal de Telefonia Celular). (N.T.)

pacientes e novos cidadãos. Não habitamos mais o mesmo nicho. Trata-se de uma nova ocupação do mundo. Ainda há pouco, muitos regozijavam-se pelo fato de ter acesso a todos os seus semelhantes a partir de suas casas, pelo menos virtualmente. Não se davam conta da distância imensa que faltava percorrer em direção à universalização que pregavam. A mobilidade muda também essa situação. Nossa casa distribui-se por toda parte. O computador e o telefone fixos ainda não haviam desligado o endereço do lugar nem o espaço total de suas concentrações. Desde então os recursos e os terminais têm-se expandido continuamente pelo espaço. Isso não quer dizer que podemos habitar todos os lugares, mas que por onde quer que passemos podemos dispor dos mesmos serviços que existem nos lugares onde moramos.

A mobilidade das tecnologias torna incompreensíveis as quatro questões que, no início, coloquei sobre os lugares — e que provocaram tanta inquietude quanto ao destino humano —, visto que essa mobilidade dissolve a própria forma da rede, da teia de aranha, da *web*, da trama e do texto em *sites* e caminhos discretos. O que resta é um pano feito de pontos que se dissolvem continuamente. Ninguém mais sabe diferenciar onde estou, de onde venho, para onde vou e qual o lugar pelo qual me desloco. No momento em que o mundo inteiro só fala de redes elas se fundem em um curto-circuito geral. Vivemos em um espaço sem distância mensurável. Antigamente considerada abstrata, a topologia é a ciência que, no mundo, descreve mais concretamente o espaço de nosso habitat. Nossa habitação constrói-se, doravante, menos num espaço que supõe uma métrica da terra munida de distâncias avaliáveis e que tornam possíveis as quatro questões do que num espaço topológico sem distância mensurável, não importa de que ponto a outro.

Escrito e oral: armazenamento da mudança de suporte

Sob que forma as mensagens circulam sobre esse novo espaço? Nossos pais escreviam a seus correspondentes, nós falamos com eles. As duas mais importantes revoluções relacionadas aos suportes que permitem armazenar, transmitir e receber a informação referiam-se à escrita. Essas duas revoluções deixaram de associar a voz a suas novidades, como se a sempre nova comunicação escrita subentendesse que a oral fosse obsoleta ou primitiva. Ao contrário disso, a revolução contemporânea associou a escrita e a palavra numa nova e inesperada síntese, justamente em razão da mudança de espaço.

Conhecida por sua moeda, a lei de leveza ou de mobilidade crescente generalizou-se a todo tipo de informação. Do mármore à *home page* os novos suportes da escrita adquiriram as mesmas dimensões da transmissão oral, leve e móvel, e a ultrapassaram, mesmo em seu próprio espaço de atuação. A circulação da informação começa simultaneamente à circulação dos suportes. Instauram-se práticas de armazenagem inacessíveis à voz. A oralidade conhece apenas o corpo e a memória subjetiva, uma "faculdade" ligada a esse estado. A palavra movimenta-se com a boca, sua fonte, mas só pode ser acumulada na carne mortal e através dela, enquanto a escrita possui as duas vantagens: ela se concentra, se deposita e se move até mesmo depois do desaparecimento do autor ou do intérprete. Nova aparelhagem, outras redes por centros e caminhos, o livro mata a oralidade.

Sem perder nenhum dos benefícios museológicos da escrita, vivemos novamente numa civilização oral. Da mesma forma que a distância funda a experiência humana, a escrita se superpõe à oralidade. Desde que, em um espaço sem medida, a grande distância eclipsada aproxima-se até quase me tocar e a voz retoma seu lugar, não importa quem seja ou onde habite, ele pode me ouvir e falar comigo por onde quer que eu passe. Em um mundo sem separação, para que precisamos de estradas, cavalos ou linhas elétricas para anjos, mensagens e mensageiros, para que precisamos de redes? A ubiqüidade permitida pelo novo espaço topológico conduz à oralidade. Essa evidência pode ser entendida pela ubiqüidade da música e de certas doçuras vocais sussurradas além dos oceanos.

A chegada do computador permitiu à escrita um avanço confortável, pois veio acompanhada da impressora pessoal. Mas a escrita deve esperar — existem muito mais analfabetos do que mudos — antes de gravá-la, imprimi-la, reproduzi-la, armazená-la, expedi-la, recebê-la, decifrá-la ou lê-la é necessário aprendê-la. A escrita paga sua fidelidade móvel ao longo do espaço e do tempo por uma determinada duração na preparação. Ela não se improvisa e nem retarda sua transmissão. A escrita permanece confiável enquanto a palavra voa: mas não é a vencedora quando o problema é velocidade; nossa civilização exige essa qualidade volátil. Não vivemos mais banhados pelo esplendor da idade das Luzes, mas na velocidade fulminante de propagação da informação.

Recentemente liberado do entrave do peso e dos fios, o telefone celular restitui a vantagem da voz. Certamente a emissão continua a alcançar qualquer ponto do mundo, mas, além disso, encontra a mobilidade da fonte, como no tempo dos aedos e dos trovadores. Ela chega em tempo real aonde a escrita não pode alcançar. O benefício principal é que o aqui e agora do oral passa a suprimir as esperas do escrito. A voz acaba de vencer novamente. Se o escrito custa mais caro do que o oral e a língua mais do que a palavra, o diálogo, a democracia e a liberdade têm mais chances aqui do que lá, e a igualdade pode voltar. Que escritor ousaria escrever que a desigualdade entre os homens é decorrente do fato de que alguns lêem e escrevem e outros não, estes últimos majoritários? A liberdade, como a igualdade, decide-se pelo corpo: todos podem falar, mas nem todos lêem e escrevem.

Melhor ainda quando a escrita emergiu teve o papel de fixar, melhor ainda, — de roubar? — a palavra. A *Ilíada,* os *Diálogos* de Platão, os *Evangelhos,* a *Metafísica* transcreveram os cantos pré-homéricos, as discussões em torno de Sócrates, as parábolas de Jesus Cristo, os cursos de Aristóteles. O próprio Flaubert transformava seu "falatório" em estilo, e o jornalista dita na véspera o artigo que vai aparecer no dia seguinte. Desde então a voz torna-se serva da escrita, o que continua a ser até hoje, e a própria leitura passa a obter sempre seus recursos vocais ou mudos da página impressa. A revolução das tecnologias reverte esse serviço: o texto escrito passa a ser um igual ou, às vezes, um servo da palavra. Nossa nova página pode ser fixada sobre a pequena tela de um monitor. Quem diria que um dia teríamos em nossas mãos esse descendente do *pagus* que outrora jazia sob nossos pés e que nós o usaríamos na boca e na orelha? Isso não implica voltar no tempo em direção ao que desprezávamos nas civilizações de tradição oral, mas em reverter a síntese, a própria injustiça e, pelo menos, a desigualdade nas quais a cultura de outrora se fundava, em que o escrito tinha supremacia sobre o vocal e, certamente, sobre outras coisas. A vitória temporária muda de campo. Qual o apaixonado pela democracia que não se regozijaria com isso?

Estágios da hominização

Para descrever em traços (bastante) largos as diversas ocupações do espaço mundial pelo *Homo sapiens,* seria necessário distinguir seus estádios múltiplos e fortemente diferenciados: sua emergência e sua instalação nas savanas do leste africano, a passagem pelo Mar Vermelho antes de se bifurcar na Eurásia, a travessia do Estreito de Timor antes de se transformar em aborígines da Austrália, a travessia do Mar de Bering antes de povoar a América, a recente explosão demográfica etc. Essa invasão progressiva funda, aqui e lá, estabelecimentos mais ou menos fixos, bem ou mal interligados, centros diversos e caminhos de todos os tipos. Estradas tão freqüentemente recortadas, que nos esquecemos delas. Múltiplas redes pouco confiáveis formam-se e se multiplicam até chegar à enorme quantidade de conexões de hoje em dia. A própria forma do entrelaçamento dessa rede esboça a ocupação do mundo pelos homens desde seu início; ela evolui sempre por pólos centrais e distâncias mútuas. Dito de outra forma, a invasão do mundo pelos homens sempre adotou uma forma desse gênero, invariante por suas variações, um desenho discreto no qual as distâncias separam os lugares. É evidente que essa população jamais alcançou a densidade do continuum espacial nem a anulação total de toda medida e de toda distância; pelo menos virtualmente, passamos do discreto a esse continuum, pólo de comunicação possível que existe de agora em diante por toda parte. Não existe mais nenhum lugar do mundo sem que uma infinidade de caminhos saia dele e chegue a ele e sem que a extensão de suas estradas se anule. Se a mensagem não passa por lá, nós a encaminharemos de outra forma.

Como caracterizar esse estado a não ser por um momento de hominescência? Repito, uma novidade só acontece quando uma era definida se completa. Essa novidade será tanto mais decisiva quanto maior for sua duração. Aqui se transforma nosso mais antigo relacionamento com o espaço e com o tempo, com o aqui e o agora, de qualquer modo com o estar-lá. O termo densidade assume também o sentido que a topologia dá a um espaço denso. Ao estabelecer múltiplas redes de estradas, múltiplos tipos de escrita, a paisagem escreve um Contrato natural. Desenhamos agora sobre a face da terra um contrato virtual, um mapa imaculado.

A *distância*

A partir de nossa emergência, a experiência humana fundamental permanece sendo a da distância que fez de nós esse *Homo viator* que saiu da África e se espalhou pelo universo. Por que nos deslocávamos de forma tão incontrolável e por tão longas distâncias? Em que direção começamos essa imensa viagem que hoje é virtual? A partir de então que atração irresistível essa distância exercia sobre nós? Em que direção o desejo nos estimulava? Em que sentido? Excluídos do útero ao nascer, do seio materno no momento do desmame, da casa paterna na adolescência, da terra natal pelo trabalho, da felicidade por um amor não correspondido, em resumo, excluídos do relacionamento fundamental, freqüentemente doentes de nostalgia, tentávamos ter acesso às fontes de alimento, aos amigos, a uma mulher ou, inversamente, aumentávamos em quilômetros a distância entre nós e os poderosos. A experiência vital continua a ser a experiência da separação: do nicho familiar, da princesa distante, do paraíso perdido, da infelicidade provocada pela ausência, da felicidade impossível da reunião. A mais elevada sabedoria do mundo consiste em amar o próximo, em esboçar sua proximidade, em calcular a menor distância possível em relação a ele. Todas as pedagogias bem nomeadas do mundo conduzem a criança ao fim de uma viagem ou de uma iniciação. A distância funda a antropologia, nossa longa pré-história, a aventura das viagens e nossa natureza contingente que erra ao acaso. A experiência humana não existe sem o conjunto desses deslocamentos. A filosofia calcula a distância em relação à sabedoria.

Nossas linguagens fornecem a prova disso, visto que o próprio termo experiência, derivado do indo-europeu *per*, traça o percurso no espaço em direção ao qual nos dirigimos; fomos separados. Somos os detentores de uma parte de nosso destino e sentimos, cruelmente, a falta da outra parte. Em desequilíbrio, nossa existência consiste na busca dessa parte que, ao permanecer a distância, nos impulsiona a vaguear em sua busca, desejosos, famintos, sedentos por encontrá-la. As questões existenciais ou do destino são seguidas pelas questões que se referem a essa distância do lugar, como se esse espaço, literalmente métrico, condicionasse nossas civilizações, culturas, metafísicas e religiões, como se, sob as questões mais profundas propostas pela humanidade, existisse uma geometria transcendental, uma rede de base própria que calculasse as medidas sobre nossa terra. A nostalgia sempre nos espicaça. O tempo singular do Ocidente, iniciado pela epopéia de Gilgamesh, que partiu em busca da imortalidade e continuou pelas errâncias de Ulisses no Mediterrâneo, concorre com a antropologia geral, visto que desde então sabemos que todo o gênero humano bifurcou-se a partir dos deslocamentos mundiais; essas viagens concretas retomadas dentro das tradições do ensino refletem-se também nas metafísicas mais ou menos patéticas em que o humano busca seu sentido. Pode-se pensar esse sentido dentro de um espaço sem distância? Quem nunca passou por essa experiência, quem nunca as traduziu dolorosamente em poemas de amor? Alguns até lhes fizeram a soma para calcular uma distância infinita, transcendente entre eles e o sujeito divino de sua dileção.

Aviso

Sim, nossas tecnologias mais recentes destruíram para sempre essa tela geométrica fundamental produtora de redes e doadora de sentidos. O fato de habitarmos um espaço topológico doravante sem distância muda nosso destino e nossas filosofias e, antes, nossa antropologia: não somos mais os mesmos homens. Não vivemos mais juntos da mesma maneira. Bruscamente as funções sociais mudam em seus detalhes, sobretudo em relação à cruel lei local produtora de exclusão e conflitos: o amai-vos uns aos outros, fechado sobre a família, a linhagem reprodutora, o país e sua paisagem, a região e seu endereço, em resumo, a proximidade espacial e sua ausência de distância e a lei global: será que o amai-vos uns aos outros será substituído, visto que o próximo-distante envolvido por esse novo espaço denso poderá alcançar o apogeu da alteridade?

Se o termo existência significa essa distância do equilíbrio que um dia nos colocou a caminho e em movimento por tanto tempo, não vivemos mais essa mesma existência. Com uma pequena diferença: a ausência de distância concerne às mensagens e não mais a todas as funções do corpo.

Temos acesso a tudo, menos ao corpo bem-amado. Muda toda a antropologia, mas essa transformação conserva sãos e salvos os atos do desejo, tão singulares quanto integrados em sua soma mística. Com certeza, tudo varia, mas a distância do amor permanece. *Honor, honneur* (honra), *horror, horreur* (horror)... a língua francesa traduz as palavras latinas terminadas em or por eur, salvo uma notável exceção: *amor, amour* (amor), cuja desinência marca a origem da palavra trovador. Esses poetas-músicos falavam a língua d'Oc,[53] dialeto do lugar onde nasci e no qual poucas palavras terminam em *eur*. Se me sobra um resquício de orgulho por pertencer a esse local, devo isso aos meus ancestrais, cuja genialidade inventou a palavra e a coisa à qual a metade da filosofia se refere. Esse amor virtual caminha sempre em direção a uma princesa distante, minha próxima.

[53] Língua falada na Idade Média pelos povos da França que habitavam ao sul do Rio Loire. (N.T.)

TERCEIRO CIRCUITO DA HOMINESCÊNCIA

Denúncia e anúncio

Novamente a Ética. Em minha juventude, quem denunciasse o próximo era visto como mau-caráter, e ninguém mais se relacionava com um indivíduo considerado tão desprezível quanto perigoso. Algumas décadas mais tarde, todo sujeito que anunciar com grande alarde um escândalo público ou privado é considerado talentoso. Imoral no passado, moral agora, essa transparência emana do próprio ato que desvela um delito oculto, seja ele falso ou verdadeiro. A única mudança concerne apenas à escala: no passado alguns rapazolas, hoje milhões de cidadãos.

Longe de prevenir qualquer eventual processo, a denúncia o substitui e o pune prontamente. Logo após uma campanha maledicente feita pela imprensa, um primeiro-ministro francês cometeu suicídio. Humilhados dessa forma, quantos contemporâneos teriam agido como ele? Muitos, até eu mesmo e talvez os próprios acusadores. As denúncias feitas nos jornais, rádio, televisão e internet são capazes de convocar um número tão grande de pessoas, que seria impossível impedir a ocorrência de condutas regressivas e arcaicas que surgem com bastante freqüência entre as multidões, como os linchamentos. Já de início o acusado é considerado culpado, mesmo a seus próprios olhos; a acusação não é seguida pelo estabelecimento objetivo de um crime ou delito, mas pela opinião rápida e unânime de uma multidão enfurecida.

Grandes populações

A verdade define-se de duas maneiras: por si mesma ou pelo consenso. Da mesma forma que a ciência e a filosofia agem quando decidem descobrir a verdade, a justiça quando quer encontrar o culpado prefere evitar a sugestionabilidade fácil, rápida e ruidosa da multidão e organizar a própria causa por intermédio da consideração fria e lenta de um júri escolhido. A verdade não depende mais do número de pessoas que ela é capaz de persuadir, nem de um consenso no máximo perigoso, no mínimo convencional, mas da experiência, da evidência, do testemunho e da demonstração. Não seria novamente necessário um trabalho coletivo para controlar esses procedimentos?

Longe de acusar nominalmente as práticas atuais de denúncia — Deus não gostaria que eu as denunciasse —, penso simplesmente que as novas técnicas da comunicação permitem trabalhar diretamente sobre esse grande número de procedimentos e que, objetivamente, tudo depende dele; uma novidade desse tipo sempre tem conseqüências sociais, políticas e judiciárias, e exige elucidação.

Máquinas societárias: os grandes números

Os professores e outros oradores sabem que o conteúdo e a forma da palavra dependem da platéia; o orador não se dirige da mesma maneira a 10, 50, 200 ou 1.000 pessoas; a natureza da mensagem emitida, a qualidade da transmissão e a descontração da recepção mudam progressivamente de acordo com o número de pessoas na platéia. Segure uma espécie de bastão por uma de suas extremidades; se for curto, ele permitirá escrever e desenhar com exatidão ou esculpir delicadamente na terra ou na madeira; se for um pouco mais longo, sua ação torna-se menos precisa; se for mais longo ainda, alcança um equilíbrio autônomo cujas lentas e amplas vibrações escapam ao controle; se estiver segurando o bastão pelo lado do cabo, você poderá conduzi-lo mais ou menos à vontade segundo seu comprimento; o mesmo acontece com a multidão e o grupo, estejam eles sentados ou em pé, mais ou menos distantes. Transformado aqui em um tipo de instrumento social, esse bastão, à medida que se alonga, pode ser cada vez menos controlado; isso acontece até a extinção de qualquer possibilidade de agir além de certos limites. Pela primeira vez, as grandes mídias ultrapassam esses limites e abrem novos canais de acesso direto às grandes populações. Nenhum tribuno político discursa perante milhões de cidadãos; um ator teatral, um advogado de defesa ou um professor nunca se dirigem a uma tamanha quantidade de ouvintes ou espectadores. Se o talento para o discurso público, científico, religioso ou jurídico se adapta progressivamente e varia segundo o número de pessoas, as mudanças de escala ultrapassam a experiência retórica possível e passam a se exercer sobre outros níveis menos controláveis.

Até a metade do último século, a não ser pelo libelo, só conhecíamos o discurso vivo e direto como instrumento social, como máquina capaz de "trabalhar" a coletividade. Ninguém podia falar de máquina ao referir-se à língua, à voz, à eloqüência e ao emprego do verbo. O orador devia contar apenas com seu corpo; precisava "controlar" sua "garganta". Por isso eram importantes os locais de uso da palavra, as assembléias para os discursos militares dos oradores, os púlpitos eclesiásticos ou cátedras da Sorbonne para a eloqüência jurídica ou as campanhas eleitorais dos tribunos. A fonte ou a emissão variavam de acordo com o lugar e o tempo, mas a escala de recepção permanecia estável.

Não somos capazes de perceber até que ponto se transformam a natureza e as leis do fenômenos quando mudam de escala. Desprezamos a quantidade, mas seu aumento raramente deixa a qualidade invariante. Exemplos: durante as festas os artesãos confeiteiros constroem torres Eiffel de açúcar-cande que desabariam se ultrapassassem a altura de dois metros; para manter a mesma forma é preciso mudar o material e passar a utilizar o aço; da mesma maneira, uma rã que se estufa até ficar do tamanho de um boi tem que se transformar em boi se quiser sobreviver e não pode continuar um batráquio sem explodir; para conservar a matéria viva ela deve transmutar sua forma. Assim, posso explicar brevemente a 20, 50 estudantes, a sofisticação extraordinária de certas disciplinas; passo a resumir e me tornar um pouco mais grosseiro quando o número de alunos ultrapassa 100; acima de 1.000 alunos meu discurso perde ainda mais sua sutileza; mas, acima de cinco milhões, mesmo desatento a esse acréscimo, que orador retórico teria a capacidade de controlar algo cujas leis ele ignora e para o que não existe retórica? No primeiro caso, trabalho mais sobre a compreensão do que sobre grupos; sem dúvida, o número local desse grupo não deixará a sociedade invariante em razão de meu curso. No segundo caso, porém, já se trata do social como tal: não mais de um grupo distinto, mas do coletivo global. As novas tecnologias já modelam coletividades numerosas. O que significa a expressão falar diretamente ao social? De que trata esse gênero de ocupação?

Instrumentos de voz: os dois circuitos sociais

Trata-se de máquinas, tratava-se de instituições. Visitem as cidades: as ruínas da Atenas ou da Cnidos[54] do século V antes de Jesus Cristo, a Viena ou a Helsinque do século XIX e a Paris do Segundo Império, a Tóquio ou o Rio de hoje; os Senados e "Parlamentos" que são espaços "de voto", os teatros, a Ópera, as Bolsas de Valores, espaços de venda que funcionam aos "gritos", os tribunais, capelas, igrejas e templos, salas de aula, escolas e *campi*, praças públicas, ágoras ou mercados, cafés, os próprios guichês, construções planejadas, moldadas, organizadas para o uso da voz. Alguns dedicam seus discursos à política, outros ao comércio e à troca de dinheiro, outros ainda ao direito jurídico, cultura, ensino ou religião. A arquitetura do teatro, os cenários, as poltronas e a orquestra permitem à coletividade ouvir as palavras, a eloqüência e a retórica ecoarem para que todos a entendam e a elas respondam; da Câmara dos Deputados ao anfiteatro da faculdade de medicina, da catedral ao palácio de justiça, essa forma varia muito pouco, a não ser nos confessionários e nos guichês dos administradores e dos bancos que guiam os sussurros para diálogos mais diretos. Será que nessas construções diversas e paralelas é a sociedade que organiza as vozes em discursos, votos e gritos ou é a própria voz que organiza a sociedade? Partimos para o debate ao invocar um circuito causal recíproco.

A eficácia da voz não decorre de seu sentido imediato, mas de sua sonoridade; a música com sua intensidade, seu ritmo e envolvimento melódico fascinou no início e ainda encanta o grupo atraído pela magia de um violoncelo vivo. Um discurso eloqüente leva os ouvintes a escalar lentamente os declives de uma ondulação que se propaga em meio à multidão, cuja fantástica distensão a faz elevar-se em direção a um cimo, de onde extasiada ela contempla um horizonte inacessível, cujo caminho de descida para o vazio do silêncio e atenção hipnotizada faz aterrissar sobre outro mundo o antigo grupo perturbado por debates contraditórios e subitamente reunido por novos laços. A aceitação no sentido da harmonia acústica traz misteriosamente consigo um contrato social, pelo menos temporário. A onda propagada parece ser independente das lamentações da oração fúnebre, das esperanças de paz geradas por um programa de política exterior, da inocência de um fanático digno de piedade ou da profundidade das análises especulativas, pois a forma arquitetural permanece

[54] Cidade da Grécia que abriga o templo de Afrodite e uma estátua da deusa de autoria de Praxíteles. (N.T.)

quase invariante para o rito, o votos, o veredicto e a lição. A pretória e o teatro, essas máquinas vocais, recolhem inicialmente o calor e o número, a interferência e o vôo das ondas sonoras. Essas instituições são construídas como se fossem instrumentos acústicos locais, pois a debilidade da voz humana impõe ao arquiteto um fechamento bem definido do lugar. Como o antigo circuito, tão arredondado quanto uma orquestra ou um anfiteatro, a sociedade fabrica esses templos motores que fabricam a sociedade.

Entre locais como a Pnyx[55] ateniense, onde a Assembléia do povo se amontoava e se enclausurava, o Areópago, a Acrópole ou algum Parlamento contemporâneo há muito pouca diferença. Em três milênios, a capacidade vocal mudou muito pouco. Manipulamos a evolução dos corpos para que estes se tornassem objetos técnicos, inicialmente o microcomputador e depois outras mídias cujas conexões se estendem a milhões, bilhões de pessoas. O resultado disso foi que lugares antigamente fechados se expandiram em direção a um inesperado global. A Voz não clama mais no deserto, mas num vazio superpovoado. Conseqüentemente, surge um novo circuito de hominescência: a sociedade — mas sabemos qual sociedade? — fabrica tecnologias cujas capacidades a excedem para chegar à comunidade humana como um todo. São essas tecnologias que a fabricarão? Em todo caso, esse novo momento de hominescência vai obrigarme no futuro a redefinir o humanismo.

O livro sucedeu a voz como instrumento social, visto que ele atingia populações que a voz não podia alcançar. Desde a invenção da escrita e, depois, pelo desenvolvimento da imprensa, imensos efeitos foram produzidos sobre o direito, a política, a economia, a religião, as ciências e o ensino. Vitor Hugo já havia escrito isto em seu livro *Notre Dame de Paris*: um matará ao outro, o livro matará a voz. O livro é a construção que organiza a voz por meio da escrita e a propaga a todas as extremidades da terra. Literalmente profética, embora falsa, pois nenhum tipo de mídia "mata" seus precursores, testemunhas que são dessas construções duráveis. Essa profecia é hoje retomada pelo filósofo que diz: a mídia supera a voz, esse instrumento social a cujo nascimento todos nós assistimos, sintetiza e ultrapassa o conjunto das performances de seus precursores.

---

[55] Colina em Atenas, localizada a 600m da Acrópole, onde se reunia a assembléia do povo, um anfiteatro que podia abrigar cerca de 20 mil pessoas. (N.T.)

Quase-objetos, objetos-mundo, máquinas da sociedade

Lembro que chamamos de quase-objeto a essas fichas que correm de mão em mão, o anel que circula entre as mãos das crianças que brincam de "passar o anel" ou a bola com a qual duas equipes jogam; esse cachimbo da paz, essas peças de prata traçam as relações flutuantes e reguladas que se estabelecem ou podem desaparecer entre os sujeitos de um coletivo. Esses pequenos objetos sociais, que correm de mão em mão, já contribuem local e gradualmente para a constituição de um grupo. Do espetáculo esportivo ao teatro, fazemos a transição da bola ao verbo e do jetom ao sentido. No entanto, jamais dispusemos de um instrumento, de uma máquina apropriada que atingisse imediatamente não apenas alguns indivíduos, mas uma imensa população. Para interceptar ou ouvir a massa global, os tiranos dispõem da violência, e a televisão, da propagação rápida. Será que alguém já percebeu que a violência poderia muito bem se disfarçar em instrumento social?

Chamamos de objeto-mundo a bomba atômica, os resíduos nucleares ou a própria internet, porque em todos eles uma das dimensões físicas de energia, de tempo ou espaço atinge a escala de uma das dimensões do mundo. Jamais construímos instrumento ou máquina apropriados para trabalhar o mundo global. Somos hoje capazes de influir no buraco de ozônio e propagar resíduos gasosos suficientes para promover o lento aquecimento do planeta. Quando esses objetos-mundo abandonam o estatuto estrito de instrumentos e de máquinas apropriadas ao trabalho com as coisas para se transformar em quase-objetos, como as mídias em geral, eles assumem a característica de máquinas da sociedade.

A soma de um quase-objeto mais um objeto mundo é igual a um instrumento social: a internet, ao se utilizar do UMTS, ocupa o espaço do mundo e alcança virtualmente todos os homens. O efeito de integração não se refere apenas às coisas inertes, mas também e simultaneamente aos atores sociais. "Nós" construímos doravante máquinas apropriadas para trabalhar o mundo e a humanidade quase-objeto que somos "nós". Globalmente o circuito que acabo de esboçar torna-se um conjunto de máquinas, de técnicas a *logos*, de *tecno*-logias. Será que percebemos as conseqüências dessas novas escalas? Tento imaginar alguma palavra ou verbo que substituiria adequadamente nesses casos o verbo trabalhar e os substantivos técnico e máquina; definidos para outros fins, os termos antigos nos induzem ao erro.

A *própria coisa e o consenso*

A verdade estabelece-se com base na própria evidência da coisa e na opinião do maior número de pessoas ou de especialistas indicados. Hesitamos em considerar a verdade universal ou necessária porque os dois aspectos se interligam. Essa lembrança nos remete às novas máquinas da sociedade como, por exemplo, a televisão em cujas imagens lemos, ouvimos e assistimos a reportagens sobre crimes, guerras, escândalos, catástrofes e muito pouco sobre paz, virtude, justiça e felicidade. A evidência das imagens nos mostra pessoas implicadas, paisagens calcinadas sob as lavas de um vulcão, ruínas de cidades atingidas por ciclones ou bombardeios. Assistimos à própria coisa. O melhor da verdade salta aos olhares, uma vez que a evidência demonstrada nessas imagens não concerne à opinião nem ao consenso.

Nunca algo se propagaria a partir dessas imagens se elas não tivessem alguma chance de captar a atenção de uma grande audiência. A probabilidade de algo aparecer na tela da televisão cresce ou decresce segundo a máquina que mede essa audiência e que, na França, se chama Audimat. Da mesma forma, um *site* na internet vale pelo número de visitas que recebe. Trata-se, portanto, das imagens-número, das imagens-audiência, daquilo que justamente entendo por quase-objetos. Quanto mais nos interessamos pelos signos, menos enxergamos as coisas que eles mostram e mais seguimos os jetons que circulam virtualmente entre as pessoas que compõem essa audiência vasta e numerável. Dito de outra forma, por intermédio do crime, escândalo, guerra ou catástrofe, o que vemos é a Audimat. Contemplamos muito menos uma coisa do que a causa que nos liga a ela. Em geral vemos uma coisa sobre a qual geralmente o coletivo se polariza.

Os doutos dos tempos de Aristóteles e das épocas mais antigas em que os mitos contavam horrores dignos das marionetes do Grand-Guignol já sabiam que o coletivo zomba terrivelmente da paz sem sabor, da virtude inodora, da bondade cândida, da justiça apenas razoável e da felicidade tolamente exagerada, mas adora a violência, o terror e a piedade e, como dizia Aristóteles, adora o culpado e a vítima, o assassino e o justiceiro, adora, enfim, os cadáveres. Vemos simplesmente, e de maneira estupidamente repetitiva, o que preferimos ver desde que passamos a viver em conjunto, a arcaica e difícil questão do coletivo. A mídia repete sem trégua as mesmas e mais antigas notícias do mundo: crimes, guerras, catástrofes, mortes, assassinos e cadáveres, responsáveis a serem denunciados ou linchados. Ouvimos e assistimos à repetição mortalmente morna do enunciado desse contrato. Ligo a televisão para assistir virtualmente a esse contrato social em tempo real. Ao religar esse aparelho assino e concordo com esse contrato. Rousseau jamais poderia ter sonhado que algum dia seu Contrato social se concretizaria materializado sob a forma de máquinas. Nosso objeto funciona como uma urna de voto virtual e global, incessantemente alimentado pelos mesmos quase-objetos da unanimidade, que eu chamaria de vontade geral. Ninguém se admiraria pelo fato de as mídias se conduzirem como se tivessem lido muito mais Aristóteles do que Jean-Jacques Rousseau, mas sim pelo fato de suas mensagens saírem do poço mais atrativo e mais arcaico da vontade: assassinatos e corpos mortos. Desde a fundação do mundo, nada nos aglutina mais fortemente do que o sacrifício humano. Todas as imagens conduzem a esse velho cimento do coletivo, a essa velha máquina de fabricar os milhares de deuses gloriosos do politeísmo.

Outro circuito, desta vez lateral: exterior à própria coisa, ele trata mais do consenso do que da própria coisa. A violência possui virtudes mais fortes do que a palavra que, universal e sem necessidade de tradução, nos toca mesmo que tenha ou não sentido.

Mitos e começos

Como em todo período de transição em que as técnicas se movimentam a pé e a vapor, vivemos neste tempo apaixonante em que as novas máquinas ainda funcionam com motores antigos, sem os quais poderiam passar muito bem. Outrora, para unir o coletivo tínhamos necessidade da violência, porque ela se disseminava, otimizava a velocidade e transitividade das relações e se propagava facilmente; a violência nasce incessantemente da violência, que sempre nasce de si mesma, num circuito diabólico e crescente de retroalimentação. Esse prolongamento analítico quase automático permitia assegurar uma certa integração a um quase-objeto qualquer e local pelo qual a batalha furiosamente se desencadeava.

Nossas tecnologias chegaram diretamente ao resultado: fabricar a unanimidade dessa violência feita pelo homem ao homem sem ter necessidade da antiga aglutinação. As técnicas, ondas hertzianas, fibras óticas e pixels são suficientes para isso. Tudo acontece como se soubéssemos e pudéssemos alcançar um objetivo que tanto temíamos perder, que, nesse caso, nos utilizamos das antigas receitas do tempo em que não dispúnhamos dessas máquinas. No mar, o uso do vapor nos permitia avançar a 25 nós, mas quando havia vento içávamos as velas triangulares e trapezóides para aumentar meio nó na velocidade. Usufruímos de técnicas eficazes e recentes que cobrimos de mitos primitivos. Não podemos eliminar esses mitos? É preciso revelar a intenção ou a estupidez neles contida? Nenhuma das duas — Deus não gostaria que eu denunciasse —, mas simplesmente o estádio habitual das idades de transição, a aura comum das mudanças de fase. As novas máquinas dirigem-se diretamente ao grande número, ao coletivo. Conseqüentemente, esse coletivo se reconstrói e o faz como se começasse a fazê-lo. Vivemos esse acontecimento como se ele estivesse nascendo. As novas tecnologias favorecem a novidade social que reage sobre as novas tecnologias. O fato de esse dispositivo nascente favorecer uma nova emergência dos mitos mais antigos e dos grandes discursos iniciais não é algo inesperado? Como fazer amanhã para deixar esses velhos hábitos, aprender a não precisar das velas e abandonar a violência obscena?

Os *mitos, a mão e o instrumento*

Ao abandonar aqui a teoria e a observação, a sociologia torna-se prática, tecnicista e experimental. Todo novo piloto dessas máquinas sociais diz ao coletivo "vai" e ele vai; "volta", e ele volta; "permaneça conosco", e ele permanece; "pague", e ele paga; "dê", e ele dá; "cale-se", e ele se cala; "o que digo é justo e verdadeiro", e ele acredita ou se conduz como se acreditasse nisso. Esses não são jogos de sociedade como os denominávamos no passado, mas instrumentos da sociedade como as ferramentas de trabalho de marcenaria ou serralheria, pois essas máquinas de fato "trabalham" sobre a relação social. A política se transforma; com efeito, essas técnicas adquirem um poder ativo sobre os fenômenos sociais e dominam os homens de Estado; o direito e os cultos encontram-se por sua vez transformados, porque fabricam as vítimas e os deuses. Que filósofo, mesmo recente, poderia ter acreditado que um dia pudessem existir máquinas apropriadas para fabricar a política, a moral e a religião, que o *Homo faber* modelaria o *Homo politicus* ou que o transmissor assumiria todos os lugares?

Por exemplo, como o político e o institucional comandam o coletivo? Eu disse que esse verbo de conduta se refere a uma mão, mas qual é ela? E de quem? Jamais soubemos, uma vez que John Locke falava de sua invisibilidade; Platão até mesmo contava sobre o rei Giges, que desaparecia na frente de seus súditos, que ficavam cegos graças a um anel que o rei colocava em seu dedo e que já prefigurava a invisível mão de que falava Locke.

Às vezes sobre ela e sobre seus dedos aparece, visível e tangível, uma luva de ferro. O poder aterroriza o social para poder governar sobre ele. Mau sinal. Quem mostra essa força policial ou soldadesca confessa ignorar por que e como governa, visto que, para assegurar seu lugar, só sabe recorrer à morte, seja ela violenta ou legal. A invisibilidade da mão que controla o mercado, a do dedo que governa usando o anel e a do próprio corpo do rei denunciam uma ignorância essencial do societário, um tipo de inconsciência coletiva que se torna sensível, se ouso dizer, por meio dessa invisibilidade. O verbo, às vezes a música e também o carisma de alguém emocionam essas massas sombrias, mas são sobretudo a violência e a morte que as movem. Esse poço negro e sem luz sobre o qual a instituição se funda é uma das grandes fábricas de mitos humanos. O poder instala-se sobre um trono que esconde esse fosso de ignorância

Quando tento falar para mais de três mil pessoas, meio cego, enxergo apenas um estreito horizonte humano. Minha voz bastante débil mal consegue chegar até elas. Essa voz pode ser auxiliada por um microfone, primeiro instrumento social em que a mão que o segura se torna finalmente invisível. Nesse momento, mão e voz negociam as reações da multidão. Em seguida, a emissão de rádio, a tela da televisão e a internet alcançam o que desde que somos homens permanecia inacessível, esse buraco negro em que as grandes populações se agitam, do qual de maneira irrepreensível surgem a violência, o poder, os ritos e os mitos. Como dominar escalas e números de que saem essas gigantescas energias? Sim, essas novas tecnologias ainda hoje permanecem sob a influência dos mitos: elas fabricam simultaneamente deuses e vítimas e, por isso, nos levam de volta ao início de nossos discursos, ao começo da construção dos fenômenos sociais em que, na ausência de qualquer máquina apropriada para trabalhar o coletivo, inventamos mitos e política, *a fortiori* na ausência de um instrumento manual e, certamente, sem o saber, em razão dessa mesma ausência.

Dispomos doravante desses instrumentos dos quais ainda não conhecemos a tecnologia no sentido antigo desse termo: não conhecemos a forma de utilizá-los. Portanto, não vamos denunciar suas estúpidas apoteoses, como essa fabricação cotidiana de deuses, a selvageria de crimes incessantemente representados, a brutalidade dura de sua cultura, sua própria cultura de denunciação perene, pois todas essas práticas simplesmente evidenciam seu mergulho na origem; e ela ocorreu mesmo porque pela primeira vez a mão trabalhadora se mostra e trabalha os fenômenos sociais, os reconstrói e os informa no sentido mais tradicional. Por falta de uma nova filosofia política ainda nos embaraçamos nesse limbo, colados a esses começos. Nietzsche gritava que o Ocidente não sabia mais criar mitos; que consideração ultrapassada! A visão de nossos mitos nos cega e hipnotiza e, mediante sua constante violência, nos faz ver a própria origem de todos os mitos.

OS OUTROS E A MORTE DO EGO

Será que recriamos pessoas autônomas que sabem e podem dizer: eu? Quanto mais os contemporâneos empregam, amam e adulam essa palavra latina que ninguém mais compreende, menos a entendem em seu sentido original: diz-se que alguém é dotado de um ego inflado que preenche o espaço com sua voz, com sua obesidade de alma e, às vezes, de corpo; que outro, a quem acusam da mesma coisa, manipula a política, as relações e as pessoas para dobrá-las a sua vontade. Nessas duas amostras o "eu" designa o "nós", pois trata-se de glória e teatro, de exibição e poder. Sem os outros, esse pobre ego se esvazia.

Ao contrário, o ser íntimo de Santo Agostinho, embriagado de Deus, o de Montaigne, amável e fluente, o de Descartes, reflexivo ou o de Rousseau, indulgente, eram "egos" que Pascal julgava ou teria julgado completamente execráveis e dos quais tratavam os manuais de confissão favoráveis à salvação da alma pessoal, todos esses egos da tradição cristã e da filosofia de língua latina se retiravam em oração, sob seus hábitos, em suas bibliotecas, em Port-Royal ou na Ilha de Saint-Pierre. Em resumo, enclausuravam-se dentro de uma tebaida para meditar em solidão, como os anacoretas e como fazia Rancé, cortesão arrependido que se tornou um religioso da ordem de São Bruno. O espaço social fora do claustro tornava-se um *não-ego* trepidante de vaidade, considerado de reputação perigosa para o desenvolvimento da pessoa.

Tão frágeis quanto o eu, as grandes obras de nossa cultura nasceram desse ego educado sob a proteção da clausura. Fútil e vaidoso, o ego infla-se com o prestígio público, ou vive tentando evitá-lo. São dois "eus" contraditórios.

Verdade

Para evitar os ruídos e furores da guerra, o oficial Descartes refugiou-se em silêncio dentro um tipo de cela e, por meio da solidão, descobriu seu ego como um sujeito da verdade. Ele residia não apenas nas bases do pensamento, mas na própria existência e no enunciado da verdade Essa descoberta ocorreu durante a meditação em forma de diálogo a três, justamente entre o "eu", o gênio mau, tentador e diabólico, e Deus, em derradeira instância o guardião dessa verdade, visto que era o criador das verdades eternas.

Tão frágeis quanto esse eu, as grandes verdades das ciências nasceram no interior de proteções análogas. Que eu saiba, o espaço social não favoreceu nem Galileu, que foi condenado, nem Descartes, que se refugiou na Holanda, nem Spinoza, apedrejado, nem Mendel, esquecido, nem Boltzmann, que se suicidou em Trieste, às margens do Mar Adriático, nem Majorana, desaparecido, nem Turing, que depois de ter salvado seu país foi forçado ao suicídio pelas leis britânicas. Atualmente, entre os ganhadores do prêmio Nobel, quatro quintos acabam recebendo a recompensa no fim de suas carreiras e de suas vidas, depois de outros júris reunidos terem primeiramente condenado e recusado seus projetos de pesquisa para finalmente premiá-los. Sem dúvida, esses infelizes acontecimentos estão inscritos em uma era que talvez tenha terminado, na qual o sujeito das ciências se identificava com o sujeito descrito pelas humanidades, pois ninguém podia estabelecer a diferença entre um e outro, mas todo mundo enxergava a diferença que separa a ação pública da vida privada.

Ao contrário disso, afirma-se hoje que a verdade nasce de debates abertos e acirrados nos quais o afrontamento dialético termina com a vitória ou a derrota dos participantes, como acontece nos estádios, teatros e campos de batalha. O fundamento da verdade, protegido do ruído social por altas muralhas, deixa a solidão meditativa do eu para ir ao encontro do furor e dos louros da vitória. Lembrem-se de que antes da invenção da física pelos pré-socráticos, *alétheia*, considerada a mais antiga verdade da Grécia arcaica, também queria dizer a glória social adquirida por aqueles cujas performances tinham sido reconhecidas e celebradas por um poeta famoso: essa verdade era confundida com as homenagens. Ao enfrentarem processos e condenações, cujos reflexos repercutiram sobre Galileu, os pré-socráticos descobriram a física e definiram uma verdade contrária àquela, ou seja, uma verdade independente de qualquer debate que os impedia mesmo de produzir vãs manifestações.

Debate, onde está sua vitória?

A querela do vitalismo contra o mecanismo terminou no último século com a derrota do primeiro. O mecanismo triunfou. E isso porque máquinas, como a de Turing, que, hoje sabemos, servem para a reprodução e o desenvolvimento dos seres vivos, são inteiramente diferentes das máquinas utilizadas por Descartes e La Mettrie, e causa-nos espanto que possuam o mesmo nome. O triunfante mecanismo que duelava com o vitalismo desapareceu junto com ele. A disputa de Geoffroy Saint-Hilaire contra Cuvier terminou com a vitória do segundo. Depois que os bioquímicos detectaram o homeobox,[56] Geoffroy despertou em muito boa saúde: o plano geral dos organismos tinha sido recuperado. A disputa de Pasteur contra Pouchet termina com a derrota do segundo. Quem ousaria falar hoje de geração espontânea? Resposta: todo mundo, pois os bioquímicos buscam reconhecer justamente como se constituiu o primeiro ADN a partir de elementos químicos ligeiramente metálicos. Sim, todo ser vivo vem de outro ser vivo, salvo esse ácido ou um ARN, que constituem o próprio ser vivo. Depois de ser colocado no índex por seus colegas de toda Europa, Semmelweis[57] morreu em desespero. Alguns anos depois Pasteur demonstrava que Semmelweis tinha razão em obrigar seus obstetras a lavar as mãos e que os antigos vencedores tinham-se conduzido como sórdidos criminosos. Seria necessário alongar ainda mais essa lista tragicômica?

A verdade nasce e cresce de acordo com a repercussão pública ou se desenvolve ao tentar evitar o ruído provocado por ela. Duas verdades que parecem contraditórias, mas que sem dúvida podem ser conciliadas, pois se sucedem no tempo. À ciência dos intuitivos, raros e isolados, sucede a ciência dos profissionais que pesquisam a mesma coisa reunidos às dezenas em inúmeros laboratórios espalhados pelo mundo. Como fundamento da verdade, ao sujeito original sucede-se um nós interativo. Quem construiu a bomba termonuclear, quem descobriu cada uma das partículas subatômicas, quem teria decifrado o genoma humano? O sujeito coletivo de uma verdade tão comum, que pouco importa em que lugar ou por qual grupo equivalente foi encontrada. O que muda é o número daqueles que subscrevem essa verdade; nossas redes multiplicam esses casos e essas

[56] Os genes homeobox foram descobertos em 1983. As proteínas que eles codificam desempenham um papel crucial nos estádios iniciais da embriogênese. (N.T.)

[57] Ignaz Semmelweis (1818-1865) foi considerado o “pai do controle da infectologia”. (N.T.)

rubricas. No entanto, não se pode dizer diretamente que a multiplicidade de pensadores interligados por uma internet, mais parecida com um grande cérebro, constitui um pensador único mais potente: 50 militares que marcham no mesmo passo não andam em velocidade 50 vezes maior do que a de um só soldado; se a caminhada for muito longa, aumentam as possibilidades de colidirem entre si e, portanto, de interromperem a marcha. Para que a garantia de verdade melhore são necessárias outras condições de controle, e, mesmo quando estas existem, a verdade pode escapar-lhes.

E*xistência*

Antes da verdade há a existência em si mesma. Penso, logo existo. Que filosofia não ensina que a vida social gira em torno de aparências vãs, que se acompanha de máscaras e mentiras, sombras vagas e poder sem futuro? Parece existir sobre isso um acordo excepcional entre todas as escolas que, entretanto, se opõem em quase todos os outros temas? Mesmo os muitos especialistas da disciplina que se tornaram conselheiros dos reis, de Platão a Sêneca, de Voltaire até alguns de meus contemporâneos, desgostosos, desistiram, enfim, dessa atividade. Como se a vida pública destruísse irremediavelmente a existência, como se a própria solidariedade se perdesse nela, como se não pudéssemos construir relações ativas com outras pessoas a não ser sob as condições preliminares de nos construir a nós mesmos fora da fogueira das vaidades. A mais verdadeira das relações com o outro, a oração de amor, desenvolve-se e vive privadamente. O objeto da sociologia é um teatro.

Contrariamente a essa certeza, o ego contemporâneo só se constrói dentro e por meio de relações outrora consideradas mundanas, exteriores à clausura monástica ou às mônadas[58] sem janelas. A perda de outrora transforma-se em ganho, como se somente os outros pudessem assegurar ao eu sua existência autêntica, seu crescimento e seu desenvolvimento. A multiplicação dos meios de comunicação contribui sem dúvida para a nova situação. À primeira pessoa do *cogito ergo sum* opõe-se um eu em forma de estrela, localizado no centro de uma rede, cruzamento que se

[58] Em biologia a mônada é uma unidade orgânica diminuta e muito simples. No sentido leibniziano as mônadas são substâncias simples e de número infinito, de natureza psíquica que não têm qualquer relação umas com as outras, mas que se agregam harmoniosamente por predeterminação da divindade. (N.T.)

torna cada vez mais denso à medida que caminhos mais numerosos partem dele e a ele chegam. Enquanto em Leibniz, por exemplo, a solidão monadária buscava em vão as relações que somente Deus podia assegurar, hoje a relação precede, assegura, funda, desenvolve e enriquece a existência. Ou o corpo se encerra em um convento, ou se deita estendido ao longo do piso de um barco, como Jean-Jacques Rousseau, que se balançava ao sabor dos ventos no lago de Bienne, a fim de sentir sua própria e original existência, ou "minha alma como um eco sonoro dos milhares de vozes que o Deus que honro colocou no centro de tudo", tudo isso preenchido por um conjunto de relações. Essas duas existências parecem contraditórias, mas uma, sem dúvida, ainda sucede a outra, como se a ninfa *Eco* tivesse substituído Narciso ou a audição tivesse substituído a visão.

Vivo graças ao tempo morto. Quem hoje não se lamentaria do tédio provocado por um tempo sem divertimentos? Quando Blaise Pascal descrevia o quarto em que era necessário saber permanecer se se desejasse evitar a infelicidade do mundo, ele se referia à vida privada e, às vezes, ao tédio e ao silêncio desse tempo morto, em que esse pequeno ruído inconsistente por vezes surgia e era chamado de voz da consciência; como ouvir esse débil murmúrio se a música não cessa, se meu quarto, meu espaço privativo, meu recanto outrora dividido transformou-se numa praça pública, equipado com rádio, telefone, correio eletrônico, televisão e fax, com esse UMTS que denominei universal social? A vida exterior o invadiu a ponto de destruir meu recanto, meu espaço privado. O eu só podia ser construído nesse quarto que se transformou num mercado interpenetrado pelos ruídos do coletivo, pelo furor político, pela publicidade autoritária e pela comunicação imposta. O eu morre por causa do nós.

Da sintaxe e do subjuntivo

Recordem-se de uma língua escrita e falada por algumas mulheres altruístas, finas e sensíveis, Margarida de Navarra, Madame de La Fayette ou Madame de Sévigné, a religiosa portuguesa... ou por alguns homens egoístas como *Adolfo, Dominique*, ambos dotados desse "eu". Desde então inaudível e ilegível, seu estilo transbordava de uma sintaxe sutil cujos verbos de intenção projetavam conjunções subordinativas, subjuntivos e às vezes o imperfeito. O "modo" subjuntivo tinha se tornado raro. As articulações cuja multiplicidade demonstrava a paisagem plástica da intimidade teciam um texto cujas bifurcações continham ardis ingênuos e sutilezas mentirosas, boa e má fé, amores teatrais ou sublimes, uma paisagem tão diferenciada como a escalada do monte Carmelo. O subjuntivo-subjetivo distendia a alma no comprimento, largura e altura de um tempo de espera que passamos a chamar de tempo morto. O "tempo real" reduz a nada esse volume. A supressão das distâncias acaba atirando essa lenta espera na região das doenças mentais ao suprimir a memória de uma época em que a atenção modelava a alma e suas ondulações. Nossa língua acabou de perder sua sintaxe e, em seu *Mapa do sensível*,[59] as dimensões, o relevo e o volume do eu foram enriquecidos pela topografia do você. Comunicamo-nos, mas por meio de mensagens abreviadas. Enfatizo aqui o sujeito do verbo, esse nós que se transforma numa substituição do antigo e desgastado eu. Não nos sujeitamos mais ao substantivo.

A relação precede o ser; essa é exatamente a palavra de minha filosofia, nunca falei a não ser a respeito de comunicação, jamais descrevi a consciência nem desejei penetrar seus arcanos, dos quais não tinha a chave. Aqueles que reivindicavam entendê-los sempre me pareceram prestidigitadores. Resigno-me a considerar a alma uma virtualidade plástica que flui juntamente com a virtualidade da linguagem, persisto nisso e assino embaixo, mas avalio o que ainda falta: a evolução biológica da espécie, ao multiplicar as redes, ao restringir as mensagens a seus esqueletos, ao substituir o ego pelo eco do nós, arrisca-se a nos equiparar às sociedades de insetos, assemelhados a cupins, formigas ou abelhas, privados do próximo, visto que o crescimento demográfico, a mundialização da economia e a reprodução artificial aceleram esse processo. Um banco central de óvulos e de esperma assumirá o lugar da rainha, e nós trabalharemos como especialistas pela busca mecânica da rede universal. Que dinâmica utilizar para redirecionar essa possível queda?

Minha língua não se reduz a um mero instrumento de comunicação. Na verdade, quem sou eu antes de dizer a mim mesmo quem sou? Quem sou eu sem essa palavra íntima que tangente ao silêncio me constrói, mesmo se em criança eu a tenha tomado emprestada àquela que qualifica minha língua materna? Quem sou eu senão uma emergência cujo ruído se eleva acima de um arco negro e tácito, do qual um rumor sustentado se eleva sobre esse ruído de fundo, do qual qualquer primeira música, ritmo

[59] *La Carte du Tendre*, no original, é uma gravura que aparece num dos romances de Madeleine de Scudery, escritora do século XVII, e que sugere um mapa em que os acidentes topográficos têm nomes como lago da indiferença, mar perigoso, ilha da complacência etc. (N.T.)

e canto brotam desse rumor, cujo primeiro balbucio se eleva sobre essa música? Quem sou eu senão esse castelo de cartas do qual cada retalho frágil serve para envolver ou proteger esse arco ou arcano silencioso e negro? Fiquei calado toda minha vida e só falei para ocultar esse silêncio, meus livros construíram uma ponte suspensa sobre esse fosso.

Felicidade

A varanda da casa de meu amigo morto em julho último é decorada por um mosaico de pintura medíocre sobre o qual se pode ler sempre na própria língua morta. *Beata solitudo, sola beatitudo* ("Beata solidão, solitária beatitude"). Distanciado, desesperado por suas experiências coletivas, ele acaba com sua vida como La Fontaine termina os livros de suas *Fábulas*, pela exaltação da vida privada finalmente apreciada como bem supremo. Em minha tenra infância, o próprio povo repetia os provérbios sobre a felicidade dos monges e dos filósofos considerados por ele autossuficientes, acima das necessidades comuns e, portanto, eficazmente felizes. Hoje, ao contrário, proclamamos a infelicidade solitária daqueles que perdem todas as relações. Nós os consideramos excluídos, doentes e desesperados.

Assim como a administração hoje força os sujeitos a viver de maneira administrativa, da mesma forma tudo se passa como se o coletivo tivesse vencido ao tornar impossível a vida solitária e retirada. No mesmo momento em que a política ou o público forçam a que se viva de maneira social e pública, as redes de relações tornam impossível a vida sem relações. As verdades adquiridas em comum excluem as verdades cuja intuição subitamente atinge o pesquisador isolado, o êxtase do corpo e o da alma mônada passam por doentes. Em suma, para o verdadeiro, o existente e o feliz, o ego acaba de morrer. Ao citá-lo, referimo-nos apenas a uma testemunha sombria de uma cultura desaparecida. Morto Descartes, só nos resta escrever: eu me religo, logo sou. A relação precede toda existência.

O ego de Montaigne e o meu

De novo isso não data de ontem: acreditem mais no que Montaigne faz do que no que ele diz. Quando vocês o ouvem confessar que só fala de si, sorriam e não dêem muita atenção. Ele cita páginas inteiras com os nomes de Plutarco, Tácito, Lucrécio, Virgílio, Epicuro e Sócrates, seus vizinhos, os parisienses, os bordeleses, mas cita acima de tudo os índios da América. Escutem-no bem: no momento em que se refere às conquistas de Alexandre ou ao barril de Diógenes, ele é capitão, mendigo, orgulhoso, casto, faminto, caçoador. Sua alma composta de milhares de vozes, assim como a do Deus que ele honra, coloca-se no centro de tudo, como um eco sonoro e como a alma estável do importante homem dono do vinhedo que ambiciona obter a administração do porto. Não. Como você e eu, Montaigne desfrutava de uma alma complexa, nebulosa, enodoada, constelada, que refletia continuamente o austero, o *gourmand* e o luxurioso, o solitário e o solidário, o insociável e o jovial, o vagabundo e o estável, o religioso e o ateu. Nunca consegui compreender como em todos os relacionamentos não se podia ser simultaneamente o conjunto de homens encontrados e reencontrados. Não, eu não sou eu, como um ponto fixo, mas uma nuvem de próximos possíveis. Minha identidade fluente, temporal e diversa não tem nada a ver com a ontologia do ser nem com o princípio da identidade espacial, exclusivo e único, mas sim com o possível. Sim, a relação precede o ser, eu sou meu próximo.

A *atual coexistência dos dois tipos de ego*

Aqui ainda se trata de evolução no sentido biológico do termo ou de um estado bem preciso no processo de hominescência. Dois períodos se sucedem, um deles sem dúvida começou com o cristianismo, religião que propunha a salvação da alma individual, cuja exigência era a própria fé individual ignorada pelas religiões precedentes, todas elas fundadas nas cidades ou no povo, nas quais se introduzia uma nova instância, justamente esse ego que os gregos e os latinos conheciam apenas vagamente, pois o famoso "Conhece-te a ti mesmo" convidava apenas a avaliar os limites de cada um. Seu credo começa por esse pronome: (ego) *credo,* não escrito. O cristianismo abandona simultaneamente o coletivo unido pelo sagrado e o encantamento do mundo, como demonstra Auguste Comte, mas ele negligencia sobretudo o aspecto religioso que funciona como laço coletivo que se dirige desde o início à alma solitária frente a seu destino e a sua salvação eterna.

Conseqüentemente, a morte contemporânea do *eu* foi um golpe terrível não só para a cultura européia formada em Montaigne, em *Dominique,* mas também para o cristianismo, mesmo que se pareça crer que ele tenha hoje aderido à esfera privada: não, foi ele quem a inventou. As religiões retornam a seu estado arcaico de cimento societário ou mais ainda e inversamente ao novo e poderoso problema da questão coletiva que se expande em integrismos, provocando guerras que os opõem como acontecia nos tempos mais antigos. O cristianismo, bastante moderno em face dessa estranha regressão, novamente torna-se difícil de entender. Como se dirige à alma pessoal e a seu destino além do tempo, ele critica de forma devastadora qualquer integrismo, entendido por ele como um granito societário. O fim do *eu* inflige uma ferida talvez mortal a uma cultura cujo universalismo deve seu brilho e sua criatividade a essa instância existencial, no melhor e no pior, até chegar aos direitos da pessoa.

Raros são os homens e mulheres que ainda possuem um ego privado e que coexistem com seus contemporâneos que vivem numa multidão de egos; como essas pessoas que estão organizadas de outra forma, que carregam em si um órgão ausente em seus vizinhos poderiam compreender-se entre si? Em termos evolutivos: quais entre eles eliminarão os outros, como ocorreu nos tempos em que o *Homo sapiens* coexistia com o Neandertal? Podem apostar nos mais bem adaptados: em quem você acredita, naquele que se arma para vencer em quaisquer circunstâncias ou naquele que aproveita um refúgio em caso de naufrágio? O primeiro nasceu nas condições de paz que prevalecem há apenas meio século; ele adora a guerra aberta porque nunca passou por ela. Mas será que ele sempre ganhará? Em caso de derrota, como sobrevive aquele que sempre busca a vitória? Como a vida apresenta sempre mais obstáculos do que facilidades, mais sofrimentos do que felicidades perfeitas, mais derrotas do que vitórias, mais amores desprezados do que coroados, aposto em uma reconstrução do eu. Mas como criar um arco de silêncio no reino universal do ruído?

Quando a intuição chega, para conseguir ouvir seu riso doce é preciso um mutismo tal, que o abismo mais profundo do Vale da Morte, os elevados penhascos do Hoggar,[60] sutis e vibrantes sob o sol do meio-dia, os desertos do Kalahari, de Gobi[61] ou do Atacama podem ser considerados lugares ainda muito ruidosos para que o sujeito seja capaz de receber essa intuição, pois o menor sussurro pode afugentá-la. Este é o segredo mudo da criação, particularmente da criação artística, o segredo de escutar e nada mais, de esperar, de estar atento ao outro, esse é o segredo da intimi-

60 Maciço vulcânico do Saara algeriano. (N.T.)

61 Deserto asiático localizado entre a Mongólia e a China. (N.T.)

dade. O silêncio e a doçura desse pudor indecifrável e enigmático permitem a sobrevivência em um mundo voltado para ruído de fundo perpétuo da comunicação que, para construir um coletivo, arrisca-se a destruir o que denominamos pessoa.

Assim como Descartes duvidava, em seu quarto aquecido, também *eu* freqüentemente me desconecto. O ensino, por meio das novas tecnologias, completa-se por uma pedagogia da desconexão e uma ética do desapego. O futuro pertence às ordens contemplativas. Aquele que inventar uma nova geração de monastérios nos salvará da decadência evolutiva que pretende nos identificar às sociedades de insetos: essa palavra significa uma associação paradoxal de solitários e de solidários. Teremos necessidade de um novo São Bento, de um novo eu e de outros próximos.

PAZ

Passagem para a História

Três deuses: Júpiter, Marte e Quirino regiam as sociedades indo-européias tradicionais, formadas por três grupos correspondentes dedicados aos ritos religiosos, à guerra e à produção, respectivamente. De acordo com a classificação de Georges Dumézil essa sociedade antiga desenvolveu-se na Idade Média e durou até uma época recente. Em que data desapareceu essa longa tradição?

Afirmo que isso ocorreu com o fim de Quirino, o deus dos trabalhadores, não com o fim da agricultura, mas de um certo modelo cultural ligado à domesticação ancestral de espécies da flora e da fauna. Muitos parecem esperar o desaparecimento da era de Júpiter, primeiro dos mandatários, a única de que duvido, pois a proliferação dos sinais e da comunicação só pode conduzir a processos de tipo religioso como o monoteísmo, que ocorreu no começo da escrita e com a Reforma, filha da imprensa; pela primeira vez desde Eva e Adão a vida e os modos de reprodução se alteram, e nossos símbolos se transformam.

Vibrando deliciosamente de esperança, mas invadido pelo temor de errar, descrevo aqui a morte de Marte, guerreiro brutal, soldado, deus da morte sob as armas.

O circuito da guerra

Irei certamente sobreviver, mesmo sendo um dos últimos a perceber pela memória do corpo que a guerra ocupa o horizonte normal de qualquer grupo social. Minha cultura data da queda de Tróia, da morte de Abel e da Paixão de Jesus Cristo rodeado pela soldadesca romana. Em relação a essa cultura, minha breve vida surgiu entre a revolução espanhola e o conflito mundial de 1939-1945. Cresci no período que vai da guerra da Indochina à da Argélia. Por viver entre cadáveres, conheci a paz bastante tarde.

Os dirigentes políticos cruzam a história cuidando das feridas que a guerra precedente infligiu cruelmente a seus países e preparando em fogo brando a próxima e inevitável guerra; não conhecem nenhuma pausa nessa perpétua alternância. Em compensação, não seriam capazes de dirigir qualquer império ou democracia sem se apoiar na ameaça iminente e constante de conflitos. Não existiriam a não ser por essa inexorável gangorra. O Estado nasceu da guerra e dela sempre retira sua força. Inicialmente, adquiriam riquezas por meio de guerras de rapina, assassinando os proprietários para roubá-los. Ter significava tomar. Todo ativo originava-se de roubos, e o roubo tinha origem na violência.

Os historiadores afirmam que o Estado inventou os impostos para conseguir os meios de fazer as guerras; nos raríssimos tempos de paz esses preparativos continuam. Da elite ao animal, alcatraz ou rato, parasita ou predador, o *Homo terminator* age em relação a seus semelhantes da mesma forma que todos os seres vivos em relação aos outros seres vivos, animal cruel a se deliciar com a morte intra-específica.

A guerra faz o Estado, que faz a guerra, que faz a história, que faz a guerra, que faz o homem, que faz a guerra. Esse é o catecismo ensinado por quase todas as nossas filosofias endurecidas pelo circuito espiralado de lutas mortais, combates, rixas e debates considerados não só coisas normais, mas motores exclusivos da renovação e do conhecimento. Sem guerra, não há o Estado nem história, e os homens menos ainda, nem invenções ou avanços. Da concorrência econômica ao esporte de competição, todas as formações culturais, a filosofia incluída, passam por contínuas guerras. Essa civilização sangüinária despreza os projetos de paz perpétua, denominando-os sonhos utópicos, reveste a disputa com grandeza e dignidade conceituais e a paz com a ignomínia do angelismo. Ninguém faz nem descreve a História com bons sentimentos. Não procurem jamais a razão ou as causas de uma guerra, ela própria substitui a causa e a razão.

E *se a situação desse uma reviravolta*?

Durante as recentes décadas, eu imaginava freqüentemente que a geração que me sucedia diferia da minha pela experiência, vivida ou não, que tínhamos dos canhões, bombardeios, sirenes, fome, cadáveres nas fossas, sangue e vísceras sobre a lama. A morte violenta e o luto por ela desencadeado desapareceram subitamente da visão de mundo, da conduta usual e ética de meus alunos. A guerra atingia-me por todos os lados e comandava minhas previsões; os estudantes não liam mais os alfas e os ômegas, letras habituais daquele tempo. Eu me perguntava o que seria deles quando a próxima guerra os tomasse de surpresa e os encontrasse despreparados? Poderiam eles sobreviver em condições extremas? Reconhece-se a ruptura entre a época de Reagan, Mitterrand ou Kohl, antigos combatentes, mesmo que de salão, e o período de Blair, Schröder, Clinton ou Jospin, privados de lembranças vivas daqueles momentos. Reconhece-se também que as novas gerações que se sucederam na tranqüilidade da paz, sem outro conhecimento da guerra além de alguns testemunhos, livros ou cinema, cometem muitos erros sobre os anos em que quase morremos e dos quais não falamos por essa mesma razão; não reconhecemos nossas lembranças em suas histórias.

Essa ausência mundial de conflito refere-se apenas aos países chamados desenvolvidos que, por seu poder, ciência e sua cultura nobre e superior são capazes de provocar a violência não em si próprios, mas em outros países do resto do planeta, pelo menos pela venda de armas. No Ocidente, essa trégua estabelecida por eles e entre eles dura desde 1945, sem contar as fanfarronices de uma guerra chamada fria, na qual o enfrentamento de dois colossos gigantescamente armados encerrou-se com a implosão de um, esperando pela implosão do outro e com a queda pacífica do muro de Berlim. Por todos os lados eclodem inúmeros conflitos mantidos com cinismo por aqueles mesmos homens que, por estarem distantes, desfrutam do espetáculo que alimentam e da boa consciência que produzem ao empregar sua lógica multimilenar e suas atrocidades. Embora limitada, essa paz recente intervém como uma exceção extraordinária. Quando foi que certa parcela da humanidade pôde desfrutar de um lapso de tempo tão longo sem guerras maiores? Jamais. Já se vão quase 60 anos de calma no *front* dos chamados países desenvolvidos, enquanto na Europa, no século XVII, por exemplo, não se contam sequer sete anos pacíficos. Duvido de que se possa comparar este momento ultraparadoxal à *Pax romana*, às apatias que se apoderaram de alguns faraós e imperadores chineses tiranos que tinham, nos três casos, reinados cuja hierarquia necessitava que cabeças fossem cortadas em massa. Vivemos em meio a vulcões extintos? Que equivalente das placas tectônicas poderia explicar essa singularidade?

Quais as conseqüências quando Marte se ausenta?

Estamos caminhando para o fim do guerreiro? Atualmente nossos militares de carreira se desgastam menos em fazer guerras e mais em impedir que outros as façam. Aperfeiçoam-se em sentido contrário ao de sua profissão. O combate público inverte completamente as vantagens que oferecia. Mesmo que no início uma guerra possa parecer "justa", depois de uma vitória total em que o exército vencedor desconta 20 mortos por acidente e o perdedor 200 mil mortos sob as bombas, ela passa doravante a ser considerada pelo mundo como um massacre que cobre o vencedor com o sangue de suas vítimas. A dialética inverte-se: não vivemos mais a era do vencedor, mas das vítimas. Quem negará o progresso no que concerne a esse ponto?

Se os filósofos ocidentais tivessem sido conseqüentes com as tradições que comentam e respeitam, deveriam ter-se perguntado se na falta da força guerreira ainda existiam homens dignos desse nome em seus tranqüilos países e se alguma coisa foi inventada por eles durante esse estranho intervalo. Em poucas décadas a ciência avançou num ritmo que esses países jamais conheceram. Num contra-argumento às dialéticas vulgares, a paz conteria em si mesma uma força propulsora? Apesar das ameaças da Guerra Fria e dos equívocos cometidos pela descolonização, durante o mesmo e abençoado intervalo de meio século, os referidos países produziram imensas riquezas. A Terra nunca se cobriu de uma quantidade tão grande de seres humanos; apesar da multiplicidade de conflitos locais, a explosão demográfica acompanha essa paz.

Mais do que Kant, o próprio Polichinelo detinha o segredo da imensa abundância produzida pela "paz perpétua": seria suficiente não destruir?

Primeira causa objetiva: a bomba

De onde nasceu uma paz tão duradoura? Sem dúvida do perigo do holocausto, no sentido etimológico e religioso da consumação de todo o gênero humano pelo fogo, perigo visualizado rapidamente com a explosão de Hiroshima e com os diversos testes com bombas termonucleares. Se a guerra se impôs às sociedades históricas como um horizonte intransponível, a potência energética dessas armas inundou com seus raios explosivos toda a amplitude desse horizonte. Ao exceder em força e efeitos o conjunto global dos conflitos concebíveis, essas armas ultrapassaram até mesmo a soma desses conflitos, fizeram paralisar os motores da história e finalizar seus tempos polêmicos. Essa invenção diabólica, que foi aperfeiçoada, testada várias vezes e, em duas ocasiões, utilizada, produziu, de repente, um resultado inverso ao imaginado pelos cientistas e políticos. Mediante um excesso que ultrapassou essas interdependências, ganhou de súbito todas as guerras possíveis. O segredo da paz reside talvez na erradicação total, no desaparecimento do gênero humano e de seu planeta, acontecimento visto por todos como um possível horizonte de todo conflito mundial. *Si vis pacem perpetuam, para bellum totale* ("Se queres a paz perpétua, prepara-te para a guerra total"), ou melhor, para a destruição virtual integral.

Ocorre comigo duvidar freqüentemente desse tipo de causa usada como pretexto em todos os lugares. Nossa cultura arcaica e trágica, determinada pela guerra e seus mortos, talvez nos leve a acreditar nela. Sempre retorna a mesma doutrina energúmena que pleiteia que a paz decorra da guerra, que a vida nasça da morte, que a invenção emerja da destruição e que a paz perpétua surja da violência máxima. Essa doutrina conduz o braço do guerreiro, indica o lugar do político, sugere a inclinação da interpretação do historiador e dá cor à razão do filósofo. Ao contrário disso, será que não seria mais fácil para o estabelecimento da paz se esquecêssemos o que se chama de ideologia, algo que se encontra enraizado nas práticas comuns a todos os seres vivos? Nessas curtas décadas finalizamos nossa longa carreira de *terminator* individuais ou coletivos? Será que iremos mudar não apenas de idéia ou de ideologia, mas de concepção de vida?A própria vida se transforma? Sim.

As *causas hominescentes*

Essa primeira causa remete ao começo do livro; denominei-a uma das novas mortes. Na verdade, a humanidade jamais visualizou sua própria erradicação; pior do que isso, não a projetou nem a programou. Diante desse limite desconhecido, uma parada imediata. Sim, esse acontecimento encerra exatamente o acontecimento da hominização, um período extenso que talvez tenha começado com a consciência da morte individual. Mudar de morte, mudar de tempo: o encerramento dessa época nos lança em direção a uma outra.

Ainda ocorre que nova época se alimentou de outras novidades de mesma amplitude e profundidade: a novidade do corpo, da relação consigo mesmo, com a terra e com os outros. Quando a esperança de vida aumenta quase o dobro, o herói eventual aceitará, facilmente, sacrificar esse lapso de tempo que ele poderá ainda desfrutar? Será que quando a dor se amenizar durante essa longa vida, ele ainda a invocará em suas orações? Será que ele não irá considerar as guerras uma patologia coletiva a ser erradicada tão vigorosamente quanto a varíola? Quando o alqueire de terra trabalhado perde seu valor econômico a ponto de as produções agrícolas caírem abaixo de 5% do produto nacional bruto, será que esse herói defenderá os campos e as colheitas, sacrificando por eles uma existência que se tornou tão preciosa? Quando auxiliados pelos objetos-mundo, os muros da casa se estendem em direção a um horizonte universal, esse herói dispor-se-á a combater até a morte *pro aris et focis*, em favor de altares sacrificais e lares domésticos, na mesma proporção em que a domesticação se dissipa? Quando as fronteiras são abolidas e todas as manhãs aquele que diz *oiseau* se comunica com aqueles que dizem *vogel*, *bird*, *uccelo* ou "pássaro", irá ele odiá-los tão intensamente porque não falam a mesma língua, nem adoram os mesmos deuses?

Dessa forma, reúnem-se todos os componentes desse tempo de hominescência para criar um herói inesperado a quem todo conflito armado provoca náuseas e que não lutará a não ser para abolir para sempre a pena de morte. Essa nova mulher, esse novo homem de paz nascem dos capítulos deste livro.

A *segunda bomba*

Como se sabe, nos desertos do Novo México, junto a Los Álamos, o Projeto Manhattan concentrava a elite dos cientistas da época, aumentando ainda mais as glórias dos que buscavam tornar-se, e que efetivamente se tornaram, as divas mundiais do saber. Ao mesmo tempo que isso acontecia, na consciência dos cientistas cometia-se um crime técnico e cruel contra a humanidade. Desde Hiroshima, as relações entre ciências e sociedade não se conduziram mais tão bem quanto antes.

Além disso, entre os anos 1930 e 1960 explodiu uma segunda bomba de longa duração que não deve nada às ciência duras, mas que tudo devia à organização das sociedades, a seus governos e às ideologias. Dessa maneira o século conheceria duas carnificinas em paralelo, a tecnológica e a política. Na Alemanha nazista, na Itália fascista, na Espanha franquista, na Rússia soviética, na China maoísta, no Camboja, os regimes totalitários assassinaram dezenas de milhões de pessoas, muito mais do que o crime científico. O fim da Segunda Guerra Mundial não interrompeu de forma alguma seus efeitos.

Esses efeitos repercutiram infinitamente mais sobre a consciência ocidental do que o primeiro, como se, de maneira inevitável, uma culpabilidade coletiva subitamente emergisse nas lembranças dos horrores pelos quais tais grupos se julgavam responsáveis. Seguramente, nada podemos fazer contra a equação da energia nem contra a velocidade da luz, mas poderíamos ter lutado com muito mais determinação contra nossas doenças sociais, cujo desenvolvimento depende de nossas condutas e da vontade geral. Podemos suportar o fato de ao saírem da Sardenha os soldados romanos da Antiguidade não terem deixado nenhum habitante vivo, de Júlio César ter assassinado todas as mulheres e homens adultos na Gália, menos alguns velhos e crianças esquecidos no interior dos bosques e canais, a ponto de ter-se perdido a língua daqueles que chamamos de ancestrais, de Luís IX ter erradicado completamente os cátaros do Sudoeste, a ponto de minha família só conservar deles uma vaga cantilena, de os generais ingleses, depois de massacrarem milhares de índios, hotentotes e zulus, terem conhecido uma glória ignóbil, redobrada no pré-gulag australiano. Distraídos pela distância desses fatos no espaço e no tempo, ou seja, pelo esquecimento e pelo racismo, poderíamos suportar tudo isso, mas não que um país próximo, que vive no apogeu da cultura e da ciência ocidentais, a ponto de suscitar admiração de seus competidores, seja destruído em algumas semanas na Shoah, nem que os filósofos, pelo menos em meu país, não tenham cessado de apoiar durante mais de 30 anos três ou quatro regimes, como os de Stalin, Mao e Pol Pot. Nunca conseguiremos nos libertar dessa praga?

Como em nossas línguas a palavra religião significa o conjunto de laços que agrupam um coletivo, vivemos hoje aglutinados por essa lembrança alucinada. Sob aparências exteriores de ateísmo, praticamos em silêncio uma religião laica cujo pensamento constante se parece com o pecado original: impossível de erradicar, a violência nos segue passo a passo e não nos deixa, seja porque a praticamos ou porque a lamentamos. O que fazer para negociar a devastação por ela provocada? Nem as ciências avançadas, as músicas eruditas ou as filosofias que se pretendem profundas nos preservam dela. Nunca fizeram isso! Algum dia sentimos tal culpa? Por todo lado ouço dizer que a culpa tem peso muito maior do que o do erro ou do crime que se precisa erradicar. Quem, das vítimas de Júlio César, Napoleão, Kitchener, Lenin ou dos criminosos do nazismo, não teria preferido que esses assassinos tivessem sido devorados até as entranhas pelo fogo de Deus em vez de proceder eles mesmos a suas execuções? De que forma extirpar essa violência que os milênios não conseguiram deter?

Um *paralelo: a abolição da pena de morte*

Uma concepção possível da paz consistiria em defini-la pertinentemente como a abolição da pena de morte coletiva que pesa sobre a cabeça de todos os combatentes, voluntários ou involuntários, geralmente filhos dos que declararam a guerra e que, por isso, foram todos condenados a morrer em idade precoce. Desde então, a abolição da pena de morte, no sentido convencional, desempenha, de fato, o mesmo papel em relação ao indivíduo que a paz em relação ao coletivo. Não matarás; nenhum indivíduo, nenhum coletivo tem direito de morte sobre quem quer que seja. Aqui: tu não matará mais teus filhos.

Em 1981, data tão vergonhosamente recente quanto aquela em que aprovou o voto das mulheres, meu país decidiu-se pela abolição da pena de morte, depois de uma ação política e jurídica de nove anos conduzida por Robert Badinter, louvado seja ele. Atual, essa resolução se difundiu dois mil anos após uma outra, virtual, evocada pela Paixão de Jesus Cristo que, como dizem os cristãos, morreu para apagar os pecados do mundo, dogma que a seus olhos designa a vítima sobre a Cruz como o último condenado à morte de todos os tempos: abolição da morte multimilenar do Filho. Sua divindade e eternidade são avaliadas pelo quanto ele assumiu da soma das violências da História; sua lentidão atribui-se aos dois milênios que separam esse acontecimento da aplicação ainda local de sua mensagem; pode-se doravante fazer uma nova estimativa hominescente, porque se passou a pensar que nada nem ninguém pode suprimir a vida antes da morte habitual. Sem dúvida, essa é a resposta elementar que certos contemporâneos encontraram para as questões levantadas pelas duas bombas, a técnica e a social. Em contrapartida, podemos chamar de civilizados os países que ainda se deleitam com os corpos retorcidos pela cadeira elétrica?

Tal como descrevi no início deste livro, observem agora a exata correspondência entre os avatares contemporâneos da morte coletiva, pessoal, global, atômica, objetiva e identificada na célula e suas abolições pacifista e jurídica que novamente esperam que a vida se defina nos laboratórios e nas pretorias. Será que a antropologia da morte muda pouco a pouco, dando lugar a uma outra cultura ainda mais renascente do que a cultura do renascimento, e muito mais diferente do que todas as suas precedentes, como a cultura grega foi da egípcia, do que a nossa foi da Antigüidade ou a histórica da pré-histórica? Aqueles que não têm mais a mesma morte não vivem mais a mesma vida, não pensam mais paralelamente e não vêem mais o mesmo mundo e os mesmos objetos. Quem publicamente ainda sente prazer com a morte de crianças? Como definir a guerra? Pela decisão lúcida tomada pelos beligerantes, todos de pleno acordo, pelo menos sobre esse ponto, em fazer a próxima geração combater entre si até o extermínio. Guerra: morte multimilenar do filho.

Para sua segurança... O fim dos riscos?

A importância crescente nas sociedades ocidentais das lógicas da precaução e dos cálculos de segurança mede simultaneamente a tendência de elevação da intolerância à morte violenta e o novo valor quase infinito outorgado à vida. Como medir seu valor? Considerado como perdido, o sagrado retorna ao exato lugar que se acreditava havia abandonado: nascido no passado do sacrifício humano, hoje ele interdita o próprio risco de morrer. Sem se abalar, a Inglaterra do século XIX para obter o domínio dos mares suportava dois ou três naufrágios por dia: pagava a morte de seus concorrentes com a morte de seus filhos. Para conquistar o poder que expunha suas vidas aos atentados, os tiranos assassinavam desconhecidos e próximos. Quem pode atualmente suportar o escândalo de morrer mesmo de uma doença mortal? Persuadidos de que nos devem a saúde, levamos aos tribunais até mesmo nossos mais eficazes aliados, médicos, cirurgiões e anestesistas. Mesmo a vida, que em minha juventude era atravessada pelo acaso, era uma chance, uma aventura, cujos imprevistos mereciam que se corressem os perigos do destino, transformou-se numa dádiva e num direito. Quem poderá negar esse progresso mesmo se ele chega até nós por meio de um recente e pesado sentimento de culpa, de um pecado original reaparecido?

Procura-se obter um paralelo ao minimizar os riscos e construir um universo profilático por meio das técnicas, do direito, da administração e da moralidade. Pleiteamos para nossos marinheiros, construtores de barragens, trabalhadores sindicalizados, viajantes e velhos contemporâneos um certo tipo de abolição da pena de morte. Leiam os romances de aventuras de seus avós, nos quais uma dezena de marinheiros morrem em virtude de um deslocamento de cabrestante; o navio e o texto continuam a viagem, substituindo-os por outra dezena de marinheiros, sem uma palavra de tristeza nem piedade. Algumas décadas depois, a Air France, diante do primeiro desastre, interrompe o uso do Concorde, um avião que nunca havia provocado nenhuma catástrofe. Os especialistas pesquisam antes as caixas pretas em lugar de acusar prematuramente os comandantes de bordo que, em condições de naufrágio ou de queda, se suicidam menos do que os capitães do passado. A responsabilidade recai sobre a caixa preta, instrumento sobre o qual se exigiriam páginas e páginas de filosofia jurídica e moral, uma vez que ele expõe a vida do comandante mais como um objeto do que como uma existência. A pena de morte que pairava sobre a cabeça dos responsáveis foi novamente abolida.

Suportamos melhor os cadáveres estendidos entre os destroços dos automóveis e de aviões acidentados do que se tombados sob a força das balas: as relações brutais com os objetos substituem os relacionamentos mortais entre os sujeitos. Essa objetivação progressiva das relações humanas vai revelar-se em breve uma variável da mudança.

Violência pública e política

Da mesma forma que as relações entre as nações não podiam ser pensadas e, muito menos, praticadas, sem o horizonte constantemente presente da guerra, na qual morriam parceiros e adversários, ambos de acordo pelo menos sobre a necessidade de assassinar seus filhos em massa, assim também ninguém pensava ou podia praticar a política sem testar e equilibrar as relações de força entre classes e a violência social que se encontrava em estado nascente. Por meio da eloqüência representada por seu corpo, era necessário saber domar um grupo em fusão e arbitrar seus conflitos de interesses em toda sua exasperação. Ao expor-se frente à multidão exaltada, o homem político, impedido de praticar a coragem física, arriscava sua vida, tornava-se a vítima em potencial sobre cuja cabeça pairava a morte pessoal. O brilho do que chamamos carisma abriga-se numa auréola mista de terror, coragem e comédia. Novamente o coletivo contemporâneo abole a pena de morte virtual ou real. O assassinato de Kennedy e o atentado contra o papa datam de um retorno da pré-história tão insuportável como a violência das máfias. De forma recíproca, quem toleraria que a polícia abrisse fogo sobre grevistas? Abolição da pena de morte para a luta de classes.

Em conseqüência disso, a política interna também perdeu a densidade de realidade que lhe foi conferida pela violência desde a formação das sociedades. O Capitólio romano dominava com uma arrogância ainda maior do que sua vizinha, a rocha Tarpéia, que, em virtude de sua profundidade, ameaçava permanentemente a vida do potentado. Ele extraía a majestade de seu trono das vertigens aterrorizantes da falésia, de onde a multidão poderia atirá-lo. Será que também abolimos uma das mais arcaicas penas de morte, a dos reis e dos chefes? Sim, pois, reciprocamente, a política foge dos lugares e dos tempos nos quais a violência social diminui. Quando nossos representantes consternados se confessam "responsáveis, mas não culpados" dão a exata medida da crise de representatividade que, pela antiga lógica da luta, atua sem riscos, plausibilidade ou grandeza sobre a cena política. Em segredo, nossa velha ideologia sempre nos pergunta qual é a vantagem de se dar poder a esses fantoches transparentes se eles não demonstram coragem? Se procuramos nossa segurança a qualquer preço, por que nossos governantes não nos imitam e exigem a sua própria? Por que não temos representantes parecidos conosco? A democracia sem intermediários, com consulta direta na internet, também derivará da paz.

Daí decorre a deterioração do Estado e, mais ainda, da política, antes "dura", em proveito dos três poderes detentores dos três maiores componentes do discurso "doce" que compartilham entre si um lugar ainda mais doce e sem nenhum contrapoder: as mídias pela sedução do verbo e da imagem; a ciência por seu valor de Verdade; o jurídico e a administração pela função interpretativa da linguagem.

Comunicação doce: reequilíbrio pelo imaginário

Os discursos da comunicação ainda avaliam com bastante exatidão as diversas diminuições das relações polêmicas. Aqueles que reclamam dos ataques nas ruas, que deixam dois feridos leves, esqueceram-se das guerras mundiais e das políticas totalitárias que produziram vários milhões de cadáveres? Não me lembro de se falar tanto sobre violência quando ela se desencadeava por todos os lados; para se tornar um problema, é necessário que a violência se aplaque. Sem dúvida o decréscimo desse aspecto "duro" condiciona a violência cada vez mais dura do "doce". É preciso colocar em paralelo a nova era da vitimização e do risco zero com a nova era da comunicação. Esta última propaga menos o politicamente correto, desprovido de agressividade do que o faz a baixa tendencial da própria agressividade, que de maneira diferente condiciona a difusão de quaisquer ordens de mensagens. Tudo se passa como se o homem ocidental contemporâneo individual ou coletivo se protegesse três vezes: de um lado pela transferência sobre os objetos, de outro pelas muralhas compactas dos signos, pelo duro que permite o doce e pelo doce que se multiplica a partir de si mesmo: enfim, pela exportação dos comportamentos mortais para outros países.

Por muito tempo, supus que a violência nos grupos obedecesse a constantes semelhantes às da energia. Da mesma maneira que a mecânica e a termodinâmica fundam suas verdades exatas sobre uma quantidade estável de força dentro do universo, será que a política se fundamenta igualmente sobre um volume permanente de violência nas coletividades? Certamente não posso demonstrar isso, mas, mesmo se escolho esquecer essas idéias pessimistas, continuo a viver e pensar como se pudesse experimentá-las, buscando com isso compreender melhor, preparar e perpetuar a paz. Pela conservação de uma tal constante, pode-se imaginar que as representações sempre mais agressivas das diversas mídias, televisão, romances e cinema, tentam restituir à sociedade, que continua milenarmente sedenta de sangue derramado, os riscos mortais que deixaram de correr e as vitórias que deixaram de ter sobre os cadáveres dilacerados nos antigamente denominados campo de honra. Guerras distantes, massacres em massa, mortes, catástrofes e acidentes cobrem de cadáveres semelhantemente o jornal escrito, oral ou televisivo que, repetitivo e monótono, confunde as "novidades" com a velhice sanguinolenta do mundo; sim, o que há de novo desde os tempos de Caim e Abel? Além do mais, qual o papel que o herói desempenha em quase todos os filmes? Ele carrega sempre uma arma nas mãos, às vezes pune e mata sempre. Indignado com o herói, por sua profissão espetacular, o intelectual critica a carnificina; orgulhoso, será que, com isso, ele promove as causas humanitárias ou se utiliza da piedade e do terror para fazer publicidade de si mesmo como fazem o apresentador, o ator e a emissora de tevê? Ao exibir mortes e guerras o mundo das mídias vangloria-se de contribuir para sua diminuição. Essa demonstração aumenta a audiência e louva excessivamente as lógicas mais antigas, já que Aristóteles afirma que o terror e a piedade são os melhores recursos da tragédia. Após a Idade Média, os únicos que permaneceram discípulos de Aristóteles foram os apresentadores e diretores das redes de televisão; as mídias permanecem entre os raros componentes de nossa sociedade que ainda não aboliram a pena de morte. Daí decorre seu poder extraordinário e sua glória arcaica e pagã.

As *mídias mais produtoras do que tradutoras*

Longe de traduzir a realidade histórica ou social, mesmo que com alguma inevitável distorção, as mídias criam um mundo que nós, bestas virtuais, temos tendência a acreditar que seja mais real do que o real; o espetáculo contínuo de violência e morte nos leva a esquecer que vivemos em paz exatamente desde que a televisão invadiu nossas salas e circundou-as de guerra. Ninguém poderá compreender verdadeiramente esta página nem meus argumentos. Em um tempo que pode ser considerado excepcional pela duração de sua paz, o Ocidente vive coberto por um denso véu de melancolia, que os livros e discursos só reproduzem por meio de sombras. O virtual sombrio criado por seus reprodutores supera de longe as aparências evidentes do cotidiano: não existe lugar de maior ontologia do que esse. Essa obscuridade ocupa as imagens dos privilegiados que vivem dentro de uma realidade asséptica. Os filhos de famílias abastadas se utilizam mais da violência do que as crianças pobres confrontadas diariamente com seus sofrimentos; os miseráveis amam os bons sentimentos, os ricos cultivam os maus, com freqüência sob a denominação científica de crítica.

Quem lamentaria, ao contrário disso tudo, ver crimes apenas por meio de imagens? Mais vale uma corrida anual na qual alguns touros são mortos do que os combates de gladiadores em que alguns homens são massacrados para que outros se divirtam; mais valem as lutas entre heróis raros como os Horácios e Curiácios[62] do que as mortes em massa produzidas por uma guerra total; mais valem o futebol e o rúgbi nos quais os jogadores se defrontam com uma bola redonda ou oval, e dão alguns socos reprimidos pelos árbitros, do que o sangue que corre nas corridas formais de touros realizadas nas arenas; e, para terminar, mais valem os espetáculos simbólicos nos quais os figurantes ficam em pé depois da batalha e em que escorrem torrentes de um líquido qualquer tingido de vermelho. Quem pode negar o progresso social? Quem pode negar a tendência geral que se direciona para a abolição da pena de morte?

---

[62] Sob o reinado de Tullius Hostilius, as cidades rivais de Alba e Roma, em vez de travarem lutas estéreis entre si, preferiam nomear alguns campeões que combatiam em lugar dos exércitos, os Horácios por Roma e os Curiácios por Alba. (N.T.)

Morte e sobrevivência do herói

A não ser pelas guerras que ocorrem em outros lugares, vimos três gerações se sucederem sem experiência viva e direta da guerra, vivendo-a como um espetáculo de desolação que a ética exige ser interrompido? Esses comportamentos são transmitidos às crianças. No passado, durante nossa criação recebíamos até mesmo receitas de sobrevivência em caso de extrema violência e, desde a amamentação, aprendíamos o heroísmo no leite cultural de Homero, Plutarco, Tácito e Cornélio, servido por Hobbes ou Hegel. O herói continuava a ser o modelo que empunhava a espada nos campos de batalha. Quem ainda admira com toda sua alma o fanfarrão inútil cujas façanhas derramam sangue? É preciso identificar no fim da figura do herói uma razão não entendida do desuso em que caem as literaturas? Alegremo-nos com a obsolescência desse fanfarrão. A antiga condição já se efetiva nos cartazes e séries comerciais filmadas apressadamente em Hollywood. Abolimos as bravuras de fanfarrões-matadores como Aquiles e El Cid e, ao contrário disso, glorificamos o herói-vítima judeu ou Cristo.

Façamos a distinção entre dois tipos de coragem, pois ainda resta um herói. Se a fêmea dá e protege a vida, alguns homens, seguramente, mas também algumas mulheres, ainda têm necessidade de lutar diretamente com a morte. Por quê? Não sei, mas vejo da seguinte maneira. A vida só mede o valor das coisas e não pode ser confundida com seu próprio valor; o valor da vida pode ser avaliado com a pergunta: por quem e por que você daria a vida? Responda de preferência qual o valor da morte. Não se trata aqui de matar, ato que confere apenas um poder abjeto cujo desejo partilhamos com os animais de caça, mas de enfrentar diretamente os objetos perigosos: alto-mar, montanha elevada, fortes frios e desertos e também solidão, exclusão, independência de vida, liberdade de pensamento, esse conjunto de obstáculos objetivos apropriados para testar os limites de um corpo comum a todos os homens que somos. Sem essa coragem específica não existe nenhum desafio humano. Faço a inversão do que os naturalistas sabem e afirmam: os animais matam-se entre si e, com isso, perpetuam a evolução. Aquele que não mata mais promove um novo tempo humano. O fim do herói teria um lugar nobre no processo da hominescência?

Existem dois tipos de audácia frente à morte, a dos babuínos e a das cabras, a do capitão Fracasso e do Passa Montanha, cujas fanfarronadas impressionam as galerias; a família dos mitômanos não se enfraquece assim tão facilmente. Quando as duras adversidades de uma vida não são
mais suficientes, procuram-se outras, no mau tempo sobre uma geleira,

aos pés de uma parede vertical ou na travessia de um oceano imenso e turbulento. Muito mais do que o assassino que só reproduz a caça animal, o primeiro viajante a deixar sua sala de estar, para atravessar um maciço de florestas e de altas escarpas rochosas ou o mar, certamente lançou a humanidade em sua própria história; ele enfrentou os objetos do mundo. Sem dúvida ele sabia por que ou por quem. No decorrer de um combate-surpresa a coragem sempre retorna mais uma vez; substituir aquele que mata implica tentar fazer cessar a matança, mas também assumir a responsabilidade de jamais se vingar. Nunca matamos os outros a não ser por medo. O fanfarrão gesticula e se entrega a grandes discursos porque o medo apodera-se de seu ventre e lhe provoca diarréia. Os heróis enfrentam pacificamente situações e objetos. E também a solidão.

Uma causa objetiva: o objeto

Acredito que a causa maior do advento e extensão da paz reside no estatuto hominescente que concedemos ao objeto. Será que o motor dessa longa paz não residiria na proliferação de todos esses objetos que o consumo faz girar a nosso redor como uma enchente, como se deslocássemos sobre esse novo universo objetivo a violência subjetiva que, no passado, só sabíamos transferir a nosso vizinho? Tenho uma inclinação por essa solução. Antes da queda da cortina de ferro tive a oportunidade de ver viajantes soviéticos na América desmaiarem ao entrar nos grandes magazines: seus corpos não suportavam a tensão provocada pelo desejo.

A antiga doutrina sangüinária e as condutas que provocava supõem ou produzem uma filosofia completa de relações entre sujeitos, da qual depende a conduta da guerra: os objetos como tal não existem independentemente a não ser enquanto possuídos por alguns sujeitos. Desde a mais tenra idade só desejamos ou queremos determinada coisa em razão de nossas relações com as pessoas que as possuem. A linguagem diz: as coisas provêm de causas; a primeira dessas palavras provém da segunda. Inicialmente, existem causas a serem defendidas, causas de mal-entendidos, causas a serem reclamadas perante os tribunais e os assuntos que dependem de uma decisão conquistada após um debate, um combate, uma guerra, um processo. À objetividade segue-se um litígio que precisa ser resolvido.

As relações de comparação ou de ciúmes regulam o desejo e o valor. No primeiro paraíso o espírito tentador não descreve a maçã como deliciosa visto que nossos parentes do Éden viviam debruçados sobre as mais deliciosas iguarias, mas a tornam desejável sugerindo que, se eles a comessem, se transformariam em Deus. Não se tratava da fruta, mas de comparar-se ao Outro, a sua grandeza e seu poder, não se tratava da coisa, mas da relação. Toda infelicidade do mundo, toda sua violência, advém da comparação. O objeto mistura-se tanto com o subjetivo, que é necessário entender por riqueza esse objeto-sujeito, esse quase-objeto: mecanismo de poder, fetiche de adoração, mercadoria desejável. Toda coisa é uma mescla dos três. Ainda não existe existência objetiva, apenas relações intersubjetivas. Nossa segurança protege cada vez mais as pessoas, e nós produzimos cada vez mais coisas. Invertemos as mais antigas relações entre esses dois termos.

Os *animais políticos*

Observem, por exemplo, os dingos, tigres ou chipanzés alimentarem-se quando a caça ou a coleta terminam. Nenhum deles toca um só pedaço antes que o animal dominante o faça. Depois de comer, ele, e apenas ele, decide quem vai ser o próximo a se alimentar e o seguinte a esse. Sua sociedade é constituída por essa seqüência de poder e violência. O social encadeia-se e se hierarquiza por essas seqüências. A presa ou a banana, que aqui exercem o papel de objetos que passam de um ao outro, só existem pela graça ou pelo poder da hierarquia. Não existe maior tesouro do que aquilo que o chefe designa como tal e permite ao outro alcançar e consumir. O desejo aumenta com a espera seqüencial e produz nela todos os tipos de disputa possíveis, rapidamente abafadas pelo poder do chefe. Este acende a fogueira da inveja para melhor apagá-la. Como capitão supremo dos exércitos diante da cidade de Tróia, Agamenon[63] dirigiu dessa mesma forma a partilha do butim arrancado ao inimigo. A guerra, a rivalidade e a inveja que ele instigou no interior dos pequenos reinos gregos precederam a guerra exterior contra os troianos e explicam a disputa dos dois chefes apaixonados pela mesma Helena, butim-puta, causa da guerra, coisa bela, objeto-sujeito.

Os animais e seus sucessores humanos, confinados inteiramente no intersubjetivo absoluto, na política exclusiva, não possuem objeto, salvo os

[63] Agamenon, filho de Atreas, irmão de Menelau, marido de Clitemnestra, rei de Mecenas e chefe das hostes gregas na Guerra de Tróia. (N.T.)

que já estão incluídos no poder de um só, enriquecidos pelo ódio recíproco. As delícias da presa, a beleza de Helena e os ouros do butim só tinham brilho quando olhados pelo ardor dessa inveja. Entendam por política, ou relação de poder, a manipulação dessa violência e o monopólio de suas leis. Aqueles que partilham ou se apropriam dessa violência definem a própria existência e o valor do objeto. As estratégias relacionais precedem as condutas objetivas. Na evolução hominiana o saber e as práticas do intersubjetivo e de suas estratégias precederam todo saber e toda prática objetivos: as ciências sociais precederam as ciências duras. Quanto mais houver política menos haverá objeto. Ao contrário disso, à medida que o objetivo cresce a política decresce. Quanto mais rivalidade houver menos haverá objeto. A guerra decresce com o advento da existência objetiva? Sim.

O *homem, animal objetivo*

Não, não somos animais políticos; sim, os animais permanecem políticos, e nós, que há muito tempo os seguimos, lentamente nos tornamos animais objetivos: o objeto como tal cria o que na hominescência deixa a animalidade. Confinados no intersubjetivo, nas masmorras da co-evolução, os animais não possuem objeto, possuem somente *Lebenswelt*, um mundo vital de nichos e presas, daí sua redução ao tempo da luta cuja mortal crueldade fez o próprio Darwin chorar. Quem foi o primeiro a delimitar um nicho e a dizer: este me pertence? Todos os seres vivos e há milhões de anos. Para sua defesa, a continuidade desse gesto pressiona arcaicamente a co-evolução. Por muito tempo fomos, e ainda freqüentemente continuamos a ser, animais políticos, os Agamenons, os Ajax, os Aquiles, pequenos chefes despóticos rodeados de guerreiros, vizinhos da genealogia de animais, que babavam de inveja quando o sabre era desembainhado. Não foi facilmente que saímos da animalidade. Ainda que nada saibamos sobre isso, tudo começou muito antes da Guerra de Tróia, sem dúvida desde nossa própria emergência no Oeste africano, e durou até a explosão de Hiroshima, ainda que não possamos esperar que esse derradeiro quase-objeto, assim considerado porque abarcou todo o horizonte, finalmente tenha ressoado como objeto-mundo e que com ele tenha chegado o fim definitivo das lutas bestiais. Mesmo assim ele pode ser considerado um instrumento social admirável.

Derradeiros circuitos e visita aos lixões[64]

Tento descrever o processo no decorrer do qual lentamente nos convencemos de que os objetos existiam independentemente dos sujeitos. Pelo menos durante dezenas de milhares de anos fomos conduzidos por um circuito intersubjetivo que se retroalimentava, persuadindo-nos, graças a seu movimento espiralado, de que os bens deveriam ser partilhados, visto que o conjunto dos objetos reduzia-se à soma daquilo que o conjunto dos sujeitos detinha. Era necessário fazer guerra para conquistar uma parte desse lote finito, definido pelo número de seus detentores, e tanto mais desejável quanto maior fosse esse número e mais intenso o ardor da luta. Será que existe hoje um circuito objetivo inverso que nos conduz e que, espero, se auto-alimente, persuadindo-nos, em princípio, de que os bens objetivos existem em número infinito independentemente de nós e de que podemos produzi-los à vontade e em grande quantidade? Em conseqüência disso, a abundância dependeria menos da paz, assim como a paz não seria recorrente da superabundância dos objetos. A paz seria o resultado do fim da raridade dessa superabundância?

É preciso ter vivido uma vida despojada e austera, antes do início desse súbito crescimento do consumo objetivo, ou ter vivido um longo tempo em países pobres ou nos desertos para mudar um pouco a concepção que temos da riqueza. Não, não se trata somente de valores relativos à escala da posse, seja de bens imobiliários, financeiros, bursáteis, bancários ou de jóias, mas da quantidade bruta de objetos disponíveis, mesmo que nós não os possuamos. No decorrer da última metade do século o gradiente máximo de mudança referia-se justamente a esse número produzido pelas indústrias, pelas técnicas e pelas ciências. Escritores e poetas como Ponge e Pérec começaram subitamente a falar de objetos como esses.

Passamos da raridade à inundação excessiva, o que provoca inquietude em relação aos dejetos produzidos. A abundância é tanta, que arriscamos amanhã a nos afogar num mar de latas de lixo e na frota de *maries-salopes*.[65] Na periferia das vilas, dezenas de hectares cobertos por lixões merecem mais que quaisquer outros o nome de lugares de desterro. Em

[64] *Champs d'épandage* no original: locais nos quais se purificam as águas dos esgotos, por um processo de filtragem ou onde se joga o lixo. (N.T.)

[65] *Marie-salopes*: embarcações de fundo móvel destinadas a transportar os produtos da dragagem para o alto-mar. (N.T.)

Parmênides, o mais lógico e metafísico de todos os seus diálogos, Platão, ao perguntar sobre a possibilidade de se formular a Idéia de uma dejeção, toma como exemplo os detritos da terra e do corpo, o cabelo, o lodo e a sujeira. A partir de então, desenvolvemos muitos hábitos de limpeza, até mesmo para ignorar esses detritos, mas acabamos substituindo os exemplos de Platão por nossos detritos e dejetos. O novo corpo higienizado, a nova agricultura sem muita impureza, a nova vida esquecida da morte e as comunicações sem obstáculos, todos eles transferiram para as descargas e os depósitos o que nossas filosofias não podem conceber como idéia. Nessas paisagens, infelizmente vazias de filósofos, mas cheias de fumaça e fedor, exércitos de ratos belicosos mostram uma imagem revertida de nossa nova paz.

Quando os objetos substituem os sujeitos, os lixões substituem com vantagens os campos de honra; o que vocês preferem, depois da batalha? Os conjuntos de cruzes baixas e brancas a perder de vista, alinhadas como se ainda estivessem obedecendo à ordem de sentido, ou essas planícies caóticas de imundícies? Aqueles que ainda gostam de combater assemelham-se aos ratos gigantes e cruéis engordurados pela imundícies que reinam sobre o que lhes parece altamente desejável. Nossa velha história permanece nos lugares em que o cogumelo atômico espalha fagulhas fuliginosas, em que corre essa ignomínia, em que todos nossos objetos-mundo reunidos sobre o perímetro do horizonte iluminam e dominam essas miríades de imundícies.

Fim da perpetuidade?

Antes que os desclassifiquemos, são esses objetos que sustentam nossa existência, nos transportam, cuidam de nós, melhoram nosso conforto, acalmam a dor, calculam por nós, lembram-se das coisas em nosso lugar, comunicam-se sem nós, ocupam e constroem nossas casas. Em meu entender, mesmo o aumento da esperança de vida passa por uma abolição objetiva, relativa e progressiva da pena de morte. Como querem vocês que esses objetos não acabem por nos defender inteiramente?

Visto que a bomba atômica culmina como um derradeiro quase-objeto que ocupa todo o horizonte do desejo humano — soma de todas as *marie-salopes*, derradeira lata de lixo, lixão universal — nós também faremos a guerra sem os homens, apenas com os objetos? Certamente. Os serviços pós-venda dos comerciantes de armas — quando comparecerão eles frente aos tribunais internacionais acusados de crimes contra a humanidade? — perfeitamente organizados para o comércio e a publicidade depositarão seus produtos infernais sobre os campos de batalha depois de terem aperfeiçoado seus delicados mecanismos para fazê-los explodir em lugares afastados. Esse exército profissional enviará para a aposentadoria todos os conscritos igualmente condenados, como os gladiadores de outrora. A abolição da pena de morte terá atingido seus próprios executores.

Quando terminará essa tão longa paz? Com a guerra, certamente. Quando hoje as empresas roubam os laboratórios, a política intervém na escolha e no financiamento das pesquisas, os próprios cientistas esfaimados de glória falam nas mídias apenas aquilo que convém a seu renome, a seus interesses ou aos interesses de seus grupos de pressão, e nossa sociedade continua ávida por restabelecer relações subjetivas nos meios de relacionamento objetivo, ela não será mais protegida pelo objeto, esse guardião da paz. As forças oriundas dos tempos evolutivos estão dentro de nós, sempre vigilantes, para nos reconduzir às eras sangrentas do poder que se processa ao longo do combate. Quando amanhã pela manhã esses poderes tiverem vencido, sem dúvida a guerra mundial chegará novamente e custará, como habitualmente, infinitamente mais caro do que o preço que os ricos poderiam ter pago para evitá-la. Sob a pressão de seus interesses imediatamente conjugados às esperanças daqueles que se tornaram seus adversários, ela retomará os milhares de homens desfavorecidos, a quem nossas injustiças impediram de partilhar conosco a esperança tão próxima quanto frustrada, dessa possível paz perpétua, que constitui doravante um estádio tangível do processo de hominescência.

Projetos perdidos e reencontrados

Que nossas sociedades não tenham mais projetos, que pareçam acreditar em conceitos tão ocos como o fim da História, numa era pós-moderna ou num presente perpétuo, que não concebam celebrações perpassadas de lembranças e nostalgias, a não ser em museus, que a escrita dos doutos perca o poder social frente às múltiplas mudanças abandonadas às tristes reflexões, nada de mais normal nisso, visto que todos os projetos que eles conceberam e executaram no passado partiram de guerra, pilhagem, extermínio, invasões e imperialismo. Seus pensamentos, em geral, não tinham qualquer objetivo, confesso ou secreto, que não fosse o acontecimento do *Homo terminator* ou do dominante? Existe uma droga mais pesada do que o sangue derramado? Nossas sociedades, embotadas e embrutecidas pela súbita paralisação de um tempo calculado sobre sua expansão narcótica, parecem tolerar a supressão da pena de morte, tão generalizada que atinge o soldado, o capitão do navio, o vencedor e a vítima, o viajante que atravessa o oceano, o transeunte que alcança o cruzamento, o carpinteiro munido de seu capacete, o mineiro e o alpinista, o rei e o político, o grevista e a luta de classes, Marte, o guerreiro, Júpiter, o chefe, e Quirino, o trabalhador, em suma, o mundo todo e a própria vida. Não seria falta de piedade forçá-los a se acusarem mutuamente de decadência frente a essas vidas e a esses novos corpos, ao valor infinito, a esse perdão universal, à morte da própria morte, a essa paz? Como aceitar o fato universal de que a maior parte dos homens não tem direito à abolição geral da pena de morte, no próprio momento em que ela ocorre?

Encaminhamento

Um belo canteiro para a filosofia: pensar um tempo sem dialética, construir uma história alicerçada na vida, criar valores purgados de ressentimentos, generalizar a paz. A paz jamais advém de protestos violentos contra a violência, mas pela conversão da agressividade em energia mobilizada sobre um projeto. Certamente, ela não pode ser considerada um objetivo, ou melhor, ela não representa um fim a não ser em tempos de guerra. Uma vez em paz, o que fazer? A paz em si mesma reduz-se a um meio. Para qual projeto? Inicialmente para partilhá-la, pois só uma minoria de homens dela desfruta atualmente. Esse trabalho sem dúvida ainda levará séculos.

Se a violência se propaga confortavelmente tão rápido e tão longe que sua extensão pode passar por sua própria definição, se suas representações e, mesmo, os protestos calorosos contra ela servem objetivamente a sua disseminação, propagar a paz consiste em retomar o curso da entropia e, portanto, o tempo de sua queda. Essa inversão define o trabalho, a invenção inesperada e o pensamento em geral que remontam ao caos mortal e ao fluxo de sangue. Projetá-la em seguida sobre o mundo inerte e sobre os seres vivos com os quais travamos uma guerra universal, redigir um Contrato natural de simbiose são os deveres do filósofo. Nesses começos ele deve empenhar-se em conceber esse trabalho e esse pensamento, esse novo discurso factível, em construir outra história, em retornar aos novos tempos.

DATAÇÃO

Naquele mês aconteceu uma revolução mundial ou, pelo menos, ocidental, que não era dirigida a qualquer pessoa em particular nem reconhecia nenhum adversário. Nem o marxismo, nem a esquerda compreendiam seus mecanismos, um abalo no mundo que se acreditava político e cuja análise política não compreendeu nem explicou qualquer gesto ou ação. Não houve, aliás, nenhuma ação. O que aconteceu então em maio de 1968? Certamente nada, a não ser o nascimento desse novo mundo sem nenhuma relação com qualquer outro mundo desde o começo dos homens e das sociedades. Todos os indícios demonstram de fato que essa data, 1970, para arredondar os números, produziu uma ruptura no século e talvez em nossa História; o acontecimento lhe escapou.

Marte e Quirino, de novo

Em meados do último século, as bombas atômicas impuseram uma força de dissuasão cujo efeito não afastou apenas a intervenção de um tipo de inimigo determinado, mas o conflito em geral como meio de resolver crises ou tensões. Um conflito mundial máximo custaria a eliminação da espécie. Decorridos três quartos de século, será que um certo passado guerreiro nos abandona?

Estamos no epicentro de outro cisma maior, aquele que transformou as relações do Ocidente com a terra, com a produção, com as trocas, com a riqueza, com o consumo e com o conforto, enquanto a sombra de Karl Marx desaparecia em meio às convulsões de superfície, projetada pelas fornalhas de uma indústria desaparecida. Este livro demora a descrever a parte menos conhecida e, em minha opinião, a mais profunda desse segundo abalo. Oriunda da juventude cristã agrícola, minha geração, uma geração nova de cultivadores, e só me refiro neste momento à França, entrou em conflito com a antiga geração em razão de novos problemas colocados para as maneiras culturais e provocados pela mecânica, agronomia, biologia e bioquímica. O êxodo rural deportou para as cidades a maior parte das famílias e, em algumas décadas, revolucionou as porcentagens milenares de nossas populações e nosso arcaico relacionamento com a terra. No meio do século, por sua vez, o segundo fragmento de nosso mais antigo passado nos deixa. Notem que a expressão "revolução verde" também data de 1968; para sair da França, M.S. Swaminathan, geneticista dessa geração, afirmava que seu país, a Índia, era auto-suficiente em matéria alimentar desde 1975; de forma geral, no mundo inteiro os acontecimentos eram semelhantes.

Mesmo a coletividade mais enraizada no arcaísmo hereditário reverte suas relações internas. Enquanto, sem dúvida, desde o neolítico, na fazenda o velho comandava os jovens silenciosos, nos anos 50 o filho passa a se fazer ouvir pelo pai, que não percebe a súbita chegada do novo mundo, assim como de uma hora para outra o general começa a ouvir mais o novo tenente, que agora é engenheiro atômico; o economista deflacionista da Terceira República passa se preocupar com o súbito crescimento, a inflação e o consumismo; e o cardeal se inquieta frente ao que o vigário dos subúrbios pretende fazer. De repente, os jovens, ao fazerem uso rigoroso da razão, persuadem os velhos a entender que suas experiências não tinham mais valor. Mais um choque ainda, o filho não quer mais morrer.

Os acontecimentos históricos precipitam-se: a partir de 1959 na Bretanha começam as reuniões e tumultos nas ruas; no dia 8 de junho de 1960, milhares de agricultores invadem a Prefeitura da cidade de Morlaix. O movimento estende-se por toda a França. Como é possível que nos lembremos com tanta acuidade da revolta dos estudantes e das desordens sem ferimentos e esqueçamos da revolta dos criadores de animais que, em 1967, faz centenas de feridos em Redon, Quimper, Rodez e nos Baixos Pireneus? Prova de que, naquele tempo, já estávamos perdendo a terra, da qual no passado todos participávamos, enquanto o que ali acontecia anunciava o futuro.

Júpiter, cada vez mais

Três cismas portanto: o primeiro atinge os relacionamentos de violência entre os homens e sua solução multimilenar por meio da guerra; o segundo, a economia, a produção e as trocas agrárias; o terceiro, a religião, a cultura e a educação. Do Concílio Vaticano II aos problemas universitários de 1968, trata-se de um único e mesmo fenômeno? Sim. Vejamos por quê. As ciências físicas sozinhas fizeram avançar nosso poder destrutivo até o limite; em especial, as ciências agronômicas, biológicas e químicas, que aumentaram a produção agrícola a ponto de esvaziar de homens os campos ocidentais. No fim das contas o conhecimento das ciências exatas move as convulsões do século; mas ele não as determina senão depois de passar por uma evolução mais profunda dos corpos e do mundo.

Nem os agricultores, nem os estudantes, nem ninguém vive mais na mesma cultura de seus predecessores — conservamos a mesma palavra para os dois sentidos, tanto que ainda nos recordamos dela. Esperando as biotecnologias, a agroquímica e a agrobiologia opõem suas revoluções verdes às tradições dos modos culturais, da mesma forma que as múltiplas revoluções científicas desafiam a memória cultural. Assim como para o planeta Terra, existe também para a História e as formações sociais uma tectônica das placas que governa esse tempo coletivo tão complexo, sombrio e mudo como o tempo das coisas. Este é o assunto deste livro: quais são as placas tectônicas que se movimentam mais profunda e lentamente sob nossos pés e que as rupturas históricas e superficiais anunciam como se fossem vulcões?

Mesmo que um século assista à intensificação universal de todos os seus conflitos, a ponto de atingir o máximo de horror por um mínimo de utilidade, a ponto de anular até mesmo seus efeitos sob o emprego atual da arma atômica e que, apenas por uma visão curta, depois de tal explosão inútil de violência, os detentores do poder de destruição absoluta ainda enxerguem a guerra como a única solução possível para as crises; mesmo que o mesmo século presencie a única Igreja universal, e não somente por nome, proceder de 1961 a 1965 a sua mais importante atuação desde sua fundação bimilenar e que, logo depois, a partir de 1966 os agricultores ocidentais entrem numa crise na qual, além de tudo, perderam seus poderes efetivos, é preciso rememorar, mesmo diante dos limites da história escrita, que, desde o neolítico, o cultivador, o padre e o soldado têm-se mantido continuamente em nossas sociedades e concluir que nosso relacionamento com a terra, com a violência e com o sagrado atingiram as placas mais baixas e mais lentas no tempo; que elas se movem enquanto os tempos históricos renovam seu *décor*. Que, além disso, as novas tecnologias transformam o laço social, e que realmente nos encontramos frente ao mais violento cisma produzido desde cinco mil anos atrás. Os problemas de 1968 são resultantes das repercussões desses três choques maiores, mais possantes do que eles, mas da mesma família. Trata-se menos de história do que de antropologia e menos de antropologia do que de evolução.

O século XX marca o fim de um certo reinado de Marte, guerreiro tradicional que alcançou seu poder máximo e foi levado em direção a novas soluções, de Quirino, produtor agrícola ancestral para quem a abundância avizinha-se da miséria e sucede a raridade, e de Júpiter, sacerdote estável no tempo; a trilogia dos ancestrais e dos deuses mais velhos desaparece. Não produzimos ou trabalhamos como o fazíamos, não mais nos batemos à maneira de nossos ancestrais, não sabemos e nem oramos mais com a mesmas certezas nem com as mesmas esperanças que eles. Da mesma forma que os vulcões colocam em curto-circuito a superfície da terra e suas entranhas incandescentes e tenebrosas, essas mudanças tão decisivas descobrem as origens que esses novos acontecimentos receberam dos mais loucos arcaísmos e dos quais sofremos as queimaduras. Essa tectônica, cujas placas do rito, da rixa e do fruto deslizam e se quebram umas sobre as outras, constitui o que denominamos infra-estrutura não mais fixa, mas evolutiva.

Mundo estranho, velho e novo, onde os contemporâneos amedrontados frente ao novo perdem-se entre os arcaísmos que retornam e que, com freqüência, predominam. Uma renascença assim tão perigosa entusiasma e me torna otimista e positivo como sou e fui, testemunho e ator em meio às convulsões das quais agora percebemos a unidade: o fim da agricultura, no sentido mais antigo, a guerra e os campos da morte, a escalada em poder das economias da comunicação, a crise do saber e do ensino.

O *que se passou em* 1968?

Experimentávamos o poderoso sentimento de que o antigo mundo desabava sem que ninguém o tivesse empurrado para o nada; não tínhamos nem inimigos, nem adversários, e ninguém contestava a emergência do novo mundo, salvo as elites e a maioria, cegos como sempre. O acontecimento de Maio desapareceu tão rapidamente quanto chegou, como se nunca tivesse existido; a rotina parecia ter sido retomada. Mas logo se tornou evidente que nada iria continuar a ser como antes. A razão dos filhos suplantava a razão dos pais. A novidade já tinha envelhecido.

Eu a conhecia desde os anos 50. No início dos anos 60, eu havia elevado Hermes, deus da comunicação, à dignidade filosófica; certamente eu pressentia a queda de Prometeu, mas sobretudo o fim do neolítico. Para exprimir melhor meu pensamento, volto a uma década ainda anterior, a que precedeu a Segunda Guerra Mundial, de onde vêm minhas primeiras e mais confiáveis lembranças. Desde então, posso testemunhar que, daquela época, não existe mais nenhum gesto de semeadura ou de bênção, nenhum ato médico ou político, nenhuma profissão, ferreiro, comerciante de atacado e varejo, seleiro, veterinário empírico, nenhuma idéia social, sexual ou pedagógica e que, de forma inversa, não posso repor nenhuma atitude, gesto ou idéia atuais nesse contexto mais do que antigo. Ignoro o meio de traduzir um mundo no outro, mundos que não têm em comum qualquer paisagem, urbana ou rural, pouquíssimos tecidos, nenhum calçado, poucos alimentos e, sem dúvida, nem mesmo um sentido. Nós, que amaldiçoamos em prosa e verso o sineiro e as badaladas regulares de seu relógio, não teríamos suportado três minutos do barulho provocado pelos motores e pelos amplificadores de rádio-freqüência. Paisagistas porque camponeses, teríamos nós aceitado o horror recente das entradas das cidades?

De uma maneira precária, essa quase pré-história manteve-se exatamente até os anos 60. Terminou no fim daquela década na qual o polineísmo alcançou o limite de percolação, no sentido que dei a essas palavras. A agonia do velho mundo, cujo começo remonta, sem dúvida, ao momento em que a humanidade inventou a agricultura ou, mesmo, ao momento em que se formou o corpo humano, tal como o vestiam os camponeses de meu país, ocupou meio século, de 1938 a 1968, o breve intervalo que separa a guerra da Espanha da chamada revolução estudantil, se queremos falar como os historiadores. A explosão das duas bombas atômicas, a erradicação literal dos agricultores, o aparecimento do novo corpo humano e de suas relações com um planeta doravante global pontuaram esse intervalo, sob o efeito das técnicas e das ciências objetivas, física, química e biologia.

A *perda do político*?

Nenhuma dessas etapas leva em consideração o político, muito menos ainda o econômico; todos se apegam às invenções oriundas das ciências duras, gênio atômico, teoria da informação, farmacêutica e biologia, que afetam as variáveis físicas ou vitais, mergulhando-as na evolução; 1968 mostra o corpo em sua glória e percorre o mundo inteiro; todos cantam e riem, isso é tudo. Apenas alguns grupos atrasados, matracas na mão, imitam os fascistas e os stalinistas. Formado em economia e em política, à procura de debates e adversários, o historiador compreende mal essa manifestação súbita sem dialética nem luta de classes, sem mecanismo eletivo nem representativo, sem oposição real, esse movimento revolucionário sem revolução. Ao se manifestarem em nome de ideais políticos exóticos ou antigos, sem relação com as condições reais, os atores do movimento não conseguiam compreender melhor; sem saber a quem nem a que se referir, acreditam-se na China contemporânea ou na Rússia czarista do início do século. O acontecimento excedeu amplamente a leitura dos diretores, dos executivos e dos cronistas. Aparentemente, de um modo justo e legítimo, acabou por desprezar aquele não-acontecimento, logo qualificado de espetáculo pelos menos ingênuos.

Como minimizar, entretanto, a importância de uma data que atingiu o universo e que pela primeira vez testemunhou a emergência de ações e opiniões mundiais uma vez que, naquele momento, poucas capitais deixaram de reagir? O que significou então um não-acontecimento universal? Sem dúvida, uma circunstância cujas informações, condições e expressões ninguém conhecia. Na verdade, ela ultrapassava a História da forma como a concebemos. A história referia-se às datas que precederam a agricultura imemorial, a escrita arcaica, a velha medicina, a política antiga e a economia tão tardia. Traduzia a liberação das constrições corporais, das condições espaciais da comunicação dos contextos locais de ação tecnicista, das antigas dependências em relação a coisas que não dependiam de nós e que, desde então, passaram a depender: o corpo subjetivo, o mundo objetivo e os outros ou o coletivo. Com atmosfera festiva, de liberação, chegava a hora da nova liberdade que não seria conquistada com a destruição do poder pessoal, coletivo, em resumo, humano, preliminar, mas que constatava que as alienações passadas, físicas e vitais haviam desaparecido. Mesmo nos momentos em que os estudantes gritavam "tudo é política", nada mais o era.

Desde então, Júpiter, Marte e Quirino, por sua retidão indo-euopéia, ainda mascaram a verdadeira amplitude do acontecimento que constatou a morte desses três deuses. De amplitude mundial, física e biológica, esse acontecimento ultrapassa a política, a economia e a História, e afeta o relacionamento da hominidade consigo mesma, com os outros e com o mundo. O acontecimento atinge o processo da hominescência. Sem o saber, maio de 1968 data-o pontualmente.

Generalização

Todo o século e sua longa fila de abominações mostram muito mais, e num palco mais amplo, o que este invisível e inocente ponto terminal tornou visível. O suicídio cínico da Europa em 1914; a mundialização da guerra; a erradicação dos camponeses nos chamados países ocidentais, supressão iniciada por seu sacrifício inútil durante o primeiro conflito mundial, a devastação dos países coloniais, os totalitarismos gêmeos da União Soviética e do fascismo em suas três versões franquista, fascista e nazista, que dominaram o século e a Europa de 1917 a 1989; a solução final e os campos de extermínio, as bombas atômicas de Hiroshima e de Nagasaki; o nascimento e a morte do Terceiro e do Quarto Mundo; a farsa gigante das subculturas oriundas inicialmente das ideologias totalitárias e, em seguida, do capitalismo dos Estados Unidos, este último tão imensamente saturado de dólares, que deixa a humanidade faminta, cobrindo-a de desgraça. Essa série de horrores que faz do século XX um dos piores séculos da História, pelo menos por sua eficácia, mostra-se hoje para mim como um conjunto de turbulências que de modo desordenado resistiram ao processo irresistível da hominescência, revolucionando os saberes e a eficácia das práticas, os corpos, o planeta e as relações humanas.

Como a reação permite que se avalie a ação, essas regressões medem a transposição de limites extraordinários. Será que foi observado o paralelo existente entre essas rupturas — em parte devidas às partículas e ao deciframento do genoma — e as condenações da física por Lenin e da genética sob Stalin? Teriam eles medo de causas verdadeiras? Ainda se observa a redução da ciência à política sob regimes totalitários nazista e stalinista da mesma forma que sob o pensamento politicamente correto de nossos dias? Quando mudou nossa relação conosco mesmos, com a dor, com a alimentação, com a reprodução, com a terra? Quando foi que se transformaram nossos laços com os outros, com as pessoas, com os grupos, com as sociedades ao mesmo tempo que com o mundo? Em contrapartida, todas essas ações causaram choques reativos de tal proporção, que ninguém pôde resistir a uma incitação repentina que ninguém compreendia. O progresso das ciências na Renascença e a redefinição do homem dela resultante não se produziram ao mesmo tempo que as guerras religiosas na França e dos camponeses na Alemanha, que a Reconquista espanhola e os crimes cometidos na recém-descoberta América? Sobre o leito de um rio formam-se turbilhões cada vez mais violentos e espirados à medida que a subida das águas das enchentes se torna incontrolável; o avanço lento das placas tectônicas sob a terra explica as erupções e os sismos. Este livro se refere, com freqüência, às novidades locais nas ciências e técnicas que subitamente repercutiram sobre o conjunto da sociedade e que desencadearam retornos extraordinários em direção às eras antigas. Último circuito: assim, e de maneira indireta, o processo de hominescência desencadeou essas guerras e essas violências e, inversamente ou em sua turbulência, induziu nossa nova paz.

Prescrição

Nesse século XX que já se acabou, alguns homens de decisão de que tenho lembrança, seus colaboradores e bajuladores sem dúvida não contraíram mais alianças com o mal, a morte e a infâmia do que os de hoje em dia nem do que os régulos de outrora, mas um imenso fluxo de acontecimentos, do qual nem os políticos, nem os filósofos tinham consciência naquela época e dos quais nós mesmos não temos ainda uma noção clara, reduziu-nos todos ao aniquilamento. Nem mais, nem menos homens do que os antigos ou do que os contemporâneos, eles se tornaram, por seus enormes crimes, atores e vítimas de uma convulsão moral e social que se situa tão acima da estiagem da História, que ela atingiu esse limite de alerta que eu distingo por intermédio da hominescência. Por não poderem mudar de condição homínica nem gerar com prudência e sabedoria outro fluxo de resultados, eles cometeram os piores crimes.

No anoitecer de minha existência, e dada a amplitude dessa convulsão, peço que nossa geração os perdoe, mesmo que tenham destruído nossa infância, saqueado nossa juventude, com freqüência tornado dolorosas as escolhas solitárias de nossa idade madura e deixado em nossas vidas e nossa liberdade de pensamento uma ruptura que nunca mais cicatrizará. Que pelo menos a prescrição, fundamento da justiça humana e do direito, recaia sobre eles.

CIÊNCIAS E CULTURAS

Suponhamos que, segundo seus méritos, encontrem-se no Céu ou nos Infernos as almas do médico grego Hipócrates, de Aristóteles, primeiro filósofo da vida digno desse nome, de Galeno, seu equivalente latino, e as de Ambroise Paré, Laennec e Pasteur, nossos modelos históricos em clínica e terapias, para travar uma discussão acerca das doenças e da saúde. Para agirmos educadamente, acrescentemos a esse grupo Bordeu que, segundo Diderot, cuidou de d'Alembert, e o médico húngaro Semmelweis. Apesar de suas culturas diferentes, dos séculos que os separam, das experiências e descobertas que distinguem o saber e prática de cada um, nada disso impedirá que eles se entendam e que debatam sobre suas preocupações acerca de um mesmo objeto, porque todos compartilham uma mesma visão sobre os seres vivos. Como todos mantinham relações mais ou menos próximas com a filosofia de seu tempo, podemos instintivamente considerá-los humanistas, especialistas em animais estranhos dotados de linguagem e trespassados pelo sofrimento.

Suponhamos que um cientista contemporâneo, bioquímico, prêmio Nobel posterior aos anos 70, desejasse juntar-se a essa conversa de além-túmulo. Catástrofe: a conversa se interrompe. Nem Darwin, convidado suplementar, nem Pasteur, primeiro perito em micróbios, nem mesmo os biólogos do início do século XX entenderiam absolutamente nada sobre a polimerase do ADN, sobre a quinesina, ou mesmo sobre as imagens obtidas por ressonância nuclear magnética; inversamente, apostemos também que esse suposto prêmio Nobel compreenderá, por sua vez, muito pouco as argúcias lógicas de Galeno ou os sonhos de Bordeu. Como um iceberg se separa de sua geleira, afirmo que o saber do cientista mais moderno se afasta bruscamente do bloco comum e contínuo constituído antes dele, que se ocupava com a compreensão global e milenar concernente aos pacientes, aos homens e às relações causais com o sofrimento. Ele rompe com a história que o liga a seus predecessores. Não temos e nem conhecemos mais o mesmo corpo.

Posso imaginar e depois encenar esse mesmo diálogo dos mortos, reunindo astrônomos ou especialistas das ciências da Terra com o mesmo resultado. Ptolomeu, o último geômetra grego a esboçar um modelo de céu, Copérnico que, contra ele, colocou o Sol no centro dos planetas, Galileu, cuja luneta mirou os satélites de Júpiter, Newton, autor da lei da atração universal, Laplace, que confiou na estabilidade do sistema solar, e Poincaré, que a abalou, todos eles percebem e pensam o mesmo mundo ainda que, dos epiciclos do primeiro à teoria nascente do caos do último, a ciência como um todo mudou durante os dois milênios que os separam. Humanistas, próximos dos grandes debates filosóficos de seu tempo e, por vezes mesmo, constituindo a própria fonte deles. Embora não o declarem, eles se compreenderão entre si porque concordam a respeito do mesmo objeto, ou seja, concordam sobre os movimentos que ocorrem num sistema. Eles compartilham da mesma visão, mesmo quando discordam completamente da visão do vizinho. Como dizem os doutos, eles certamente mudaram de paradigma, embora no interior do mesmo mundo. Poderão não entender nada a respeito das idéias do astrofísico que chegou posteriormente ao debate, porque ele se preocupa com buracos negros e sobressaltos dos raios gama, que designam como horizonte o grande atrator fervilhante de galáxias situado na realidade profunda do universo a milhões de anos-luz; eles não conseguiriam visualizar nem mesmo o clarão que emana dos segundos anteriores ao big-bang. Um abismo os separa. Nós mudamos o céu.

Que eu saiba, Eratóstenes, o primeiro que mediu a circunferência da Terra tomando como base as sombras dos quadrantes solares existentes na Grécia e no sul do Egito que se formavam num mesmo solstício, se entende igual e perfeitamente com Mercator, cujos mapas renascentistas ofereciam aos navegadores a melhor segurança contra o naufrágio na costa, com Leibniz, diretor das minas do Harz, que extraiu os primeiros fósseis dessas profundidades, com Buffon, que calculou a idade da Terra a partir das balas de peças de artilharia encontradas nas oficinas de fundição, com Lyell ou Júlio Verne, cujo herói imaginário viaja ao centro da terra. Em contrapartida, todos eles, o cosmonauta, que com admiração extasiada, viu e fotografou a humanidade inteira que constitui o planeta azul, o geofísico que, com seu batiscafo, observa uma erupção submarina que ocorre a cinco mil metros, o teórico da tectônica das placas que explica vulcões e terremotos pelo deslizamento dessas massas espessas e lentas, só ouvem seus predecessores através das brumas de uma pré-história e falam uma língua que estes também não compreendem mais. Vivemos dificilmente sobre a mesma Terra.

Escutemos agora nesses mesmos Infernos as conversas de escritores e filósofos, políticos e comerciantes que, de novo, convidam médicos, astrônomos e geólogos, e mais advogados e professores, todos eles na flor da idade por volta de 1900. Junto deles encontram-se, por exemplo, Hesíodo, autor de *Os trabalhos e os dias*, um agrônomo latino qualquer, como Columel ou Varrão, que inspiraram as *Geórgicas*, ou que foram inspirados por ela, um servo iluminado da Idade Média criado pelas *Três ricas horas do duque de Berry*, um agricultor das idades clássica ou romântica, saído do quadro *O anão*, de uma teoria de Say, de Turgot ou Adam Smith, ou das narrativas de Marivaux, Goethe, George Sand ou Zola. Que eu saiba, todos os homens de decisão modernos poderão debater com os camponeses oriundos de quaisquer época acerca de trabalhos, estrumes, sementeiras de outono, modos culturais específicos à vinicultura, maneiras de tratar as vacas, dificuldades para alimentar as abelhas ou submeter os jumentos. Todos eles manifestarão as mesmas inquietudes sobre os caprichos do tempo, das chuvas excessivas, da longa seca, dos granizos de verão ou dos invernos da lua de abril, e isso porque todos esses fenômenos possuem a mesma natureza, a mesma relação com o trabalho do solo desde o neolítico, quando, como por um milagre, em seus próprios habitats, espécies vegetais e animais adentraram a domesticação. Essa primeira significação da cultura fez com que nos aproximássemos ainda mais do humanismo, porque, mesmo se um criador do deserto do Saara ou um rizicultor asiático se metessem na conversa, quem poderia acreditar que ele se sentiria inteiramente desenraizado? Nos dias de hoje, um grupo semelhante de homens responsáveis oriundos das escolas, que sabem, comandam e administram, deve, pelo menos, tentar descer aos Infernos a fim de encontrar um agricultor qualquer: eles não possuem mais nenhuma idéia da prática agrícola. A seus olhos, legumes, frutas, carne e leite disponíveis no supermercado reduzem-se a meros produtos de venda e consumo, elementos marginais da economia, assuntos separados que não se encontram em quaisquer dossiês ou junto das deploráveis pessoas que participam de manifestações. Por terem retirado qualquer ser vivo de sua morada, eles vivem em simbiose apenas com seus semelhantes ou com suas fotografias, que se encontram fixadas em quadros.

Mesmo mortos, o que fazem juntos todos esses senhores respeitáveis? Embora sem o dizer, médicos ou astrônomos, reis ou ricos, pessoas dedicadas ou não à lavoura ou ao pastoreio, todos concordam em excluir de sua conversação os pobres, esses professores de experiência social e as mulheres, nossas iguais. Nem o céu, nem o inferno se revoltam contra essas prevenções que ainda predominam. Quer se trate de ciências ou de artes, de criar ou decidir, de observar os céus, de conceber ou explorar a terra, de se debruçar sobre os corpos com ternura, os grandes nomes não se declinam no feminino. Humanismo, machismo. Esses homens ilustres não relatam nada a não ser uma metade da história que se refere apenas a uma meia humanidade, às ciências e práticas truncadas. Nunca saberemos nada sobre isso. Do mesmo modo que eles, acertadamente, se utilizam de um corpo hemiplégico e de funções cortadas pelo meio, também retiram de suas experiências e pensamentos a parte feminina, sem dúvida a mais preciosa. Nesses tímidos diálogos convocados por professores e alunos, a palavra professora ainda provoca risos em alguns imbecis que se encontram nas academias. Com que cara ficariam esses monomaníacos se essa professora, que por falta de registros nos anais chamarei de Luciana, surgisse mais instruída, mais refinada, mais generosa, menos grosseira e menos faminta de poder do que eles? Os que a fazem calar-se, aflitos por seu cérebro ágil, pertencem, a partir de agora, à tirânica idade dos dinossauros. Sem chegar aos Infernos, enfim as mulheres tomam a palavra nas reuniões. Não ouvimos, porém, a voz dos mais pobres, ainda comparados a lobos.

O que ocorre então quando o mesmo céu não nos aclara e nem protege mais nosso repouso, quando não habitamos mais o mesmo corpo, quando outro sexo, enfim reconhecido, nos felicita e nos ensina, quando nem o mesmo planeta Terra nem a mesma terra giram sob nossos pés, em suma, quando a cultura-filha perde o próprio mundo de seus pais. Uma nova humanidade se produz.

Ouso apenas repetir a mesma cena, na qual a entrevista reuniria aqueles que sacrificavam a Vênus na Antigüidade greco-latina e os adeptos do Baal que viviam sobre os rios de Cartago, os adeptos da seita de Mitra existentes na Roma e os iniciados de Elêusis, os adoradores de Javé desde os tempos abraâmicos, os primeiros cristãos sacrificados às feras no Coliseu, alguns beneditinos ou franciscanos da Idade Média, os teólogos da Reforma, esses senhores de Port-Royal, em resumo, São Franscisco de Assis, Calvino e Artaud, o deísta Voltaire e Lamennais, autor das *Palavras de um crente,* Léon Bloy, Péguy ou Bernanos. Qual estudante de letras ou filosofia, morto nesta manhã por um acidente de tráfego e orientado pelas leituras cotidianas dos jornais a não pensar nas religiões perseguidas, que, sob o aspecto desonrado e aviltado do integrismo e da Inquisição, poderia se misturar aos debates precedentes e, quando chegasse sua vez de falar, desse um aviso pertinente sobre suas esperanças ou, pelo menos, sobre o modo que concebe suas aspirações na direção de uma espiritualidade. Mesmo que recuemos muito no tempo, até as grutas de Lascaux, ou exploremos integralmente o espaço, sempre e em toda a parte, o *Homo sapiens* mostrou-se ritual e piedoso, sacrificador e religioso, introduziu o sagrado no profano, chorou e recitou litanias, soube enfim integrar o conjunto de seus atos de amor com o êxtase místico. Durante a pré-história e a História, quaisquer que fossem as condições de vida, mesmo ausentes, os deuses caminharam sob a proteção do *Homo pius.* Sem olhar esses deuses de muito perto, uma geração retirou da seguinte os conteúdos desse ensinamento e a privou desse acompanhamento. Será que o espírito da espiritualidade existiu realmente?

Quem de meus companheiros leu em sua própria língua ou ouviu falar a respeito de Luciano,[66] o imortal autor dos *Diálogos dos mortos*? O teatro cujo *décor* acabei de preencher com outras sombras não suscita nenhum eco, assim como ninguém ficou subitamente tomado pelo espanto porque denominei Luciana a primeira mulher convidada e porque evoquei os lobos em nosso assassinato dos miseráveis. Uma grande Totalidade que reunimos sob o nome de cultura morre de novo. Com o grego e o latim mortos, esses mortos dos *Diálogos* acabam de morrer uma vez mais. Sua sobrevivência deve-se primeiramente às línguas orais e depois às escritas, aos livros com suas folhas impressas, em suma, ao conjunto de memórias objetivadas em diversos suportes, surgidos antes de Aristófanes e dos pré-socráticos para a escrita, e antes de Erasmo e Rabelais para a imprensa. Todos aqueles que acabo de reunir num lugar paradisíaco ou punitivo, esses cientistas e religiosos, esses homens ordenadores de idéias e esses ricos agricultores liam, conheciam o papel, cera ou papiro, as letras, o lápis e a caneta, a caixa alta e baixa utilizada pelos chefes de tipografia. Eu trabalho sobre uma mesa e tenho em minhas mãos o mouse, o texto que escrevo ou leio se desenvolve na tela do computador, seu tratamento apaga faltas e supressões, minha memória corre sobre a Rede e jaz nos bancos de dados, calculadoras e computadores realizam milhares de operações em meu lugar; não disponho mais das mesmas "faculdades" que todos esses bisbilhoteiros infernais. Por haver deixado os suportes antigos, não penso mais com as mesmas categorias, não tenho mais as mesmas lembranças. Como nos escandalizarmos com o fato de que os *Diálogos dos mortos* estejam mesmo mortos, se nem sequer conservamos seus escritos e suas palavras da mesma maneira?

Fechemos os Infernos para inventário.

Hoje e amanhã, o humanismo

O que durante muito tempo se louvou sob o nome de humanismo e que, entretanto, se define raramente agora, dizia respeito àquele conjunto de coisas que não compreendemos mais: um mundo compacto e racional, amanhado extensamente pelos mesmos arados, definido por certas ciências pouco estáveis, falado em certas línguas trabalhadas pelo tempo, salvo

[66] Luciano de Samosata (séc. II). *Diálogos dos mortos*, Palas Athena/ EDUSP, 1996. (N.T.)

pelas religiões, um destino humano meditado por corpos doridos que nenhuma medicina e nenhum remédio podiam aliviar, e ainda menos curar, corpos esses inclinados à melancolia diante da violência, mesmo que por vezes a agüentem, corpos que lamentam a rapina e o desejo de poder, mas, antes e acima de tudo, corpos desejosos, esfaimados e sedentos de beleza. Esse humanismo ressoa nos ouvidos como uma música sutil. Quem nos dias atuais sacrificaria sua vida por essa beleza que se finge não poder definir universalmente: quem acreditaria que ela salva o universo, exatamente porque todo mundo nascido neste mundo reconhecia as obras nas quais a beleza aparecia? Em conseqüência, quem passa seus dias e suas madrugadas dedicado à harmonia da língua, à pintura constelada das vogais, aos ritmos e dimensões métricas das frases, à preciosa junção do mosaico do sentido e da musicalidade da forma? No transcorrer de minha curta vida, eu assisti à breve agonia desse humanismo. Reconheço que falamos a seu respeito como se estivéssemos num *Diálogos dos mortos*. Não o ressuscitaremos mais, pela simples razão que o mundo que o alimentava e o condicionava, e que também era resultante dele, simplesmente desapareceu sem nenhuma esperança de retorno. Organizados sob outras modalidades, corpos sexuados de outra forma aventuram-se sobre outra terra e outros céus.

Em conseqüência disso, vivemos um Renascimento de tais proporções, que aquilo que os humanistas indicavam por esse nome reduz-se a uma suave ondulação no movimento do tempo. Sob um céu cuja imensidão não encontra paralelo, sobre uma Terra cujo emocionante conhecimento global acabamos de adquirir, habitando um corpo que nenhuma dor aproxima do corpo de nossos pais, manipulando suportes desconhecidos por nossos predecessores, talvez à espera de um Deus indecifrável, o que esperamos para inventar não um segundo humanismo, mas o humanismo enquanto tal, e isso porque, pela primeira vez, no milenar processo da hominização, por intermédio de estudos elementares, viagens fáceis, de múltiplos e inesperados reencontros e vizinhanças, possuímos os meios científicos, técnicos e cognitivos para lhe dar um conteúdo federativo inclusivo, que enfim seja digno desse nome? Resta tudo a fazer, a reinventar, a suscitar, a organizar, a fundar, a meditar, a pensar. O que existe de mais entusiástico para um filósofo iniciante?

Fim de um ciclo cultural, emergência de outro

Formadas até as células pelo humanismo grego e latino, as ciências contemporâneas reunidas às línguas antigas modelaram minha alma com a música de Couperin, de Rameau, de Ravel, e consagro minha vida e esgoto meu corpo empenhado na busca de linguagem pura na qual o espírito se pudesse incorporar. Mais cultos do que eu, antes da Segunda Guerra Mundial, Stepan Zweig, Georges Duhamel, Romain Rolland, Aldous Huxley ou Rabindranath Tagore trocaram cartas esperançosas e contribuíram para a fundação de algumas instituições internacionais, a fim de que a Europa e depois o mundo vivessem em paz. Alguns meses se passaram e a pior barbárie desencadeou-se no meio desse espaço de saberes e de humanidades, no qual velavam os melhores homens, entre eles nossos pais, homens inteligentes e de boa vontade, formados por esse humanismo. Se, contra sua própria vontade, seus objetivos foram malogrados porque alguém dentre eles deixou de viver, esse naufrágio obriga-nos a nos questionar quais insuficiências defensivas esse humanismo supunha, certamente não para desencadear esses horrores, mas para poder interrompê-los.

Como essa cultura cuja perda choramos não impediu que Roma e Grécia sofressem uma derrota, cujas imensas proporções ainda repercutem em alguns ouvidos, nem proibiu o Ocidente, que as substituiu no massacre de povos dominados e colonizados, de exterminar mulheres, pobres, crianças inocentes, plantas, animais, quem respira e quem não respira e, para encerrar, de destruir a própria cultura de onde ela extraía, tanto anterior quanto recentemente, sua justificação e seu orgulho? Como ela mesma não se salvou? Como compreender esses dramas? Ou nós os explicamos por suas condições, ou abandonamos essa explicação. É desse modo que a barbárie se perpetua na e pela cultura que lança diante dela pouquíssimos obstáculos verdadeiramente eficazes. O florescimento do renascimento interrompeu as guerras de religião? A sonora proclamação dos direitos do homem freou a expansão colonial e o extermínio das tribos, dos corpos, dos bens e das culturas? Densa de cientistas e prestigiosos letrados, a universidade alemã contém ela própria a Shoah? Brandido como um estandarte, o helenismo do maior de seus filósofos não o impediu de se inscrever no partido nazista. O humanismo ocidental suspendeu sua ação em Nagasaki e Hiroshima, onde o clarão nuclear governou o universo? Quantos intelectuais da minha geração acobertaram os milhões de mortos do stalinismo, do maoísmo ou de Pol Pot? Em nome de qual tolerância pretende-se hoje que a democracia do mais forte seja sempre a melhor? Com certeza, aqueles que se opuseram e ainda se opõem às matanças fizeram-no e o fazem em nome dessa cultura, mostrando que ela é de pouca serventia se não educa o homem culto para não destruir quem quer que esteja sob o domínio de sua cultura. Ao contrário disso, ela serve de inspiração para que ele se recuse a construir um nicho a partir do qual em toda parte ele sempre tenha razão. A cultura consiste naquilo que resta quando destruímos em nós mesmos essa pretensão.

É na condição de lembrança que o antigo humanismo permanece sobre as margens de uma outra Antigüidade que a nova era deixa de lado. Este livro acaba de esboçar o rio anastomosado que separa a margem na qual nós sobrevivemos abandonados. Trata-se de ressuscitar. De educar esse outro humano que se encontra prestes a nascer, de fundar uma nova cultura na qual os obstáculos crescem na contramão da barbárie, de desencadear outra narrativa a partir de uma enciclopédia das ciências, de conceber uma filosofia, de imaginar uma política, de construir outra cidade, como nos tempos de Erasmo, de Rabelais ou Montaigne, uma vez ultrapassada a escolástica da Idade Média, como nos tempos em que Santo Agostinho construía, sob as ruínas da cidade romana e terrestre, a cidade de Deus, como nos tempos nos quais Homero preparava os poemas que deram origem à Paidéia grega sobre a destruição de Tróia, como nos tempos em que Jesus Cristo pagava com sua vida o reconhecimento das vítimas inocentes, em que Abraão aprisionava na cabeça de Isaac os sacrifícios humanos perpetrados pelos politeísmos, sem esquecer de levar em conta uma ruptura ainda mais profunda do que as precedentes. O que pretenderia uma civilização que não recomeçasse, que não estivesse absolutamente pronta para reconhecer durante uma bela manhã que, pela apoptose, as folhas caem no outono, e que o imenso processo de hominescência se movimenta inelutavelmente ao longo de primaveras sempre recomeçadas?

Na verdade, muito freqüentemente não reconheço mais meus colegas da geração que não quis transmitir nada, nem meus estudantes, órfãos para sempre das velhas humanidades, privados dos saberes e da visão de mundo que elas ofereciam, doentes porque não se dão conta do sentido perturbador da beleza, privados, por vezes, do sentido propriamente dito. Esses contemporâneos que não lêem e nem escrevem, mergulhados no ruído da nova civilização oral, será que eles existem, que vivem, que pensam melhor ou pior do que eu? Quem pode saber? Mais um ciclo se fecha.

Assistimos a uma outra queda de Tróia, mas recuso-me a imitar a viúva negra, a aranha venenosa Andrômaca[67] que, no centro de sua teia viscosa, vigia tudo com o auxílio de sua memória e cujas lembranças conservadas a qualquer preço interditam a vida aos jovens e os condenam à morte: tragédia letal, cuja Musa, exatamente a filha da Memória, em face da harmonia vivaz do esquecimento, conserva em seu poder um veneno que tem o poder de retardar o desenvolvimento da cultura. A Tróia que queima, cujas muralhas enegrecidas durante séculos, qualquer novo Schliemann talvez venha a reencontrar, eu não a lamento, porque por vezes ela se assemelha à Hiroshima. Relendo o final do canto XX da *Ilíada*, que se dedica inteiramente à celebração dos feitos de Aquiles, quem não vomitaria diante da alegria que, tanto ao herói como ao poeta, inspira a vítima que retém suas entranhas nas mãos, a medula que sai das vértebras, o cérebro que esguicha sangue e o fígado que se lança para fora do corpo espalhando o escuro sangue que inunda a túnica: a ausência destituída de piedade? Os cientistas de que falei felizmente não compreendem o que seus ancestrais dizem, porque tudo se passa justamente no reino dos mortos.

Uma vez que retornamos a uma ingenuidade inicial, é melhor empenhar-nos em reconstruir sem esses germes perigosos uma inovação que permita minimizar os grandes crimes. A cultura se reconhece menos nos grandes homens e em suas invenções do que na diminuição, pelo menos tendencial, dos remanescentes do pecado original da violência. Deixemos alegremente Aquiles e Alexandre, Horácios e Curiáceos, Rolando e Napoleão, homens ilustres à moda de Plutarco, cuja glória eclodiu porque mataram muito, de uma forma superabundante. O Ocidente não constrói mais projetos porque alguns daqueles que sua cultura nos ensinou a celebrar acabaram exterminados. Vamos dar vivas à inauguração de uma cultura de paz!

Encaminhamento

Será que posso talvez depositar enfim qualquer confiança sobretudo na sensibilidade, na razão, no julgamento e na própria virtude desses filó-

[67] Na mitologia grega, Andrômaca é filha de Eetíon, mulher de Heitor e mãe de Astianax. Na *Ilíada*, é o protótipo máximo da esposa e mãe autêntica que ri entre lágrimas e é altiva no infortúnio. (N.T.)

sofos, antigos e modernos, de Platão a São Paulo e a Santo Agostinho, de Rousseau a Kant e Schopenhauer que, monocordicamente, pretendem que as mulheres, suas companheiras, evidentemente suas iguais, reduzam-se grosseiramente a animais inferiores? Como puderam eles desprezar a esse ponto a única amenidade real da existência, uma coragem e uma resistência sempre superior às dos homens, a doçura de seu sono, a reciprocidade das carícias, a mãe de seus filhos, aquela que entre os lençóis acolhe os recém-nascidos, os doentes e os agonizantes? Como ainda escutar suas bobagens arrogantes sobre a humanidade, se dela eles excluem a metade? Esse desprezo os projeta pesadamente para fora do pensamento. O que sabem eles acerca do amor proclamado em alto e bom som na bela palavra filósofo?

Crise de consciência

Quando essas vibrações se desvanecem no silêncio que as precede, as segue e as penetra como a água calcária percola pelas estalactites e estalagmites, cujas pontas esculpem os detalhes de uma caverna, a música constrói a consciência do tempo. Nossa duração nos atravessa da mesma maneira que a nota musical segue uma seqüência, como uma melodia evolui, como as notas dissonantes arranham seus intervalos, como os ruídos e os sons entram e saem do mutismo; essas passagens deixam rastros como o ruído carregado de aluviões constrói pouco a pouco suas próprias margens: porém, ao se desmoronarem pela ação produzida pelas águas, pelas contracorrentes e turbilhões elas passam a correr como a água, embora em outro ritmo; pode-se mesmo afirmar que, por meio da evaporação e das chuvas, o líquido retorna constantemente, mas que a terra frutifica, mais fluida ainda do que o próprio movimento da água corrente: em meio a essas misturas tão refinadas quanto as simbioses, um componente se solidifica e o outro flui ao longo de traços assim estabilizados: mas eles podem mudar de função, de modo que a consciência percola no tempo e o tempo na consciência, como a música no silêncio e vice-versa; assim como a terra na água e água na terra. As núpcias da música e do silêncio constroem a catedral interna onde se casam simultaneamente a consciência e o tempo. Devemos igualmente aos clamores e à calma mais consciência do que a palavra nos fornece, porque seu sentido habita a casa flutuante que, em parte, eles constroem ou desmantelam.

Qualquer mudança na audição ou na sintaxe das partituras provoca turbulências nessa consciência misturada ou formada pelo tempo. Até recentemente, para ouvir música, devíamos tocar violão, harpa, trompa, escutar de passagem um pianista, saber decifrar motetes ou sonatas, o que exigia raras competências. Rádios, discos, cadeias de tevê e vadios preenchem doravante a cidade e o dia com uma ampliação de ruído sem nenhuma ilha de silêncio, de modo que a consciência interna do tempo, pelo menos a de meus contemporâneos, mudou bruscamente. A respeito desse tema, não entendo mais as obras de Bergson, Husserl e Heidegger como filosóficas, mas as leio com interesse, como descrições de um passado que uma etnologia curiosa se empenhará logo em descrever, como nossos predecessores experimentavam anteriormente o desenrolar de sua duração.

Outra consciência aparece desde que falta o silêncio, desde que a música, obrigatória, capta nosso tempo e nos projeta, diriam os antigos, na direção de uma escravidão exterior. Com efeito, mudar a duração, a consciência e, em suma, a consciência interna da duração não faz mutar o eu, porque o tempo o esculpe e porque o ruído, a música e a palavra sonora modelam e pilotam conjuntamente o tempo. Quem sou eu, senão um invariante por variações, um resíduo de permanência por múltiplas flutuações, um repouso, uma calma, um silêncio por vibrações? Quem sou eu, senão um equilíbrio interior, estabilizado pela orelha interna, cuja orelha externa, sua vizinha mais próxima, recebe no espaço côncavo de sua parte externa a mobilidade estridente do universo exterior, senão uma invariância muda, martelada por essas estrondosas mobilidades variáveis? O eu é procedente do tempo, mas o próprio tempo procede do vazio e do caos primitivo,[68] começo absoluto.

Arqueologia do eu e novos sujeitos

O tempo lento e longo, *adagio* e *piano*, construíam, anteriormente, um "eu" no silêncio permanente trespassado por uma música ou por um ruído raríssimos e por um discurso soberano fraco e mortal, mais raro, ainda que irrompa esses rumores fortes e perpétuos em relação a ele. Conhecem vocês uma única palavra que se possa fazer fluir como uma nota musical, um único sentido que atravesse o ruído sem fazer uso do som? A história do "eu" começa com Santo Agostinho, seguido de Des-

[68] Tohu-Bohu no original, ilhas de Tohu-Bohu, que aparecem nos escritos de Rabelais. (N.T.)

cartes, ambos autores de tratados sobre a música, assim como com Rousseau, profeta de aldeia também apaixonado por seu pequeno ego, para hoje desaparecer numa torrente de amplificadores de alta freqüência. Antes deles, antes do cristianismo, antes que se cante (ego) creio, eu creio, antes do advento do Verbo encarnado, não havia nada. Sim o "eu" se define por uma Encarnação do Verbo — o ruído e o som compõem sua primeira carne — encarnação da qual o solitário Descartes, em sua sala silenciosa e aquecida, encontra uma variante rara no enunciado verbal do pensamento.

A deflagração universal do ruído: redundância de informações, música e discurso misturados, *presto e fortissimo*, que apagam o silêncio, destroem a antiga instância do "eu", da mesma forma que um vaso fino e frágil explodiria por força das trepidações, em proveito de uma transparência que se projeta em direção ao presente perpétuo e que forma um exterior sem interior, que tece relações sem se reservar para coisas mais essenciais, além de multiplicidades cintilantes sem nenhum núcleo. Outrora semelhante a um grão denso ou um pequeno cascalho escuro, únicos e duros, o eu agora torna-se múltiplo, transversal, rutilado, assemelhado a um mosaico.

Aí reside o charme de nossos netos, mais próximos de Montaigne e de La Fontaine, e do alegre arlequim, do que de Descartes e Kant, sombrios, tristes e penetrantes. Eles são e não são mais os mesmos sujeitos. O que existe de inquietante nisso, uma vez que tais mudanças muito freqüentemente modularam a alma, imaculada e fluida, aquática e modulável, possível e contingente? Nesta manhã, seu infinito sorriso se impõe ao velho aprisionamento opressivo.

Eu lhes deixo como legado a música rara e o silêncio.